明清时期中原矿业研究

Research on Mining Industry in Central China During Ming and Qing Dynasties

赵长贵◎著

中国经济出版社
CHINA ECONOMIC PUBLISHING HOUSE
北京

图书在版编目（CIP）数据

明清时期中原矿业研究 / 赵长贵著. --北京：中国经济出版社，2022. 9

ISBN 978-7-5136-7091-3

Ⅰ. ①明… Ⅱ. ①赵… Ⅲ. ①矿业-研究-河南-明清时代 Ⅳ. ①F426. 1

中国版本图书馆 CIP 数据核字（2022）第 166027 号

责任编辑 丁 楠
责任印制 马小宾
封面设计 久品轩

出版发行 中国经济出版社
印 刷 者 北京科信印刷有限公司
经 销 者 各地新华书店
开 本 710mm×1000mm 1/16
印 张 14. 75
字 数 216 千字
版 次 2022 年 9 月第 1 版
印 次 2022 年 9 月第 1 次
定 价 88. 00 元
广告经营许可证 京西工商广字第 8179 号

中国经济出版社 **网址** www. economyph. com **社址** 北京市东城区安定门外大街 58 号 **邮编** 100011
本版图书如存在印装质量问题，请与本社销售中心联系调换（联系电话：010-57512564）

CONTENTS
目 录

第一章

绪　论

一、选题缘起

中原地区的矿产资源非常富饶，采矿冶炼的历史悠久，这一带是我国最早出现采矿冶炼活动的地区之一，在古代矿业发展史上占有重要地位。在撰写博士学位论文时，我即收集到一些有关中原矿业方面的资料，并在博士论文中简略提及这方面的内容。当时打算以后有机会再对这部分内容进行充实拓展，进一步深入完善，形成专题性研究。在收集中原矿业资料的过程中我认识到，明清时期是中原矿业发展的重要阶段，在借鉴前代矿业经验的基础上，其采矿冶炼的范围、规模以及技术水平诸方面，较之以前都有明显的发展。矿业对中原社会经济发展具有很大的促进作用，名目繁多的矿产及其制品不仅在社会生产生活中起着越来越大的作用，应用范围更加广泛，而且许多矿产品成为市场上的重要商品，运销远近各地，促进了中原社会经济的发展。对明清时期中原矿业进行深入考察，无疑可以为我们提供一个崭新的视角来了解这一带的社会经济发展状况，进而加深对此期间我国历史发展和社会状况的认知。因此，本书选取明清时期的中原矿业作为研究对象，拟以此期间这一带的采矿冶炼活动起伏为切入点，对中原矿业及其相关问题进行探究。

二、本领域的研究现状

虽然我国的矿产资源非常丰富，但是受传统的重农抑商等观念影响，长期以来，关于这方面的学术著述很少。光绪二十九年（1903 年），鲁迅先生以“索子”为笔名，在东京出版的杂志《浙江潮》（1903 年第 8 期）上发表了《中国地质略论》一文，简要论述了中国矿产的地理分布、煤炭的储量及其在国民经济中的重要地位和作用。据笔者目力所及，此文是近代我国最早的地质学方面的论文。这篇文章实际上是 3 年后面世的《中国矿产志》一书的浓缩。光绪三十二年（1906 年），顾琅和周树人（鲁迅）

合著的《中国矿产志》一书，由南京启新书局、上海普及书局和日本东京留学生会馆联合出版。全书由《例言》、《导言》4 章 6 节和《本言》18 章 36 节组成，其中，《本言》部分分章论述了中国各省的矿产，详细介绍直隶（今河北一带）、河南、山东、山西等省的矿产分布，其中附有《中国矿产全图》，书后附有《中国各省矿产一览表》。光绪三十二年（1906 年）春天，当时正在日本游历的上海复旦公学校长马良即马湘伯为此书作序。他在《序》中写道：

中国矿产遍处皆是，早为他人所觊觎，若不亟自设法开采，将尽入他人所掌握。顾、周两君学矿多年，颇有心得，慨祖国地大物博之无稽，爰著《中国矿产志》一册，罗列全国之所在，注之以图，陈之以说，使我国民深悉国产之所自有，以为后日开采之计，致富之源，强国之本，不致家藏货宝为他人所攘夺，用心至深，积虑至切，决非旦夕之功所能致此。①

马氏指出，顾琅和周树人著《中国矿产志》之目的，是希望国人知道本国的资源家底，将其作为“致富之源，强国之本”，并提高警惕，利用、保护好自己的宝藏，不要使其为贪婪成性的列强所掠夺。马氏所说并非虚言，此书确实倾注了作者满腔真挚的“爱我中华、为我中华”爱国热情，表现出他们保卫中华、振兴中华的爱国主义精神，书中说：

中国面积广漠既如是，蕴藏綦富，理当然尔！今试言其概。则北部（直隶、山东、山西、河南、陕西、甘肃）有金、银、铜、铅、锡、铁、煤油、硝石之属，且怀煤无量，即黄河流域一带地所蕴蓄，亦足支全世界之工业、航海者数百年。中部（浙江、江苏、江西、安徽、湖南、湖北、贵州、四川）则五金而外，有铅、锑、硫黄、煤油、石盐及煤矿。南部（福建、广东、广西、云南）则有银、铜、锌、铅、铁、含银之铅、硫及煤矿等，云南境内并产宝石焉。中国矿产富有既如是……矿业不将競起耶？主人荏苒，暴客乃张。今日让与，明日特许……行将见斧凿丁丁然，震惊吾民族；窟穴渊渊然，蜂房吾土地，又何患无矿业？虽然，及尔时，

① （清）马良：《〈中国矿产志〉序》，（晚清民国）顾琅、周树人：《中国矿产志》，上海：文明书局、普及书局、有正书局，清光绪三十二年（1906 年）增订版。

中国有矿业，中国无矿产矣。今也吾将以垂骤之家产，稍有所钩稽尅核矣。顾昔之宗祖既无所诏垂，今之同人复无所告语，目注吾广大富丽之中国，徒茫然尔。无已，则询之客，以转语我同人。夫吾所自有之家产，乃必询之客（指外国人）而始能转语我同人也，悲夫！①

众所周知，《中国矿产志》是我国第一部关于地质矿产方面的专著，此书出版后，立即轰动全国，供不应求，在短短 8 个月内即连续加印了 3 次。清政府农工商部对此书的评价很高，学部也认为它是“国民必读书”，批准其作为“中学堂参考书”，该书影响之大不言而喻。这本书有这么大的影响力，究其原因，是与晚清以降中国受到列强大肆掠夺矿产资源的强烈刺激、国人的危机意识骤增的时代背景分不开的。当然，《中国矿产志》只是对我国的矿产资源进行简单的介绍，以使国人认识到这些宝藏已被列强觊觎，从而增强浓烈的危机意识，严格意义上讲，其学术研究的成分并不多。

此后，虽然研究我国矿业的学者日渐增多，学术成果颇为丰硕，但是关于中原矿业的学术论著却屈指可数。国内学者对明清时期中原矿业的研究始于 20 世纪 50 年代，主要关注如下几个方面的问题。

（一）明代中原的采矿活动

这方面的研究成果相对来说比较少，而且主要集中于银矿开采活动。1956 年，白寿彝发表《明代矿业的发展》［《北京师范大学学报（社科版）》1956 年第 1 期］一文，认为明代矿业有官矿和民矿之别，其中官矿不断衰落，民矿逐渐发展，“但就生产量来说，明代矿业是向前发展的”。在考察明代官矿和民矿的发展过程中，此长文较早述及明代河南、山东、山西、北直隶、陕西的采矿，特别是开采银矿和铁矿活动，对研究中原矿业有筚路蓝缕之功。美中不足的是，该文对中原的采矿活动只是简略提及，并未深入地考察其中存在的问题。1959 年，李龙潜在史学界颇有影响的《史学月刊》上发表《试论明代矿工运动的反抗斗争》（《史学月刊》

① （晚清民国）顾琅、周树人：《中国矿产志》之《导言·矿产与矿业》，上海：文明书局、普及书局、有正书局，清光绪三十二年（1906 年）增订版，第 1—3 页。

1959 年第 3 期）一文，从宏观视角考察了明代矿工为反对明廷的矿禁政策进行的各种反抗斗争，虽然论及明代山东、河南等地的盗采银矿者与官府的各种矛盾，并将其与农民起义相联系，但是没有注意矿工与窑主之间产生的各种复杂矛盾。刘利平所撰《明正统以降银矿盗采活动及政府对策》（《兰州学刊》2006 年第 11 期），探讨了明英宗以后全国的盗采银矿活动及政府的应对举措，虽然此文有一定的研究深度，研究视野也较为开阔，但是对中原地区的采矿活动却着墨甚少。明代矿业政策的变化也引起了学界的注意，笔者拙作《明代矿业政策演变的历史考察》［《郑州大学学报（哲学社会科学）》2018 年第 4 期］认为，以永乐朝和嘉靖朝为界，明代矿业政策的演变经历了 3 个阶段。洪武时期，为适应休养生息、重本抑末的需要，明政府对矿业发展以限制为主，在前期更是厉行矿禁。永乐以降，明政府因时制宜，对矿冶时允时禁，态度矛盾。嘉靖以降，随着财政趋于紧张和商品经济的发展，以及明神宗贪心膨胀与明末社会危机的加深，矿禁逐渐松弛，在一定程度上允许人们开采金银矿。明代矿业政策随社会形势变化不断调整，总体上矿禁日渐松弛，最终近乎消失。明代矿业政策的演变以确保明统治者的利益最大化为旨归，呈现显明的阶段性、功利性、多变性和复杂性。这种变动深深地影响着各地的矿冶活动和百姓生活，对社会经济的发展也有影响，在一定程度上甚至还影响到明王朝的命运。此文在考察明代矿业政策演变时，对中原采矿尤其是开采金银矿活动多有涉及，并进行了一定探究。笔者拙作《万历年间中原采矿述论》［中国明史学会等：《第十八届明史国际学术研讨会暨首届阳明文化国际论坛论文集（上）》，南昌：江西高校出版社，2019 年版］，则考察了万历时期矿业政策的变化与中原的采矿，特别是开采金银矿活动，初步探究了其影响。

（二）明清中原的采煤活动

学者在此领域着力最多，成果也非常丰硕。这方面的研究成果主要有，韦庆远和鲁素对清代的矿业政策进行了较早而且颇有深度的研究，二人合撰长文《清代前期矿业政策的演变（上、下）》（《中国经济史研究》1983 年第 3、4 期），认为有清一代，从来没有实现过对采矿业的绝对禁闭政策，因为这根本行不通。如果绝对禁止，立即会对当时的国计民生产生重大影响，并直接损害清王朝的利益。但在不同时期、不同地区和不同矿种之间，在开放抑或禁闭采矿问题上，确实存在着极大的差异。从总体上看，康熙帝反对普遍招商较大规模地经营矿厂，而对于少数人为维持生计的零星开采则持默许宽容的态度。雍正帝对康熙朝的矿业政策进行了较大幅度的调整，从雍正二年（1724 年）开始，他严厉实行矿禁政策，并且在禁矿问题上变得越来越执拗。乾隆帝执行的是一项基本上开放的矿业政策。这除了他本人的原因以外，主要还是由于当时的社会经济政治形势快速发展，出现了许多新的情况。乾隆初期，矿业生产和国计民生的各个方面已经具有了前所未有的密切关系，对矿产品的迫切需要以及供求脱节可能出现的各种社会危机，急剧增加的人口和部分农村的就业严重不足，人民群众反禁矿斗争以及对统治秩序的现实威胁，等等，迫使乾隆初期清廷实行基本开放矿禁的政策。

清朝前期，各个帝王的矿业政策既有相沿袭继承的一面，又有一定发展演变的一面。他们都是首先从清王朝根本的统治利益着眼，都把对人民群众的防范控制放在极其重要的地位。此长文在论述过程中，有不少地方是对直隶、河南、山东、山西、陕西等地的采矿活动进行考察，认为这些活动是社会发展的必然，并产生了诸多影响，对中原采煤的研究有拓荒之功。薛世孝撰写的《古代河南人民对煤炭的开发利用》（《中州学刊》1983 年第 5 期），系统概述了古代河南的采煤情况，对中原采煤的专门研究有筚路蓝缕之功。薛毅所撰《清代河南的采煤业》（《中州煤炭》1987 年第 4 期）一文，对清代河南的采煤状况和发展分期做了可贵的探索。薛氏所著《英国福公司在中国》（武汉：武汉大学出版社，1992 年版）与王守谦所著《煤炭与政治——晚清民国福公司矿案研究》（北京：社会科学文献出版社，2009 年版）两部专著，比较全面地考察了晚清民国时期英国福公司在中原的采煤活动始末，揭露了它掠夺这一带矿产资源的丑行，对英国福公司在中原采煤的研究贡献甚巨。卞书田、胡克仪等人合撰的《清代河南煤炭开采业的发展》（《中州煤炭》1995 年第 2 期）一文，概述了康熙至道光年间河南采煤业的发展，《清代河南煤矿业中的“圈窑”——残酷压迫剥削工人的人间地狱》（《中州煤炭》1995 年第 5 期）和《矿工井下遇难，矿主见死不救——清同治年间登封两起煤窑事故纪略》（《中州煤炭》1996 年第 2 期）两文，猛烈抨击了清代煤窑主残酷压榨矿工的罪恶。卞书田等人合著的《豫煤古今谈》（北京：煤炭工业出版社，2000 年版），主要叙述古往今来河南煤炭工业发展的史实、主要进程等，还罗列了关于河南煤炭方面的众多古代诗词。但是令人惋惜的是，卞氏等人撰写的这些文章大多是通俗的史话，侧重叙事，轻于探究，并非严格意义上的学术论文。王兴亚所撰《明清河南煤炭的开采与利用》（《殷都学刊》1996 年第 4 期）一文，则探讨了明清统治者的采煤政策和河南的煤炭开采、利用以及运销情况，研究的思路独特，美中不足的是，该文的研究对象较为单一。肖宇撰写的《明代知州的凿煤祭文》（《当代矿工》2001 年第 11 期）一文，通过介绍明代河南邓州知州的凿煤祭文来阐述他对开发煤炭的积极态度和贡献。吴晓煜长期从事我国古代煤炭业方面的研究，并有大量论著问世。其中，《中国煤炭史志资料钩沉》（北京：煤炭工业出版社，2002 年版）和《名人与煤炭》（北京：中国矿业大学出版社，2003 年版）两本著作，不仅为我们研究明清时期中原的采煤业提供了宝贵的资料，也有助于我们了解此期当地采煤业和社会发展的情况。邱仲麟撰文《明代的煤矿开采——生态变迁、官方举措与社会势力的交互作用》（《清华学报》，2006 年新 37 卷第 2 期），阐述了明代煤矿开采与生态环境变迁、官方与地方社会之间的相互关系，对华北五省和南方地区在采煤问题上的差异做了简要比较。另外，刘龙雨的《清代至民国时期华北煤炭开发（1644—1937）》（复旦大学 2006 年博士论文），从历史地理学的角度探寻清代至民国时期华北地区煤矿的分布、生产、运输的规律，进而解释其中存在的一些问题及其原因。王强的《明代黄淮地区煤炭开发的历史地理研究》（暨南大学 2011 年硕士论文），探究了明代中原东南部的采煤状况。张文民的《清代山东矿业研究初论（1644—1860）》（曲阜师范大学 2012 年硕士论文），初步论述了清代前中期山东矿业的开发，包括山东西部即中原东部的矿产开发。常建华在清代矿业研究方面也有很深的造诣，他撰文《康熙朝开矿问题新探》（《史学月刊》2012 年第 6 期）认为，康熙帝有着比较开明的矿产观念，其开矿政策，经历了从顺治以来的禁矿，到康熙二十三年（1684 年）的任民开采，自康熙四十三年（1704 年）起开始禁矿，至康熙五十二年（1713 年）又实行容许本地贫民开矿的缓禁政策，处在不断调控的状态。康熙中后期，民间开矿虽然受到限制，但是开采活动始终不断。康熙朝的开矿政策，既以维护社会秩序为出发点，又能顾及地方政府与百姓，禁而不死，较好地处理了问题，使得开矿诸方面各得其所。在此文中，常建华在考察康熙朝的矿业政策演变时，对中原地区的采矿活动也有论及。其另一篇论文《乾隆初期开放矿禁问题新探》（《明清论丛》2014 年第 2 期）认为，乾隆初年的开放矿禁，是以广东开矿的争论与实践为基础的。此后，许多大臣对是否允许开矿的问题争论不断。乾隆二年（1737 年），乾隆帝指示总理事务王大臣密议具奏；五月，户部下达咨文，询问开矿是否有利无弊，开启了乾隆朝开放矿禁的讨论。乾隆五年（1740 年），各省督抚就是否允许人们普遍开采煤矿进行讨论。乾隆八年（1743 年），开放矿禁被正式肯定下来。第二年，仍在讨论开放矿禁问题。乾隆十年（1745 年），乾隆帝命各省筹鼓铸。一些大臣反对开矿的理由，主要是矿徒易聚难散，导致粮价上涨。事实上，开矿不会导致粮价上涨，流动人口开矿就业反而有利于社会秩序的稳定。乾隆帝的开放矿禁促进了矿业的繁荣。此文对清代山西、陕西、山东等地的采矿有所涉及。

（三）整体研究明清中原矿业

王宠佑是继顾琅、鲁迅之后较早关注中国矿业的国内学者，1919 年，他在《东方杂志》第十六卷第五号上发表《中国矿业历史》一文，对中国历代王朝推行的矿业政策及开发矿产资源的情况进行了简单梳理，涉及明清时期中原地区的采矿情况。马韵珂所著《中国矿业史略》（上海：开明书店，1932 年版），也论述了我国历代的矿业政策、采取的措施以及矿产的利用情况，其中传统燃料煤炭占有相当大的篇幅。夏湘蓉、李仲均、王根元等合著的《中国古代矿业开发史》（北京：地质出版社，1980 年版），从矿业发展史的角度，概述了鸦片战争以前我国主要矿产煤、石油、铁、金、银、铜、铅、锡、汞等的分布、开发以及技术水平，尤其侧重介绍采煤业的发展情况，这是一部研究我国古代社会矿业开发的通史性著作，有些方面也论及中原地区的矿业情况。常建华所撰《康熙朝开矿问题新探》（《史学月刊》2012 年第 6 期），清晰勾勒了康熙年间清政府由禁止采矿到听任百姓采矿的采矿政策演变轨迹，论及山西、山东和直隶的采矿活动，但并未涉及河南地区。另外，程民生著《中国北方经济史》（北京：人民出版社，2004 年版）和《古代河南经济史（下）》（开封：河南大学出版社，2012 年版），在考察古代北方的经济发展脉络时，探讨了明清时期中原地区采矿业的状况及其对当地经济发展的贡献，将整体研究中原矿业推进了一步。笔者拙作《矿之诱惑：明清中原采矿活跃原因探析》[《中国矿业大学学报（人文社科版）》2013 年第 4 期] 认为，明清时期，中原采矿活动日趋活跃。究其原因，与中原的矿产富饶易采，采矿之禁逐渐松弛，百姓谋生与谋利的推动，以及晚清人们反掠夺、护矿权的需要等因素密切相关。中原的采矿活动大多符合百姓的利益，它日趋频繁是社会发展的必然，并对当地社会产生了深远影响，初步探讨了此期中原地区采矿活跃的原因。笔者拙作《明清采矿业侵袭田园人境》（《中国社会科学报》2014 年 5 月 28 日第 A05 版），论及了中原矿业对这一带的生态环境和社会生活产生的一些影响。

海外学者研究中原矿业始于鸦片战争之后，近代随着中国的国门被打开，一些外国地质工作者纷纷来华进行地质考察，并发表相关考察报告，虽然其主观目的是服务列强掠夺中国富饶的矿产资源，但是这客观上对我国矿业发展和矿业研究有一定的推进作用。其中，影响较大者是德国地质学家费迪南·冯·李希霍芬（Ferdinand von Richthofen），他在 19 世纪下半叶考察了中国直隶（今河北一带）、河南、陕西、山西和山东等 13 个省区，收集了大量关于地质、矿产资源方面的详细资料，最后汇编成书，著成《李希霍芬男爵书信集》（上海：上海北华捷报馆，1872 年版）和《中国：亲身旅行和据此所作研究的成果》（柏林：柏林出版社，1882 年版），这两本著作粗略介绍了中原地区的矿产分布、煤窑、煤炭运输及贸易等情况。我国近代著名历史学家和化学家张星烺对此书的评价非常高，认为它是“二三年内，中土之研求地质矿产者亦得最良之参考书，其有造于中国前途岂浅鲜哉?”[①] 日本也有学者研究中国矿业，如芳贺雄的《支那矿业史》（东京：电通出版社，1943 年版）、久保山雄三的《支那石炭事情》

① （民国）张星烺：《绍介图书》，中国地学会：《地学杂志》1912 年第 16 期，第 59 页。

（东京：公论社，1943 年版），两书中皆涉及中原地区的矿产资源问题。中国台湾学者唐立宗的《坑冶競利——明代矿政、矿盗与地方社会》（台北：台湾“国立”政治大学历史学系，2011 年版），考察了明代矿政与盗矿行为的基本发展脉络，探究了二者对当时社会秩序的冲击，个别章节也论及中原地区的采矿冶炼情况对当地社会的影响。

综上所述，既有关于中原矿业的研究，特别是关于采煤与采银的研究，为本书的研究奠定了重要的基础，但也存在诸多缺憾。具体而言，在如下 3 个方面尚存在一些不足。

（一）研究对象方面

就研究对象而言，既有研究主要集中于采煤和采银，其中，关于福公司在河南采煤方面的研究又占有相当大的比重，基本未涉及开采金、铜、铁、铅、锡、砺石和硝石等矿产，研究对象比较狭窄，有待拓展。

（二）研究内容方面

细察众多有关中原矿业方面的研究，我们可以发现除个别学者初步探讨了明清时期河南采矿活跃的原因之外，既有研究多侧重叙述明清时期中原采矿冶炼活动的过程，鲜有涉及其特点和影响等深层次问题的探讨，研究的广度和深度不尽如人意。

（三）研究方法方面

就研究方法而言，既有研究往往就采矿论采矿，而不是结合农业生产、商业贸易和社会变迁，对中原地区的矿业发展进行系统和比较研究，研究的方法较为单一，有待进一步改善。

一言以蔽之，学界对中原矿业的研究还比较薄弱，许多问题有待进一步深入探究，这为本书留下很大的研究空间。作者不揣浅陋，试就此问题进行探讨，以期揭示明清时期中原采矿冶炼活动的基本情况、特点、日渐频繁的原因、影响以及对我国矿业发展的启示等问题，并尝试探索一条将矿业与社会变动、农业生产、商业贸易和生态环境有机结合起来，进行系统研究的学术路径。

三、本书的选题意义、架构和主要内容

本书具有一定的学术意义、理论意义和现实意义，具体而言如下。

（一）学术意义

明清时期，中原地区的矿业在生产规模、产量和技术水平等方面都有很大发展，成为当地封建经济的重要组成部分。此时期中原的采矿冶炼活动多在荒僻的田野和崇山峻岭中进行，兴废不常；采矿冶炼者也几家欢乐几家愁，喜忧参半；众多矿工消耗大量生产生活物资，大批矿产运销各地，促进了中原社会经济发展；采矿冶炼既是经济活动，又涉及政治和文化风俗等因素，此期的采矿冶炼活动在政治、经济、文化风俗和生态环境等方面深深地影响着中原，重塑着这一带的社会面貌和生态环境，对当地社会产生了多方面的、深远的影响。这一切实际是中原社会变迁的缩影。因此，我们可以从矿业发展的独特角度来考察明清时期中原的经济和社会状况，并拓宽视野，转换角度，多层次地深化对中原基层社会的研究。

（二）理论意义

本书以明清时期中原采矿冶炼活动的起伏变化为切入点，以社会变迁为背景，深入剖析此时期中原矿业与政治、经济及社会生活之间的互动关系，将它与政治风云、农业生产、商贸活动和生态变迁相结合进行系统研究，阐发了“矿业发展是经济活动、社会活动和生态活动的统一”理论，力争跳出既有研究就采矿论采矿和主要集中于采煤的狭窄套路，为研究矿业探索一条新路径。

（三）现实意义

努力实现社会经济健康发展与生态良好、社会稳定的良性互动，是现阶段我国的战略目标之一。矿业既是发展经济的重要基础，又是影响社会秩序和生态环境的主要因素。中原的矿产资源丰富，矿业是当地的支柱产业之一。因此，本书研究明清时期中原的采矿冶炼和矿产贸易活动，剖析

它们引发的诸多社会问题和环境问题，总结经验教训，可为我国制定科学的矿业政策提供历史借鉴和参考，对促进我国矿业健康发展，解决矿区的社会矛盾，改善其生态环境，也具有一定的参考价值。

就本书的架构而言，总体上可以分为五个部分，主要涉及以下五个方面的内容：

第一，简要考察中原地区的自然地理概况和矿产分布的基本情况，简单回顾明代以前这一带的矿业发展概况，以此作为进一步深入开展研究的基础。

第二，概述明清时期中原地区矿业发展的曲折历程。

第三，探究影响明清时期中原矿业发展的各种社会因素和自然因素。

第四，探析明清时期中原矿业的特点。

第五，分析明清时期中原的采矿冶炼活动对该地区的自然环境和社会环境的各种影响，总结其中的经验教训，以探究明清时期中原矿业发展对现今我国矿业发展尤其是中原矿业发展的启示。

四、本书研究区域——中原范围的界定

古人留下的史籍汗牛充栋，我们翻检大量古籍可以发现，在我国第一部诗歌总集《诗经》中，首先出现“中原”一词，并解释其含义道：

> 中原有菽，庶民采之。中原，原中也；菽，藿也，力米者则得之。笺云：藿生原中，非有王也，以喻王位无常家也，勤于德者则得之。[1]

中原自古以来就是我国古代人民活动的中心区域，是各族人民频繁活动和密切交往的重要场所，其地理位置非常重要。诚如清人顾祖禹所说：

> 河南阃域中夏，道里辐辏。……夫据洛阳之险固，资大梁之沃饶，表里河山，提封万井，河北三郡足以指挥燕、赵，南阳、汝宁足以控扼秦、楚，归德足以鞭弥齐、鲁，遮蔽东南。中天下而立，以经营四方，此其

① （西汉）毛亨：《毛诗》卷一二《小旻六章三章章八句三章章七句》，《四部丛刊》本。

选矣。[①]

自古以来，得中原者得天下即成为人们的共识，中原的地理位置如此重要，故而这一带历来是兵家的必争之地。“中原”一词在不同的场合，其内涵也不尽相同，有时甚至大相径庭。长期以来，对于中原的范围，众说纷纭，莫衷一是。因此，很有必要对本书的研究区域——“中原”的范围和含义加以界定。对于“中原”的含义，上海汉语大词典出版社 1993 年出版的《汉语大词典》中给出了如下三种解释：

（1）地区名。众所周知，中原有广义和狭义之分，广义的中原指整个黄河流域，狭义的中原指今河南一带。广义的中原在大量古籍中频繁出现，譬如，左丘明著《国语·晋语三》中说：“耻大国之士于中原，又杀其君以重之……虽微秦国，天下孰弗患？”[②] 三国时期诸葛亮在《出师表》中写道：“当奖帅三军，北定中原。”[③] 南北朝谢灵运的《述祖德诗二首》中言：“‘中原昔丧乱，丧乱岂解已。’晋中兴，书曰：‘中原乱，中宗初镇江东，中原，谓洛阳也。’”[④] 南宋陆游的《示儿》一诗中曰：“死去元知万事空，但悲不见九州同。王师北定中原日，家祭无忘告乃翁。”[⑤] 在这些古籍中，中原皆指黄河流域。

（2）泛称“中国”。如郑观应的《盛世危言·议院》说：“况今日中原大局，列国通商，势难拒绝。”[⑥]

（3）指原野之中。这一意思在许多古代作品中频繁使用，譬如《诗经·小雅·小宛》中即写道：“中原有菽，庶民采之。”郑玄笺曰：“中原，原中也。”[⑦] 西汉司马相如的《喻巴蜀檄》中说：“肝脑涂中原，膏液润野

---

① （清）顾祖禹：《读史方舆纪要》卷四六《河南一》，北京：中华书局，2005 年版，第 2084、2133 页。

② （清）董增龄：《国语正义》卷九《晋语三》，清光绪年间章氏训堂刻本。

③ （南朝宋）萧常：《续后汉书》卷七（上）《诸葛亮列传上》，北京：中华书局，1985 年版。

④ （南朝梁）萧统.《文选》卷　九《述祖德诗二首》，北京：商务印书馆，1959 年版。

⑤ （南宋）陆游：《剑南诗稿》卷八五《示儿》，影印文渊阁《四库全书》第 1163 册，台北：台湾商务印书馆，1986 年版，第 304 页。

⑥ （清）郑观应：《盛世危言新编》卷五《开源一·议院上》，清光绪二十三年刻本。

⑦ （唐）孔颖达等：《毛诗注疏》卷一九《小雅·节南山之什》，影印文渊阁《四库全书》第 69 册，台北：台湾商务印书馆，1986 年版，第 55 页。

草。”西晋陈寿著《三国志·魏书·郭嘉传》中言：“虽有百万之众，无异于独行中原也。”① 这里的中原，其意皆为田野之中。

由上可见，在不同的场合和不同的时代，古代中原的含义和范围差异很大，它有广义与狭义之别。广义上，中原或指整个中国，或指整个黄河流域，或指黄河中下游地区，或是相对于边疆地区的称呼，因此，古人常用“中土”“中国”和“中州”作为中原的同义语。人们一般认为，古代中原系指黄河中下游一带，即华夏族部落集中分布的区域，其中心是古豫州，包括今河南、陕西关中一带、山西和河北南部、山东西部、江苏西北部、安徽和湖北北部部分地区。南宋高宗建炎年间（1127—1130 年），右丞相李纲曾经如此说：“自古中兴之主，起于西北则足以据中原而有东南。”② 明成祖永乐十四年（1416 年），六部都察院、大理寺、通政司、太常寺等衙门的大臣也上奏说：“伏维北京，圣上龙兴之地，北枕居庸，西峙太行，东连山海，南俯中原，沃壤千里，山川形胜足以控四夷制天下，诚帝王万世之都也。”③ 这两段话中的“中原”皆指黄河中下游流域。狭义上，中原指河南一带。④

现今，中原常常指“黄河中下游地区”，它包括河南省的大部分地区、河北省南部、山西省南部、陕西省东部、山东省西部的部分地区。中原地区是华夏民族的摇篮，是中华文明的发源地之一。文化意义上的中原，是中华文明的发源地和中华文化的象征，是正统中华文化的代名词。

因为中原大部分地区位于黄河以南，所以有时人们用“河南”称呼中原。更多的时候，人们往往将中原、中州、豫州和河南几个概念等同视之，认为是同一地区的不同说法。其实，这几个概念的内涵虽然有相同之处，但是也存在不小的差异。因此，很有必要深入阐释这几个概念的联系与区别。《尚书·禹贡》载，“禹别九州，分其圻界”，将全国分为冀州、

---

① （西晋）陈寿：《三国志》卷一四《魏书十四·郭嘉传》，上海：上海古籍出版社，2007 年版。

② （南宋）李纲：《梁溪集》卷一七七《建炎进退志总叙四》，影印文渊阁《四库全书》第 1126 册，台北：台湾商务印书馆，1986 年版，第 831 页。

③ 《明太宗实录》卷一八二，“永乐十四年十一月丙申”条，台北：台湾历史语言研究所，1962 年校勘本，第 1965 页。

④ 许韶立：《趣闻河南》，北京：旅游教育出版社，2009 年版，第 31—32 页。

兖州、青州、徐州、扬州、荆州、豫州、梁州和雍州九个州，其中豫州就包括现在的河南。[①] 对于豫州的含义和地理范围，南宋傅寅所撰《禹贡说断》汇集许多人的解释说：

荆河惟豫州。孔氏曰："西南至荆山，北距河水。"李氏曰："河南其气安舒，厥性宽豫，故曰豫。"豫，舒也。杜氏曰："豫在九州之中。"言常安逸也。又云："豫者，舒也。"言禀中和之气，性理安舒也。苏氏曰："自北条荆山至于河为豫州。"北条荆山至河甚近，当是跨荆而南，犹济河，惟兖州也。林氏曰："苏氏之意，盖谓荆州之言荆者，南荆也。豫州之言荆者，北荆也。"虽以此二山分配二州，然以地理考之，其实不然。北荆与河相去不甚远，苟以荆山为北荆之荆，则豫州之境不应如是之狭也。曾氏曰："临沮之荆，其阴为豫州，其阳为荆州。"此说是也。[②]

在这里"河"指黄河，"荆"指湖广襄阳府荆山，"其阴为豫州，其阳为荆州"。这说明豫州在黄河之南（古代黄河的位置在今天黄河以北），南以荆山与荆州为界，东与徐州相接，西抵潼关。《尔雅》所言："河南曰豫州，自南河至汉河。"[③] 也说豫州的范围包括黄河以南至汉水流域的广大地区。故而，我们不能简单地将豫州等同于今天的河南，它应该包括除现今豫北以外的河南省大部分地区和湖北省的北部地区。由于其居九州之中，故称"中州"，又由于境内多平原，所以又称"中原"。

中原和中州是一个以河南为中心的相对区域概念，其有广义与狭义之分。从广义上讲，中原和中州泛指黄河中下游地区，包括现在的河南全部，河北、陕西、山西的南部，安徽、山东西部，湖北北部；从狭义上讲，因为河南在其中占主体地位，所以中原和中州特指河南。从历史上看，中原的位置和范围实际上在不断变化，并不固定。诚如明朝万历时人章潢所说："故今之中原，非古之中原，今日之中原，已与古偏方无异。

① （西汉）孔安国：《尚书》卷三《禹贡第一夏书》，《四部丛刊》景宋本。

② （南宋）傅寅：《禹贡说断》卷二《荆河惟豫州》，影印文渊阁《四库全书》第57册，台北：台湾商务印书馆，1986年版，第52—53页。

③ （东晋）郭璞：《尔雅注疏》卷六《释地第九》，影印文渊阁《四库全书》第221册，台北：台湾商务印书馆，1986年版，第121页。

古之中原，乃在今东南偏方之域矣。”①

从历史上看，河南的辖区范围也一直在不断变化。元代，朝廷基本上以黄河为界，在其以南设置河南江北行中书省，管辖河南全部、湖北大部分和安徽、江苏长江以北部分等广大地区。明初，政权草创，为避免大幅度变更行政区域引起社会剧烈震荡，明廷基本沿用元代的行政区划。但为时不久，明太祖就发现其统辖范围过于辽阔，不容易管理，于是将原属河南行省的今安徽和江苏的部分地区划归南直隶管辖，将黄河以北的彰德府、卫辉府和怀庆府划入河南版图，现今属于河南政区的濮阳市、清丰县、南乐县、内黄县、滑县、浚县和长垣县等县隶属于北直隶（即京师）大名府，范县则隶属于山东东昌府，河南行省的辖区大为缩小。清世宗雍正年间，政府又对河南北部的行政区进行大幅度调整。雍正三年（1725年）六月，由于“直隶大名府属之滑县、浚县和内黄县为河南漕运所经，地虽接壤，而属则隔省，闻多有呼应不灵之处，以致河南粮艘年年迟误”。为保障河南漕粮按时顺利运抵京师，雍正帝批准河南巡抚田文镜的奏请，将原属直隶大名府的内黄县划归河南彰德府管辖，浚县和滑县划归河南卫辉府管辖。② 长期以来，为争夺滏阳河用水以灌溉农田，河南彰德府磁州的百姓经常与直隶的邯郸、永年等县的百姓发生纠纷。“滏阳河发源河南磁州，州民拦河筑坝，致直属之邯郸、永年诸县争水讦讼。事关两省，文移动经岁月。”雍正四年（1726年），为便于调解这一民事纠纷，平息争端，稳定这一带的社会秩序，应怡亲王允祥奏请，清廷将豫北的磁州改隶直隶广平府管辖。③ 至此，河南的政区基本固定下来。由上可见，明清时期河南的政区变动很大，④ 今天的河南又与明清时期的河南在范围上不能

① （明）章潢：《图书编》卷三四《舆地总论・论西北古今盛衰》，影印文渊阁《四库全书》第969册，台北：台湾商务印书馆，1986年版，第681页。

② 《清世宗实录》卷三三，“雍正三年六月丙戌”条，《清实录》第7册，北京：中华书局，1985年影印本，第508页。

③ 《清世宗实录》卷四三，“雍正四年四月丁亥”条，《清实录》第7册，北京：中华书局，1985年影印本，第637—638页。

④ 关于明清时期河南的政区变动，学界有深入研究。参见刘炳阳：《明代河南府行政区划沿革》，《洛阳师范学院学报》2007年第4期；《明清时期河南政区研究》，河南大学2008年硕士论文。

等同视之。“区域研究所要凸显的并非是区域的地理范围，‘区域’在区域史研究汇总代表的只是叙事框架。”① 虽然不同时期中原与河南的区域范围和含义有不小的差异，但是在具体的研究过程中，可根据需要进行调整，基于这一点，为避免论述时出现无所适从的尴尬，本书尊重历史，将研究范围限定为中原而不是河南。这里的中原，特指明清时期属于河南省的地区，以及陕西东部、山西南部、河北南部、山东西部的部分地区。

五、本书的研究思路

（1）突出主线，兼顾其他。本书欲打破以往研究矿业以时间为序，分地区就采矿论采矿的研究思路，以中原的采矿活动为主线，把它与矿产的冶炼、利用和运销当作一个产业链整体，分为几个专题展开研究。

（2）个案研究与综合研究、微观研究与宏观研究的有机结合。个案研究和微观研究是指对中原个别地区的采矿冶炼和开采某种矿产的深入研究，其目的是探寻中原矿业发展的个性。综合研究和宏观研究是指对整个中原地区矿冶活动的研究，其目的是归纳总结中原各地区矿业发展的共性。个案研究和微观研究是基础，是研究的立足点与出发点，综合研究和宏观研究是概括、拓展和延伸。

（3）纵向对比和横向对比的有机结合。纵向对比是指将不同时期中原的采矿、冶炼以及矿产品贸易活动进行对比，目的是勾勒中原矿业发展嬗变的轨迹。横向对比是指将中原与全国其他地区，以及中原内部各地区间采矿、冶炼以及矿产品贸易活动进行对比。只有如此，才能发现中原矿业发展的独特规律和特点。

六、本书的研究目标

（1）弄清明清时期中原矿业的基本情况。明清两代的史料虽然浩如烟海，但是关于中原采矿冶炼活动的资料却稀少而零散，这加大了研究的难度，使其蒙上一层神秘的面纱。本书将在既有研究基础上，综合运用档

① 陆敏珍：《唐宋时期明州区域社会经济研究》，上海：上海古籍出版社，2007 年版，第 9—10 页。

案、实录、碑刻、文集和地方志等资料，并借助实地考察、访谈，尽可能清晰地勾勒出明清时期中原采矿、冶炼以及矿产品贸易活动的轮廓，厘清其基本线索。

（2）探究中原采矿、冶炼以及矿产品贸易活动日渐频繁的原因。本书拟探讨明清中原采矿、冶炼以及矿产品贸易活动日渐频繁、跌宕起伏的种种原因，并以此为个案，揭示明清矿业发展与政治风云、经济活动和社会变迁间的内在联系。

（3）探讨明清中原矿业的特点。中原的矿冶活动既具有与全国其他地区的矿冶活动一致的时代特色，又与当地的地理、气候、经济、风俗习惯和社会变迁等因素密切相关，具有明显的中原地方特色。本书拟在此方面重点着力，详细探究。

（4）探究中原采矿、冶炼以及矿产品贸易活动的影响。明清时期，中原的采矿、冶炼以及矿产品贸易活动给当地带来了多方面的、深远的影响，这些活动既有改善百姓生活状况、推动社会经济发展的积极一面，又有引起一些社会治安和环境问题的消极一面，影响着中原的社会秩序和矿区的地表形态、草木植被以及河流水源等。本书拟将二者结合起来进行比较研究，详细考察。

（5）探讨明清中原的采矿、冶炼以及矿产品贸易活动对现今我国矿业发展的启迪。通过总结明清时期中原矿业发展的经验教训，为我国科学地制定矿业政策提供些许参考。

七、本书的研究方法

历史文献法。包括文献辑录法和文献整理法。一方面要从浩如烟海的历史文献中把与中原矿业相关的文献辑录出来；另一方面将辑录出来的文献进一步整理归类，按年代或内容编目，分门别类，为下一步的研究奠定基础。

田野调查法和访谈法。实地考察明清时期中原采矿冶炼的遗址，增强对这一带矿业发展的感性认识，进一步揭示此期中原矿业的真实情况。同时，对当地百姓特别是老年矿工和冶炼工匠深度访谈也可以获得更多的口头资料，以弥补文献资料的不足。

整体与个案相结合研究法。在明清时期社会变革的大背景下，将中原矿业作为一个整体研究。因中原的区域过大，各地的情况存在不小的差异，区位条件无疑会对一个区域的采矿、冶炼以及矿产品贸易活动产生影响，有必要对某个方面进行个案研究。

长时段和多学科研究法。在人类社会的发展进程中，现有社会形态中往往保存着前一社会形态的某些遗存，同时孕育着未来社会形态的萌芽。因此，为了更好地显示中原采矿、冶炼以及矿产品贸易活动中某种现象的发展过程和前景，本书采用“前推后续”即长时段的方法，对其进行溯源和展望。采矿、冶炼以及矿产品贸易活动是一项非常复杂的社会活动，它涉及当地的地理环境、风土人情、历史沿革和政区变动等方面，其研究兼具自然科学、人类学和历史学诸学科的特点。因此，本书拟打破社会科学和自然科学的疆界，同时坚持历史学叙述和概括的基本特点，文、图、表相结合地研究明清时期的中原矿业。

第二章

明代以前中原矿业发展史略

不言而喻，研究中原矿业，必须以这一带的矿产资源状况为基础。此外，矿业发展尤其是采矿冶炼技术有很强的继承性，采矿冶炼产生的影响特别是对生态环境的影响更具有明显的历史惯性。矿业发展的这些规律表明，我们欲研究明清时期中原的矿业，必须首先对这一带的矿产资源状况进行深入了解，对明代以前中原矿业发展的历史脉络有清晰的认识。否则，研究此期的中原矿业就会陷入无源之水的窘境。因此，在正式开始本书的研究之前，有必要对中原矿产资源的状况和明代以前中原矿业发展的历史进程进行简要的梳理。

第一节　中原富饶的矿产资源

我国处于亚欧板块、太平洋板块和印度洋板块交界的地区，受板块挤压活动的影响，我国的地壳活动非常活跃。频繁的地壳运动，使不同地壳发展阶段出现多次成矿过程，也产生了不同专属性的矿藏资源。在褶皱隆起带两侧的低洼地区，会产生多次的沉积旋回，形成多期的沉积矿藏。煤炭、铁、铝和铜等沉积矿床，其形成就是多期的。石炭纪、二叠纪、三叠纪、侏罗纪和第三纪则是重要的成煤期，我国的煤炭资源主要形成于这一时期。[①] 矿藏的生成和分布均受地质条件的影响，我国的矿藏资源丰富多样，这与我国的地质构造特点有密切联系。具体到中原地区，这一带在远古时期曾经分布着茂密的森林，西南、西部和西北部都是崇山峻岭，这为矿产的形成奠定了良好的地理基础。以煤炭而言，中原地区的煤田以晚石炭、二叠系分布最广。其中，中原地区的煤田在地质构造方面基本上受小秦岭—嵩山构造体系、新华夏体系、嵩淮弧形构造带的控制和改造。受构

① 赵济主编《中国自然地理》，北京：高等教育出版社，1995 年版，第 167—169 页。

造运动影响，尤其是受燕山期构造运动对上古生代石炭、二叠纪煤系地层的影响，形成一些隆起的和凹陷的地带。这些地带在大自然的长期剥蚀作用下，隆起地区的煤炭不复存在，凹陷地区的煤炭得以完整保存下来，形成各个独立的含煤盆地。①

中原地区的矿产资源非常丰富，种类繁多。对于这一点，古人早就有详细的记载，成书于先秦时期的《山海经》《墨子》等史籍中，就有大量关于矿产的记载。以《山海经》为例，作为我国现存最古老的地理著作之一，它不仅记载了中国古代的山川风物、奇兽怪鸟、神话传说等，而且还涉及我国矿产的分布概况。其中对中原矿产分布情况也有大量的记载，书中记载道：

女床之山（在陕西华阴县西六百里），其阳多赤铜，其阴多石涅。……又，西二百里曰龙首之山，其阳多黄金，其阴多铁，苕水出焉，东南流注于泾水，其中多美玉。②

北次三经之首曰太行之山（今在河内野王县西北）……其首曰归山，其上有金玉，其下有碧。……又，东三百五十里曰贲闻之山，其上多苍玉，其下多黄垩，多涅石。……又，东南三百二十里曰孟门之山……其上多苍玉，多金，其下多黄垩，多涅石。③

厘山之首曰鹿蹄之山，其上多玉，其下多金，甘水出焉，而北流注于洛，其中多泠石（泠或作涂）。西五十里曰扶猪之山，其上多礝石（今雁门山中出礝石，白者如水，水中有赤色者）……虢水出焉，而北流注于洛，其中多礝石，言亦出水中。又，西一百二十里曰厘山，其阳多玉。……又，西二百五十里曰柄山，其上多玉，其下多铜。……又，西七十二里曰密山（今荥阳密县亦有密山，疑非也），其阳多玉，其阴多铁。……又，西四十里曰白石之山，惠水出于其阳，而南流注于洛，其中多水玉。涧水出于其阴……西北流注于谷水，其中多麋石、栌丹。④

① 王强：《明代黄淮地区煤炭开发的历史地理研究》，暨南大学 2011 年硕士论文。
② （东晋）郭璞：《山海经传》之《西山经第二》，明成化年间刻本。
③ （东晋）郭璞：《山海经传》之《北山经第三》，明成化年间刻本。
④ （东晋）郭璞：《山海经传》之《中山经第五》，明成化年间刻本。

据刘守仁、曾江华考证，“贲闻之山”在今河南北部的焦作地区，“鹿蹄之山”在今河南西部的宜阳县，“白石之山”在今河南西部的渑池县。① 上文中的“石涅”“涅石”“泠石”“石炭”“乌金石”“石墨”“水和炭”等，都是古人对煤炭的别称，这些名称都是我国古代人民在长期采煤和用煤过程中所起的，蕴含着他们对煤炭由浅到深的认知过程。《山海经》中关于中原矿产的记载还有很多，兹不赘列。这充分说明中原的矿产之富饶。

中原的矿产之丰富，也可以从封建王朝向这一带派征的物料数量巨大、种类繁多中窥其一斑。如北宋时兴“坑冶”，全国有金、银、铜、铁、铅、锡“监冶场务”201 个，它们兴废不常，“岁额增损随之”。其中，有相当数量的“冶场务”分布于中原地区。北宋仁宗皇祐年间（1049—1053年），全国每年“入铁七百二十四万一千斤，铜五百一十万八百三十斤，铅九万八千一百五十一斤，金、银、锡时增损”。北宋神宗元丰年间（1078—1085 年），全国每年“入铜千四百六十万五千九百六十九斤，铁五百五十万一千九十七斤，铅九百十九万七千三十五斤，铁少而铜、铅货倍于旧”。② 其中，有相当数量的金、银、铜、铁、铅、锡等金属来自中原地区的“坑冶”。进入明代，中原每年缴纳的矿物也很多，对于这一点，明人王世贞记载说：

> 嘉靖元年，诏御用监岁征物料如弘治例。先是，工部议上弘治以前例：坐浙江金箔二千贴，河南水胶二千五百斤，黑铅五百斤。……大名府细铜丝三百斤，矾红土五百斤。……视正德十省八九。③

也就是说，明孝宗弘治朝以前，明政府每年向中原征收矿物的数额是，河南需交水胶 2500 斤、黑铅 500 斤，北直隶南部也就是中原北部的大名府需交铜丝 300 斤、矾土 500 斤。明武宗正德年间，明政府每年向这一带征收的水胶剧增至 20000 多斤，黑铅猛增到 4000 多斤，铜丝增至近

① 刘守仁、曾江华：《中国煤文化》，北京：新华出版社，1991 年版，第 49 页。

② 雍正《泽州府志》卷五一《杂志》，清雍正十三年刻本。按：关于元丰元年（1078 年）全国铅的数量，《宋史》记为“铅九百十九万七千三百三十五斤”。参见（元）脱脱等：《宋史》卷一八五《食货志下七 · 坑冶》，北京：中华书局，1977 年点校本。

③ （明）王世贞：《弇州史料》之《前集》卷一五《中官考五》，明万历四十二年刻本。

3000斤，矾土增至5000斤左右。明世宗嘉靖年间，明政府每年向中原征收的矿物虽然“视正德十省八九”，大幅度减少，但是仍然维持着弘治朝的征收矿产标准。中原矿产之富饶于此可见一斑。除煤炭、金矿、磁石、砺石、玉石和石青外，中原的其他矿产也很丰富。以河南为例，雍正《河南通志》对其富饶的矿藏有详细记载。现不惮其烦，罗列如下：

铜：出镇平骑立山。铁：出禹州，其涉（同“涉”——引者）县、巩县、宜阳、登封、嵩县、新安、南阳、内乡、汝州所产尤多。旧俱有冶，后废。

锡：出嵩县露宝山。又，永宁、灵宝、卢氏、武安、裕州、汝州皆有之。

铅：出嵩县，土人采之作黄丹。

胡粉、黑铅：亦嵩县出。

矿石：《山海经》云“永宁阳虚山多金”，即此。旧嵩县、卢氏、灵宝及信阳、桐柏俱产此。

自然铜：出涉县、汤阴。《图经》云：“产铜坑中，石间亦有之。”

硝：各府州咸湿之地多有之，惟产孟县者佳。

矾红：出舞阳。又，河内、武安皆有。

胆矾：新安出。

石青：出南阳铁朵山，卢氏、济源亦有之。

滑石：出裕州当阳山，有红、白、紫色及斑驳者。

云母石：林县出。

花汝石：汝州出，花纹绚烂可观。

苍珉石：出汲县苍峪山。

礞石：淇县出。

钟乳石：出登封少室山岩穴阴处。《图经》：“溜山液而成空中，相通如鹅翎，碎之如爪甲，以光明者为佳。”

矾石：出少室山，性大热，置水中则不冰。

紫石英：出邓州覆釜山。

桐柏石：山在桐柏县北二十里许，石极莹白，亦有文采如绚者。

碁子石：光州出，息县亦有之。

青瓷：出淇县。又，河内、陕州、宜阳、登封、内乡皆有。

磁器：出禹州神后山。

官粉：辉县出。

胡粉：安阳出。

石炭：鲁山出，巩、洛间亦有之。

石灰、木炭、蜡、黄蜡：开封、河南、汝州俱有。

白蜡：怀庆武陟出。[①]

对于河南富饶的矿产，清光绪三十三年（1907 年），《豫报》详细介绍说：

济源之铜，罗山之银，嵩县、邓州之铅，卢氏、灵宝、裕州之锡，新安、宜阳、登封、巩县、嵩县、南阳、内乡、泌阳、镇平、禹州及彰德各属之铁、硝石，全省皆产。[②]

宣统二年（1910 年），掌新疆道监察御史陈善同也赞叹河南的矿产资源之富饶，他说：

河南矿产富饶，甲于他省。除修武外，其最著者，如济源、河内等县之铜、铁、煤，彰德、卫辉两属之煤、铁，河、陕、汝三属之白金、黄金、煤、铁，南、汝、光三属之银、铅、玉石、水晶、朱砂、煤、铁等。[③]

地处中原西部的陕西华阴县、山西平阳府和泽州府的矿藏也很富饶。华阴县松果山铜矿很多，华阳川产铅，华山出产握雪樊石（河南嵩山亦产），华山之首钱来山，"其下多洗石"，可以磢体去垢圿。[④] 平阳府全府境内出产石炭即煤、石灰和银朱，汾西县三亠村出产土粉即高岭土，霍州、临汾、襄陵、翼城、岳阳、赵城、汾西和曲沃等县出产黑磁，霍州出产白

① 雍正《河南通志》卷二九《物产·货类》，清雍正十三年刻本。

② 河南留日学生同乡会：《矿说》，《豫报》第二号，1907 年 1 月版。

③ 宣统二年四月二十三日掌新疆道监察御史陈善同奏《为河南修武矿务交涉关系重要，请饬设法妥筹以毖后患恭折仰祈圣鉴事》，台湾近代史研究所编《矿务档》，档案号：1053，台北：台湾近代史研究所，1985 年版，第 1826—1827 页。按：本书所引《矿务档》皆据此本。

④ 乾隆《华阴县志》卷二《方产》，清乾隆五十三年刻本。

磁，临汾、洪洞、汾西、灵石等县产铁，[1] 绛、垣曲、闻喜等县皆产铜、铅。[2] 泽州府全府出产铁、银、黑白铅、硫黄、黑矾、石灰、石炭等矿产，而沁水县板桥村产文石，沁水西产锡矿，潞泽山中出产乌石，其“细润如玉，性坚，刀刮不动，可作带佩，亦最难得”。该府将煤和铁大量销往邻省河南，其煤铁之富饶可想而知。[3] 以其富饶的铁矿资源而言，“上党铁苗甚微，羊头之钢自魏文帝称之”。[4]

由以上可知，中原的矿产丰富，矿种繁多，其中金属矿、煤炭和玉石又占很大的比重，它们主要集中分布于南部、西部、北部和中部。具体到各地，矿藏也各具特色。

中原南部的矿藏以玉石、煤炭和银矿为主。河南南阳府南阳县县城北40 里的蒲山“多美石，晶莹似玉”。此山南面的鸡鸣山出产“石炭”。骑立山东边的青山峭峰壁立，山石皆为油碧色。其北面的铁朵山产石青。九里山南面的炭山产“石炭”；三贤山南面的蝎山和东边的乌云山“出美石”，用它可以做成墨砚；唐佛山西边的银洞岭产银砂。豫山（俗名独山）产玉。[5] 邓州绵延几十里的洞儿山、永青山和内乡县的峰子山、花墓山等山都产煤，[6] 足见这一带的煤炭资源之富饶。

中原西部多山，矿产最为富饶，其矿产以煤、玉石和多种金属矿产为主。譬如，河南直隶州汝州西南山中出产金银。[7] 在距此州管辖的鲁山县城 25 里处，有二三十里长的银洞沟，沟内的银铅外露，“实为上等银

① 乾隆《平阳府志》卷三〇《物产》，清乾隆元年刻本。

② （清）汪楫：《崇祯长编》卷五二，“崇祯四年十一月戊寅”条，台北：史语所 1967 年影印本，第 3012 页。

③ 雍正《泽州府志》卷一二《物产》，清雍正十三年刻本。

④ 雍正《泽州府志》卷五一《杂志》，清雍正十三年刻本。

⑤ 光绪《南阳县志》卷二《疆域》，清光绪三十年刊本。

⑥ 嘉靖《邓州志》卷八《舆地志》，《天一阁明代方志选刊》第 48 册，上海：上海古籍书店，1963 年据天一阁藏明嘉靖四十三年刻本影印。

⑦ 万历《汝州志》卷二《食货》，河南大学图书馆藏《日本藏中国罕见地方志丛刊》第 15 册，北京：书目文献出版社，1992 年版。

矿”。[①] 鲁山县和河南府所属的14个州县，则全部出产“石炭”。[②] 河南府灵宝县的矿藏资源更丰富，与陕西华阴县交界的各处山脉皆有矿洞，出产铜、铁、铅和锡等矿物；朱阳涧产虢石，“自生花草，可为屏风，琢之成砚，颇佳”；[③]“项城山中煤质甚厚，下层煤好”，[④]“南山煤矿亦富”。[⑤] 前揭陕西华阴县出产铜和铅，山西平阳府和泽州府产煤、铁、银、铅、锡和各种玉石等矿产。

中原北部的矿产以煤炭、铁、锡、铜和磁石为主。直隶大名府盛产铜和矾红土。[⑥] 河南卫辉府出产煤炭、青铁、锡和青磁。[⑦] 彰德府林县北45里有南矿山和北矿山，“山有青铁矿及磁石”。[⑧] 此外，该县还有其他多种矿产。诚如乾隆《林县志》所载：

县西至山麓曰桃源古集，其山曰黄华山、天平山、玉泉山……其产有黄华石……县东至邓坡曰横水新集，其山曰龙头山、木影山、凤宁山……其山有黑煤之利。……县北迤西……任村界，其山曰砺山……其产有砺石。县北迤东……其山曰矿山、马鞍山……其产有磁石。[⑨]

仅以上所记，林县的矿产就有黄华石、煤炭、砺石和磁石等。县境东横水区管家庄、郭家窑、凌集、达连池、翟曲、马店、乔家屯和土寨沟等处，则普遍出产煤炭。县境东北河顺、东冈两区之间有矿山，出产青铁，所谓“林虑县侧近山多铁铆”。黄华谷中出产玉石，祺峪山壑深处出产砚石。林县的矿产繁多，以至于“其俗凿山采矿”，[⑩] 当地百姓采矿成风。

---

① 光绪二十八年十一月十八日李茂棠：《绅富合集银股拟请于河南汝州鲁山县试开银矿事》，台湾“中央研究院”近代史研究所：《矿务档》，档案号：884，台北：台湾近代史研究所，1985年版，第1619页。

② （明）李贤、彭时等：《大明一统志》卷二九《河南府·土产》，明天顺五年刻本。

③ 光绪《灵宝县志》卷三《土产志》，清光绪二年刊本。

④ 民国《灵宝县志》卷四《土产·矿物》，民国二十四年铅印本。

⑤ 民国《灵宝县志》卷二《人民·工商情形》，民国二十四年铅印本。

⑥ （明）王世贞：《弇州史料》《前集》卷一五《中官考五》，明万历四十二年刻本。

⑦ （明）陈循等：《寰宇通志》卷九〇《卫辉府·土产》，南京：国立中央图书馆，1947年版。

⑧ 民国《林县志》卷一《地理上·山川》，民国二十一年石印本。

⑨ 乾隆《林县志》卷五《风土记·土宜记》，清乾隆十七年刻本。

⑩ 民国《林县志》卷一〇《风土·矿》，民国二十一年石印本。

中原中部的矿产也很丰富。如河南禹州，位于州北面60里的铁母山和西北60里的矿山，都出产铁矿石。在州西60里的锏山（俗称“玲珑山”），山上之“石皆玲珑，好事者取之以供清玩”。[①] 再以密县而言，县城东20里的末山，“上多赤金”；东25里的役山，“上多白金，多铁”；东35里的敏山，“其阳多瑶琈之玉”；横跨荥阳和密县的大騩山，“其阴多铁、美玉、青垩”。[②]

中原东部的矿种较单一，主要是煤炭，且主要分布于山东西部的峄县等地。

总体而言，中原的矿产不仅种类多，而且不少矿产储量大，品位高。以贵金属金、银矿而言，它们在中原许多地方都有分布。如河南嵩县、卢氏、灵宝、信阳和桐柏等县都出产金砂，俗称“矿石”。[③] 汝宁府新蔡县和河南府巩县所产金子，“皆平地掘深井，取细沙淘炼成”。[④] 汝州西南山中，“间出黄、白”。[⑤] 位于中原西部的陕州等地，亦分布着品位较高的优质银矿。[⑥] 此外，中原还有许多优质铜矿。如河南彰德府涉县和汤阴县产自然铜，“产铜坑中，石间亦有之，以其不炼而成，故名”。[⑦]

中原的铁、锡、铜和铅等矿藏很丰富。以河南而言，如汝州直隶州伊阳县城西七十里的筛子朵山产锡矿，众多矿洞“似筛子眼”。[⑧] 灵宝县与陕西华阴县交界处皆有矿洞，“产铜、铁、铅、锡”。[⑨] 禹州北面60里的铁母山和州西北60里的矿山皆产铁。[⑩] 南阳府的南阳、南召、内乡、唐县诸

---

① 乾隆《续河南通志》卷七《舆地志》，清乾隆三十二年刻本。

② （东晋）郭璞：《山海经传》之《中山经第五》，明成化年间刻本。又见嘉庆《密县志》卷一一《风土志·物产》，清嘉庆二十二年刻本。

③ 嘉靖《河南通志》卷一一《物产》，明嘉靖三十四年刻本。

④ （明）宋应星：《天工开物》卷下《燔石第十四卷·黄金》，明崇祯十年刻本。

⑤ 万历《汝州志》卷二《食货》，河南大学图书馆藏《日本藏中国罕见地方志丛刊》第15册，北京：书目文献出版社，1992年版。

⑥ 中国第一历史档案馆编《军机处录副奏折》，乾隆十年正月二十八日河南巡抚硕色奏，该馆藏本。

⑦ 康熙《河南通志》卷一三《物产·彰德府》，清康熙三十四年刻本。

⑧ 正德《汝州志》卷二《山川·伊阳县》，《天一阁藏明代方志选刊》第46册，上海：上海古籍书店，1963年据天一阁藏明正德元年刻本影印。

⑨ 光绪《灵宝县志》卷三《土产志》，清光绪二年刊本。

⑩ 乾隆《续河南通志》卷七《舆地志》，清乾隆三十二年刻本。

县，河南府的巩县、登封县、嵩县、宜阳县和新安县，怀庆府的河内（今沁阳）县和济源县，卫辉府的汲县，直隶州汝州之鲁山县，彰德府的涉县、武安县等地，也都盛产铁矿。[①] 中原的铁矿资源丰富，这可以从比较洪武时期每年向产铁各省征收的铁课量中窥见一斑。据正德《大明会典》记载，洪武时期各省的铁课数额是：

计各处炉冶，该铁一千八百四十七万五千二十六斤：湖广，六百七十五万二千九百二十七斤；广东，一百八十九万六千六百四十一斤；北平，三十五万一千二百四十一斤；江西，三百二十六万斤；陕西，一万二千六百六十六斤；山东，三百一十五万二千一百八十七斤；四川，四十六万八千八十九斤；河南，七十一万八千三百三十六斤；浙江，五十九万一千六百八十六斤；山西，一百一十四万六千九百一十七斤；福建，一十二万四千三百三十六斤。[②]

洪武年间，全国共有11个省获准开采铁矿，每年总铁课量共计18475026斤。其中，河南的铁课年额是718336斤，约占全国铁课总量的4%，在全国11个产铁省份中居第6位。山西的铁课年额是1146917斤，约占全国铁课总量的6%，在全国11个产铁省份中居第4位，其中有很大比例的铁课由位于中原西部的平阳府和泽州府缴纳。由此可见，中原的铁矿资源比较富饶，在全国占有重要地位。

由上可见，中原的矿产富饶，而煤炭尤为丰富，“中州足以为赖者，惟煤为最”。[③] 中原煤炭不仅分布广，储量大，而且煤质较佳，主要分布于南部、北部、西部和中部，便于开采。如河南南阳府邓州和内乡县一带的煤炭很丰富，嘉靖《邓州志》记载道：

州西南一百里曰洞儿山，旧名杏儿山，其山连绵数十里……有洞甚

---

① 成化《河南总志》卷三《开封府·土产》、卷六《南阳府·土产》、卷七《河南府·土产》、卷八《怀庆府·土产》、卷九《卫辉府·土产》、卷一一《汝州·土产》，明成化二十二年刻本。

② （明）徐溥、李东阳等：《大明会典》卷一五七《工部十一·铜铁》，影印文渊阁《四库全书》第618册，台北：台湾商务印书馆，1986年版，第543页。

③ 道光七年河南修武县庙河村立《创建拜殿碑记》，此碑现存河南焦作市白涧房乡庙河村。又见吴晓煜：《中国煤炭史志资料钩沉》，北京：煤炭工业出版社，2002年版，第314页。

多，山下多煤。其西北九十里曰永青山，西北属内乡，东南属邓州，下有煤洞。内乡县西南九十里曰峰子山，其西直十里曰花墓山，内产煤。[1]

邓州绵延几十里的洞儿山、永青山和内乡县的峰子山、花墓山都产煤，足见这一带的煤炭资源之富饶。

地处中原西南部的豫西河南府，其煤炭资源也很丰富，据李贤等所编《大明一统志》记载，河南府“各州县俱出”石炭，[2] 石炭是煤炭的一种。《大明一统志》成书于明英宗天顺年间，此时，河南府管辖一州十三县，即陕州、洛阳、偃师、巩县、孟津、登封、永宁、宜阳、新安、渑池、嵩县、灵宝、阌乡和卢氏诸县，这说明以上这些地区都产煤炭。其中，宜阳、新安和巩县三县藏煤尤为丰饶。[3] 再以汝州直隶州而论，据正德《汝州志》记载，汝州出产“煤炭，州县同”。[4] 正德年间，该州下辖鲁山、郏县、宝丰和伊阳四个县，说明这些县皆产煤炭。其中，鲁山和宝丰二县的煤炭资源更为富饶，“惟煤为最广”。[5]

中原北部的煤炭也很富饶。河南彰德府安阳县龙山“出石炭，入穴取之无穷”。[6] 怀庆府藏煤更丰，“石炭、煤炭出河内太行之麓”。[7] 该府河内县除产煤外，还出产青瓷和矾红即绛矾。[8] 中部开封府属禹县则富产煤炭和砺石：

凤翅山东曰昆仑山，上有昆仑池，一曰玉皇山，产煤。其东麓为楼子，赵济众煤矿公司在焉。其南五里曰九山……产砺石。……三峰山之西峰亦曰三丰山……其阴产煤，又东逾董家口为中峰，产煤。其阴为杨树园，三峰矿务公司在焉。又东逾金山寺口为东峰，产煤。[9]

---

① 嘉靖《邓州志》卷八《舆地志》，《天一阁明代方志选刊》第 48 册，上海：上海古籍书店，1963 年据天一阁藏明嘉靖四十三年刻本影印。

② （明）李贤、彭时等：《大明一统志》卷二九《河南府・土产》，明天顺五年刻本。

③ 顺治《河南府志》卷四《土产》，清顺治十八年刊本。

④ 正德《汝州志》卷三《杂产》，《天一阁藏明代方志选刊》第 46 册，上海：上海古籍书店，1963 年据天一阁藏明正德元年刻本影印。

⑤ 道光《汝州全志》卷四《食货》，清道光二十年刻本。

⑥ 嘉靖《彰德府志》卷八《杂志第九・痗囊》，明嘉靖元年刻本。

⑦ 正德《怀庆府志》卷四《风土・杂产》，明正德十三年刻本。

⑧ 道光《河内县志》卷一〇《风土志・物产》，清道光五年刊本。

⑨ 民国《禹县志》卷三《山志》，民国二十年刻本。

地处嵩山地区的密县，煤炭资源丰富，新密矿区东西长约60公里，南北宽达30公里，地跨新郑、密县、登封县境，含煤面积908平方公里，煤种为低灰、低硫、高发热量的贫煤和无烟煤；登封矿区以登封和伊川县境为主，南部包括汝州市和汝阳县的一小部分，东西长20公里，南北宽约10公里，含煤面积约635公里，煤种主要为贫煤。①

一言以蔽之，中原的矿产不仅种类繁多，储量大，以煤炭为主，而且多数矿产与人们的生产生活密切相关，尤其是煤、金、银、铁、铜、锡和砺石等矿物，更是人们须臾不可或缺的日常必需品。因此，中原很早就出现采矿活动，并对当地社会发展起着很大的促进作用。

第二节　明代以前中原矿业的概况

我国的地质构造非常有利于矿物的生成，古人有着悠久的采矿历史，所谓“帝轩辕氏始采铜于首山，善用地也。唐虞之世，铸金、银、铅、铁，逮周而矿制成。厥后则战国以降采丹青，南北朝以降采矾石，唐以降采煤炭，及宋乃弥多，比明而益盛，业亦大矣”。② 中原亦然。如前所言，中原一带的地质构造对这一地区的矿产分布非常有利，也利于采矿冶炼活动的开展，这一带很早就有采矿冶炼活动。

夏商时期，作为统治中心，中原当时已经出现采矿冶炼活动，铸造红铜和青铜器具。青铜是古人有意识地将铜与锡或铅按一定比例配合熔铸成的合金，因为以铜为主，颜色为青色，所以称为青铜。青铜的熔点较纯铜（红铜）低，更易于铸造，而且硬度较纯铜高，加之熔化、冷凝时其体积会略有膨大，填充性较好，气孔少，因而用它铸造出来的工具结实耐用。虽然这种青铜工具数量很少，没有大量用于生产，青铜器也是贵族生活中的奢侈用品，普通百姓可望而不可即，但是它们的出现，却是社会生产力

① 河南省地方史志编纂委员会：《河南省志》卷三四《冶金工业志》，郑州：河南人民出版社，1992年版，第10页。

② （晚清民国）顾琅、周树人：《中国矿产志》之《导言·矿产与矿业》，上海：文明书局、普及书局、有正书局，清光绪三十二年十二月增订版，第1—3页。

发展到一个新阶段和人们改造自然能力提高的重要标志，也是此期中原存在颇具规模的开采铜、锡和铅矿活动以及冶铸活动的有力证据。河南安阳出土沉重的巨大青铜器司母戊方鼎，更充分说明了这一点。商代正是由于青铜冶铸业的发展，才创造出灿烂的青铜文明。

大量考古发掘表明，先秦时期，中原地区的采矿冶炼活动日渐增多，其中又以采煤活动居多。中原有不少商周时期的重要铸铜遗址，诸如河南郑州二里岗、安阳小屯、洛阳北瑶铸铜遗址，等等。[①]《山海经》中众多的产铁之山，其地址可考者有21处，其中，在今河南境内者有8处，在陕西境内者有6处，在山西者有4处，在湖北者有1处。[②] 战国时期，以冶铁著称的宛冯、邓师、棠溪、龙渊等地也在河南一带。诚如开展“合纵”活动时苏秦游说韩王共同抗秦扩张所说：

韩北有巩洛、成皋之固，西有宜阳、常阪之塞，东有宛穰、洧水，南有陉山，地方千里，带甲数十万，天下之强弓劲弩皆自韩出。……韩卒之剑戟皆出于冥山、棠溪、墨阳、合（曾无伯字）膊、邓师、宛冯、龙渊、大阿，皆陆断马牛，水击鹄雁，当敌即斩坚甲盾。[③]

冥山在今河南信阳市平桥区东南，棠溪在今河南西平县西，合膊在今河南舞阳县，宛冯在今河南荥阳市。楚国最著名的冶铁基地宛，也在今河南南阳市。苏秦之言说明当时中原的采矿冶炼活动不仅非常活跃，而且冶铸技术在全国首屈一指。前揭先秦著作《山海经》中关于多种矿物的记载，不仅说明中原的矿产资源丰富，而且说明早在先秦时期，中原许多地方的矿物已经被发现，人们也已经开始掌握它们的相关知识，并着手进行开采冶炼。

秦代，中原采矿在一些神话中有曲折反映。据南北朝时前秦人王嘉所著《拾遗记》记载，秦始皇“好神仙之事，有宛渠国之民乘螺舟而至”，并对他说：

臣国在咸池日浴之所九万里，以万岁为一日。俗多阴雾……及夜，燃

① 河南省博物馆等：《河南汉代冶铁技术初探》，《考古学报》1978年第1期。

② 杨宽：《战国史》，上海：上海人民出版社，1980年版，第31页。

③ （东汉）高诱：《战国策注》之《战国策》卷二六，《士礼居丛书》景宋本。

石以继日光。此石出燃山，其土石皆自光彻，扣之则碎，状如粟，一粒辉映一堂。昔炎帝始变生，食用此火也。国人今献此石，或有投其石于溪涧中，则沸沫流于数十里，名其水为焦渊。臣国去轩辕之丘十万里，少典之子采首山之铜，铸为大鼎。臣先望其国，有金火气动，奔而往视之，三鼎已成。①

这则神话中的“燃石”就是煤。据《史记》记载，少典是中原一个国家的名称，少典之子指炎帝和黄帝，② 他们皆活动于黄河中下游一带。我们揭开这段记载的神秘面纱不难发现，所谓“燃石”和少典之子采铜铸鼎，不过是中原的采煤和采铜冶铸活动的曲折反映而已。这说明在秦代，中原存在采煤和采铜冶铸等活动。

汉代，中原也不乏采矿冶炼之举，而且以采铁冶铁活动为主。“冶铁”泛指炼铁、铸铁和炼钢等。两汉时期，中原地区的冶铁业在全国占有举足轻重的地位，国家所置 49 处铁官中，有 6 处设在河南境内，并且规模都比较大。③ 西汉武帝时，职掌全国盐铁的盐铁丞孔仅，原来就是河南南阳的大冶铁商，其财产“累千金”。④ 元狩三年（公元前 120 年），为扭转以前盐铁私营造成的商富国贫局面，解决因对外战争造成的财政亏空问题，汉武帝下令实施盐铁官营。⑤ 此后，中原的矿冶活动主要由官府经营。1978 年，河南省博物馆发表的考古发掘报告《河南汉代冶铁技术初探》显示，新中国成立以来，全省已发现汉代的冶铁遗址共计 15 处，它们分别位于郑州古荥镇、巩县铁生沟，弘农郡的宜阳县、渑池县，颍川郡的阳城和南阳郡的比阳（今泌阳县）、南阳北关瓦房庄等地。这些冶铁遗址的情况详见表 2-1。

---

① （南北朝前秦）王嘉：《拾遗记》卷四《秦始皇》，影印文渊阁《四库全书》第 1042 册，台北：台湾商务印书馆，1986 年版，第 331—332 页。

② （西汉）司马迁：《史记》卷一《五帝本纪第一》，北京：中华书局，1959 年点校本，第 1—2 页。

③ 河南省博物馆等：《河南汉代冶铁技术初探》，《考古学报》1978 年第 1 期。

④ （东汉）班固：《汉书》卷二四（下）《食货志四下》，北京：中华书局，1962 年点校本，第 1164 页。

⑤ （西汉）司马迁：《史记》卷三〇《平准书第八》，北京：中华书局，1959 年点校本，第 1428 页。

表 2-1 河南省 15 处汉代冶铁遗址概况

遗址现在地点	汉代所属郡县	发掘或调查时间	遗址概况	遗址年代	资料来源
新安县孤灯村	弘农郡新安县	1946 年、1958 年先后发掘出两块大铁块，以后调查	面积 4 万平方米，遗留大量矿粉、耐火砖残块、炼渣、陶风管、陶墨等。遗址西另有 1 座窑，村西有多座炼铁炉。遗址南 1 公里处有铁矿坑，西 1 公里处有煤矿	不确定	河南省博物馆调查资料
巩义市铁生沟	河南郡巩县	1958 年发现，1959 年发掘	面积 2 万平方米，4 处房基，18 座炼炉，1 座熔炉，17 处藏铁坑，1 处矿石坑，矿石主要是赤铁矿，燃料有木炭和煤炭，出土大量铁器	西汉中期至“新朝”	中国科学院考古研究所：《巩县铁生沟》，北京：文物出版社，1962 年版
鹤壁市鹿楼村	河内郡汤阴县	1958 年发现，部分发掘	面积 2.7 万平方米，有 13 座炉址，大量铁矿石，铲镰、犁铧、镢、锛、锯、轴承等铁器 40 多件	不确定	《河南省鹤壁市汉代冶铁遗址》，《考古》1963 年第 10 期
汝州市夏店	河南郡梁县	1958 年调查	在夏店附近，面积不详，有 1 座直径约 2 米的炼铁炉，炉南坑中出土 300 多件铁镢	不确定	《河南临汝县夏店发现汉代冶铁遗址一处》，《文物》1960 年第 1 期
郑州市古荥镇	河内郡荥阳县	1965 年、1975—1976 年两次发掘	遗址约 12 万平方米，两座炼铁高炉，多块大积铁，大量矿石、炼铁渣、耐火砖等物，窑 13 处，多件铁器	不确定	郑州市博物馆发掘资料
鲁山县西马楼村	南阳郡鲁阳县	1953 年、1958 年调查	面积 4 万平方米，有大量铁渣、耐火砖、五铢钱	不确定	河南省博物馆调查资料
鲁山县望城岗和煤渣岗	南阳郡鲁阳县	1959 年、1976 年两次调查	面积不详。望城岗在西边，有一座炼铁炉遗址，岗上遍布矿石、炼铁渣。煤渣岗有耐火砖、风管	不确定	河南省博物馆和《中国冶金史》编写组调查资料
西平县酒店村	汝南郡西平县	1958 年调查	面积 25 万平方米，有大量炼铁渣、炉壁残块、矿石	不确定	河南省博物馆调查资料

续表

遗址现在地点	汉代所属郡县	发掘或调查时间	遗址概况	遗址年代	资料来源
西平县冶炉城	汝南郡西平县	1958 年调查	现存一座椭圆形炼铁炉，周围有炼铁渣	不确定	河南省博物馆调查资料
确山县打铁冢	汝南郡郎陵	1958 年调查	面积不详，遗址有炼铁渣、铁块等。遗址西南方铁笼山有铁矿	不确定	河南省博物馆调查资料
桐柏县张畈村	南阳郡平氏县	1958 年挖出矿粉 2000 多吨，1960 年、1976 年又进行两次调查	面积约 3.6 万平方米，炼铁炉一座，遍布铁渣，出土多件铁器、铁锭。遗址北方、西北方有古铁矿	东汉	河南省博物馆和《中国冶金史》编写组调查资料
方城县赵河村	南阳郡	1958 年、1976 年两次调查	面积不详，有 4 座炼铁炉	不详	河南省博物馆调查资料
南阳市北关瓦房庄	南阳郡治所在地宛	1959 年、1960 年发掘	约 12 万平方米，出土大量铁渣、铁器等物	西汉中期至东汉晚期	河南省博物馆发掘资料
温县招贤村	河内郡温县	1974 年发现		东汉前期	《河南省温县汉代烘范窑发掘简报》，《文物》1976 年第 9 期
林州市正阳地村	河内郡隆虑县	1975 年调查	遗址沿小河长约 15 公里，有铁渣、红烧土等物	不确定	河南省博物馆和《中国冶金史》编写组调查资料

由表 2-1 我们不难发现，汉代，中原作为全国的政治、经济和文化中心，对铁器的需求很大，推动这一带的采铁冶铁活动趋于活跃，使其矿业发展到一个新阶段。在以上 15 处汉代冶铁遗址中，巩义市铁生沟、南阳北关瓦房庄和郑州市古荥镇 3 处遗址，都先后进行了大规模考古发掘。发掘的结果表明，巩义市铁生沟的 6 座圆炉，炉缸的直径为 0.8~1.8 米，残高有 1 米左右。我们根据炉的内形、炉内残留的炉料和熔渣，以及附近出土的生铁等，可以断定它是炼铁高炉。鹤壁市发现的 13 座高炉断面均呈椭圆形，最大的一座炉缸的长轴为 3.1 米，短轴为 2.4 米，面积约有 5.8 平方米，还有一座高炉残高就有 3 米。郑州市古荥镇发现的两座高炉也均呈椭

圆形，炉缸长轴约有 4 米，短轴约有 2.8 米，面积约有 8.5 平方米。在 1 号高炉南端 5 米处的坑内，挖出同一时代的高炉积铁重达 20 余吨。估计它们是在拆炉时取出来的，因为当时没有更佳的分割处理办法，于是在冶铁场就近挖坑，将积铁从炉底拖出深埋。以上所述的巨大冶铁炉和大量积铁表明，汉代中原的采铁和冶铁规模都很大。但是，圆形炉缸扩容后，囿于风压，风力到达不了冶炼炉的中心，高炉不能有效冶炼。中原的冶铁工匠从长期实践中逐渐认识到问题的症结所在，发明了椭圆形的冶炼炉，把风管安装在距冶炼炉中心最近处。① 既扩大了炉缸的容积，提高了冶铁量，又能使风力到达高炉中心区，增加了此区域的炉温，保证了冶炼质量，从而巧妙地解决了既扩大炼铁炉的容量以提高产量，又保持炼铁炉中心区域的炉温以保证冶炼质量的难题。这说明汉代冶铁工匠对鼓风与炉径的相互关系已有深入认识，对提高冶炼技术进行了可贵的探索，使中原的冶铁水平提高到了一个新阶段。

煤炭是理想的燃料，在冶炼和日常生活需求的推动下，汉代中原的采煤活动有所增加。这不乏其例。时人窦广国即在河南宜阳县为主人“入山作炭”，《史记》中对此事记载道：

窦广国，字少君。少君年四五岁时，家贫，为人所略卖（应为“掠卖”），其家不知其处。传十余家，至宜阳，为其主入山作炭，寒（当为“暮”）卧岸下百余人。岸崩，尽压杀卧者，少君独得脱不死。②

关于窦广国“入山作炭”是否即入山采煤，历来学者聚讼纷纭，颇有歧异。明末清初的学者顾炎武认为窦氏所作之炭就是石炭，并进行了深入考证，他说：

今人谓石炭为墨。按《水经注》：“冰井台并深十五丈，藏冰及石墨焉。石墨可书，又然之难尽，亦谓之石炭。”是知石炭、石墨，一物也，有精粗尔。《史记·外戚世家》：“窦少君为其主入山作炭。”《后汉书·党锢传》：“夏馥入林虑山中，亲突烟炭。”皆此物也。北人凡入声字皆转为

① 河南省博物馆等：《河南汉代冶铁技术初探》，《考古学报》1978 年第 1 期。

② （西汉）司马迁：《史记》卷四九《外戚世家》，北京：中华书局，1959 年点校本，第 1973 页。

平，故呼墨为煤，而俗竟作煤字，非也。……炭有数品，其坚者谓之石，软者谓之烸，气愈臭者，然之愈难尽。①

顾氏对照古书中关于煤炭的记载，结合音韵学知识详细考证，可谓鞭辟入里，言之凿凿，充分说明窦少君“入山作炭”即入山采煤。《中国古代煤炭开发史》一书进而认为，不仅“汉代窦广国‘入山作炭’就是进山采煤”，而且《史记》中这段记载是“我国文献中关于采煤的最早记载，也是关于煤矿坍塌事故的最早记载”。② 王仲荦对此却持不同的看法，他认为窦少君“入山作炭”之语中的炭可能是木炭，“未必能够十分肯定是石炭”，因此，中国开始使用煤炭的时间应向后推移至东汉末年。③ 但是，王氏所论仅是推测，并无相应的史料作为支撑。

需要指出，汉代中原人民已经将煤炭用于冶炼。1955 年，中国科学院考古研究所在洛阳汉河南县城东区汉代生活遗址的灰坑中，即发现了煤和煤渣。④ 1958 年，在巩义市西南 29 公里的铁生沟村的汉代冶铁遗址中，河南省文化局文物工作队出土了大量煤饼、煤渣和原煤块。⑤ 1975 年，郑州市博物馆在本市西北 20 多公里的古荥镇的一座汉代冶铁遗址中，发现冶炼场周围一座窑内的火池上有很多煤饼。⑥ 这些考古发掘都证明，在汉代中原已经使用煤炭作燃料，并把它广泛用于冶铁行业，这也从侧面说明这一带的采煤活动日益增多。

汉献帝建安年间，曹操在河南邺城西北修建铜爵台即铜雀台、金虎台和冰井台，在其上贮有大量煤炭。⑦ 后来，西晋文学家陆云在这 3 座台上发现大量煤炭，他遂写信告诉其兄陆机说：

---

① （清）顾炎武：《日知录》卷三二《石炭》，清乾隆年间刻本。

② 《中国古代煤炭开发史》编写组：《中国古代煤炭开发史》，北京：煤炭工业出版社，1986 年版，第 24 页。

③ 王仲荦：《古代中国人民使用煤的历史》，《文史哲》1956 年第 1 期。

④ 黄展岳：《一九五五年春洛阳汉河南县城东区发掘报告》，《考古学报》1956 年第 4 期。

⑤ 河南省文化局文物工作队：《河南巩县铁生沟汉代冶铁遗址的发掘》，《考古》1960 年第 5 期。

⑥ 郑州市博物馆：《郑州古荥镇汉代冶铁遗址发掘简报》，《文物》1978 年第 2 期。

⑦ （东晋）陆翙：《邺中记》，影印文渊阁《四库全书》第 463 册，台北：台湾商务印书馆，1986 年版，第 308 页。

一日，上三台，曹公藏石墨数十万片，云烧此消复可用，然烟中人不知，兄颇见之不？今送二螺。①

这里的石墨即煤炭，曹操在3座台上储存煤炭10万斤，此举在古代实属罕见。这表明中原地区的采煤活动已经达到一定规模。

西晋时，中原地区的采煤活动有所增多。以北部而言，左思在《魏都赋》中如此写道："南瞻淇、澳，则绿竹纯茂；北临漳、滏，则冬夏异沼……墨井盐池，玄滋素液。"② 这里的"淇"指今天的豫北淇河，"漳"即豫北的漳河，"滏"即豫北的滏阳河。鹤壁自古有"淇水之滨"之称，因而文中"墨井"即煤井的位置，应在现在的河南安阳、鹤壁一带，当时已有人在这里采煤。

南北朝时，中原也不乏采矿活动。北魏地理学家郦道元曾说："洛水侧有石墨山，山石尽墨，可以书疏，故以石墨名山矣。"③ 此处的"洛水"是豫西洛阳附近的一条河流，石墨即煤炭，它不仅可以用作燃料，而且还可以用于书写。

隋代，中原百姓用煤者不乏其人。隋文帝开皇初年，外散骑侍郎王劭即在奏章中说：

在晋时，有以洛阳火渡江者，代代事之，相续不灭，火色变青。……今温酒及炙肉用石炭、柴火、竹火、草火、麻荄火，气味各不同。以此推之，新火旧火理应有异。④

王氏所言表明，在晋代洛阳人民就已经使用煤炭，至隋代使用者更多，宫廷中已将它作为重要燃料。此外，《隋书》中也有关于煤炭的记载，书中说："河南郡兴泰县有石墨山。"⑤ 兴泰县设于隋炀帝大业初年，位于

① （西晋）陆云：《陆士龙集》卷八《与平原书》，影印文渊阁《四库全书》第1063册，台北：台湾商务印书馆，1986年版，第443页。

② （南朝梁）萧统：《文选》卷六《京都下·魏都赋一首》，北京：商务印书馆，1959年版，第119页。

③ （北魏）郦道元：《水经注》卷一五《洛水》，上海：商务印书馆，1933年版，第50页。

④ （唐）李延寿：《北史》卷三五《王慧龙传》，北京：中华书局，1974年点校本，第1293页。

⑤ （唐）魏征等：《隋书》卷三〇《地理志中》，北京：中华书局，1973年点校本，第835页。

今河南宜阳县境内，当时此县境内业已发现煤炭。

唐代，中原的采矿活动也很活跃。唐高宗麟德二年（665 年），“废陕州铜冶四十八”。[①] 仅被唐政府废除的铜冶就有 48 处，由此可见都畿道（今河南西部）陕州的采铜冶铜处所之多。唐玄宗开元十五年（727 年）初，唐政府“税伊阳五重山银、锡”，向河南伊阳县征收矿税。唐德宗时，户部侍郎韩洄建议“山泽之利宜归王者，自是皆隶盐铁使”。他判度之后又进言说，陕西东南部的“商州红崖冶出铜，又有洛源监，久废不理，请凿山取铜，置十炉铸钱”。唐政府立即采纳了他的建议，在这一带凿山开采铜矿，置炉冶铸铜钱。[②] 唐文宗太和四年（830 年）白居易担任河南府尹之后，也在洛阳、密县一带组织州民开采煤炭以资生活。关于此事，《说嵩》记载道：

马领之东为香山，石质脆腻，细理缕叠，遍产磁炭，居民藉其利。或曰磁始于白居易尹河南时，教民业作以活。民立祠山上祀之，曰“香山庙”，并以名山也。[③]

磁炭是煤炭的一种，因为白居易倡导采煤非常方便人们的生活，所以当地人们才立“香山庙”祭祀他。唐宣宗大中（847—859 年）初年，全国有 168 处铁、铜、锡、银冶炼所，其中，“陕、宣、润、饶、衢、信六州，银冶五十八，铜冶九十六，铁山五，锡山二，铅山四，汾州矾山七”，有许多冶炼所设在中原地区。[④] 中原的矿冶在其中具有主要地位。宣统元年（1909 年）英商福公司在焦作采煤时，矿工曾经在 14 号矿井中发现一盏挖煤用的铁灯，数枚唐玄宗开元年间（713—741 年）的钱币。据考证，

---

① （北宋）欧阳修：《新唐书》卷五四《食货志第四十四》，北京：中华书局，1975 年点校本，第 1383 页。

② （清）阎镇珩：《六典通考》卷九五《市政考》，清光绪年间刻本。按：唐代以大官兼小职，称为“判”。“度支”，掌握财政实权的官职，本是户部所属四司之一。唐中叶以后，往往特派户部以外的大臣兼管度支事务，谓之“判度支”。

③ （清）景日昣：《说嵩》卷五《太室原二》，清康熙五十八年刻本。按：白居易晚年经常出入此座山上的香山寺，自号“香山居士”，想必与此有一定的关系。

④ （北宋）欧阳修：《新唐书》卷五四《食货志第四十四》，北京：中华书局，1975 年点校本，第 1383 页。

这些都是唐代人们采煤时遗留下来的物品。①

位于中原东部的山东枣庄地区，其开采煤炭历史也很悠久，“开采之迹，肇自上世，其年代茫昧，亦不可得而原也”，“矿务之见于三代前者也……讫唐、五代不废”。② 唐宋两代，这一地区的采煤活动更加活跃，峄县尤甚，其煤矿“矿区内有唐宋时旧井甚多”。③

另外，随着煤炭开采区域的扩大以及人们对煤炭认识的不断深化，唐代中原已出现焦炭的雏形——炼炭。对此，唐人康骈生动地叙述：

乾符中，洛中有豪贵子弟，承藉勋荫，物用优足恣陈，锦衣玉食，不以充诎为戒，饮馔华鲜，极口腹之欲。有李史君出牧罢归，居止亦在东洛，深感其家恩旧，欲召诸子，从容有敬爱。寺僧圣刚者常所来往，李因以其宴为说。僧曰：“某与之门徒久矣，每见其饮食穷极水陆滋味，常馔必以炭炊，往往不惬其意。此乃骄逸成性，史君召之，可乎？”李曰：“若求象白猩唇，恐不可致，止于精洁修办小筵，未为难事。”于是广求珍异，俾妻孥亲为调鼎，备陈绮席雕盘，选日为请。弟兄列坐矜持，俨若冰玉，肴羞每至，曾不下筋。主人揖之再三，惟沾果实而已。及至水餐，俱致一匙于口，然相盼良久，咸若飧荼食蘖。李莫究其由，以失飪为谢。明日复睹圣刚，备述诸子情貌。僧曰：“某前所说岂谬哉!”而因造其门以问之曰：“李史君特备一筵，庖膳间可为丰洁，何不略领其意?”诸子曰：“燔炙煎和未得其法。”僧曰：“他物纵不可食，炭炊之饭又嫌何事?”复曰：“上人未知，凡以炭炊飰，先烧令熟，谓之炼火，方可入爨，不然犹有烟气。李史君宅炭不经炼，是以难于飡啗。”④

乾符（874—879 年）是唐僖宗的第一个年号。这段史料表明，唐代晚期，洛阳不仅有人用煤炭做饭，而且这些贵公子业已认识到“凡以炭炊飰，先烧令熟，谓之炼火，方可入爨。不然，犹有烟气”。说明至迟到 879

① 河南省总工会工运史研究室：《焦作煤矿工人运动史资料选编》，郑州：河南人民出版社，1984 年版，第 383 页。

② 光绪《峄县志》卷七《物产略》，清光绪三十年刻本。

③ 吴承洛：《今世中国实业通志》，上海：商务印书馆，1933 年版，第 25 页。

④ （唐）康骈：《剧谈录》卷下《洛中豪士》，北京：中华书局，1991 年版，第 100 页。

年，我国已出现炼炭这种无烟焦炭的雏形（至宋代才出现用于冶炼的焦炭）。

宋代，中原的采矿活动也很活跃。如山西泽州府的铁矿资源富饶，“上党铁凿甚微，羊头之钢自魏文帝称之”。从魏至唐宋，该府已有冶铁活动，但“惟仪有一冶”。[①] 北宋神宗熙宁八年（1075 年），政府严申坑冶禁令。宋神宗元丰年间（1078—1085 年），河东转运使刘庠说，河东路“计一路之产，铁利为饶，请复旧冶鼓铸，通隰州盐、矾，博易以济”。宋徽宗政和年间（1111—1117 年），“置垆冶，收铁给引，然农具器用从民铸造，卒如旧法”。北宋初，上党“旧有坑冶”；宋徽宗崇宁年间（1102—1106 年），又增添新的坑冶；政和年间，数罢数复，“承买者立重额，或旧有今无，而额不为损”，人们非常痛恨当政的蔡京；至宋钦宗靖康元年（1126 年），北宋政府才免除上党苛重的矿税。宋徽宗宣和年间（1119—1125 年），相州安阳的铜冶得以恢复，磁州固镇即上党的铁冶得以保留。[②]

宋代，河南灵宝县与陕西华阴县交界的各处山脉皆有矿洞，内产铜、铁、铅、锡等矿物，“至金人废，莫知其处”。[③] 磁石因为“石取铁如母之招子”而得名，[④] 此时，中原盛产磁石。诚如北宋人唐慎微所记：

> 《图经》曰：“磁石生泰山山谷及慈山山阴，有铁处则生其阳。”今慈州、徐州及南海傍山中皆有之。慈州者岁贡最佳，吸铁虚连十数针，或一二斤，刀器回转不落者尤真。采无时。其石中有孔，孔中黄赤色，其上有细毛，性温，功用更胜。[⑤]

我国产磁石之处虽然多，但是质量比较佳者并不多见，而慈州所产磁

---

① 雍正《泽州府志》卷五一《杂志》，清雍正十三年刻本。按：“仪”即雍正时的辽州。

② 雍正《泽州府志》卷五一《杂志》，清雍正十三年刻本。

③ 光绪《灵宝县志》卷三《土产志》，清光绪二年刊本。

④ （清）刘岳云：《格物中法》卷五（下）《金部·铁》，清同治年间刻本。

⑤ （北宋）唐慎微：《证类本草》《修政和经史证类备用本草》卷四《玉石部·磁石》，《四部丛刊》景金泰和晦明轩本。

石却是难得的上品。[1]

宋代，中原采矿仍然以采煤为主。北宋仁宗年间（1023—1063 年），山西泽州府“阳城冶铸铁钱，民冒山险输矿炭，苦其役”，[2] 这一带用煤炭冶铸铁钱，运输“矿炭”成为当地百姓的一项沉重负担。据研究，当时河南北部今焦作、鹤壁和安阳一带，西部密县、登封县、宝丰县、鲁山县和渑池县等地，已经大量采煤。[3] 宝丰县青岭镇产煤炭和矾土，但是“其黑铅、白土、矾红之类，所产甚微，惟煤为最广”。[4] 时人朱翌说：“石炭自本朝河北、山东、陕西方出，遂及京师。”[5] 这里的京师即今河南开封市，河北即黄河以北地区。当时京师“汴都数百万家，尽仰石炭，无一家然薪者”。[6] 开封居民已经大规模使用煤炭，而且数量众多，反映出当时中原煤炭的生产规模和产量都很大。汴京本地并不产煤，为鼓励周边煤炭贩运至这一地区，保证居民的日常所需，熙宁元年（1068 年），宋神宗下令不对来自怀庆府运往京城开封的煤炭课税，“诏石炭自怀至京不征”。[7] 为促进中原的煤炭贩运，熙宁七年（1074 年）五月，荆湖北路江陵府江陵县县尉陈康民也上奏宋神宗：

合行减罢。勘会在京（即汴京，今河南省开封市）窑务，所有柴数于三年内取一年最多数，增成六十万束，仍与石炭兼用。除场驿课扑到外，召人户断扑，自备船脚。其石炭自于怀州九鼎渡、武德县收市，及勾当东

① 慈州即今河北磁县，雍正四年（1726 年）以前，磁州隶属河南彰德府。清代前期，河南彰德府磁州与直隶的邯郸、永年等县的百姓经常为争夺滏阳河用水发生纠纷。“滏阳河发源河南磁州，州民拦河筑坝，致直（隶）属之邯郸、永年诸县争水讦讼。事关两省，文移动经岁月。”雍正四年（1726 年）四月，为便于调解此矛盾，平息争端，稳定这一带的社会秩序，应怡亲王允祥之请，清廷将豫北的磁州改隶直隶广平府。事见《清世宗实录》卷四三，“雍正四年四月丁亥”条，《清实录》第 7 册，第 637—638 页。

② （元）脱脱等：《宋史》卷二六五《李昉传》，北京：中华书局，1977 年点校本，第 9145 页。

③ 卞书田、胡克仪等：《豫煤古今谈》，北京：煤炭工业出版社，2000 年版，第 13 页。

④ 道光《汝州全志》卷四《物产》，清道光二十年刻本。

⑤ （北宋）朱翌：《猗觉寮杂记》卷上，影印文渊阁《四库全书》第 850 册，台北：台湾商务印书馆，1986 年版，第 447 页。

⑥ （北宋）庄绰：《鸡肋编》卷中《石炭》，北京：中华书局，1983 年版，第 77 页。

⑦ （元）马端临：《文献通考》卷一四《征榷考一》，杭州：浙江古籍出版社，2000 年版，第 146 页。

窑务。孙石乞将石炭出货，只以窑柴供应。①

宋神宗将康氏的建议交给将作监处理，监司权衡利弊后建议“宜依康民所请，其出卖石炭每秤定价六十文”。宋神宗基本同意这一方案，诏命“除武德县收市不行外，余并从之”。② 河南焦作当时隶属河北西路怀州，武德县即今河南沁阳县。把焦作的煤炭通过武德县卖给外地焙烤陶瓷，既说明当时中原烧瓷所用的燃料包括煤炭和薪柴，又说明焦作的煤炭业已作为商品流入市场，供千家万户使用。这一时期，人们不仅利用煤炭烧饭取暖，而且用它焙烤陶瓷。河南修武县的当阳峪是我国古代著名的陶瓷产地，据宋徽宗崇宁四年（1105 年）所立《窑神庙碑》记载，当时这里“世利兹器（瓷器），埏埴者百余家，养资者万余口”，③ 许多人靠烧瓷器为生。这一带的煤炭资源丰富，当地百姓无疑会就近取材，用煤炭烧制瓷器。

在河南许州阳翟县（今河南禹州）也有煤炭开采，在禹州神垕镇东北约 2 公里处曾发现一处北宋时期的煤矿遗址，据初步考察，它有煤井口 11 处。④ 河南府巩县“有石炭坑，相传有炭精时出惊扰人，村野畏之”。炭精外形如人，身高 1 丈有余，“裸而黑，因目曰黑汉，洛人疑是此怪，故亦谓之黑汉”。⑤ 我们剥下此记载的神秘外衣后，不难发现所谓“炭精”，不过是当地人对采煤者的一种形象称呼罢了，当地的采煤活动相当活跃。

大量宋代采煤遗址的发现表明，当时中原采煤比较普遍。宣统元年（1909 年），英商福公司在焦作开凿 24 号煤井，当挖掘到十七八丈深时发生透水，将水排出后，露出一对古窑洞，内有采煤工人用的已经腐朽的护身板。经鉴定，这是宋代的煤窑。⑥ 这表明当时的采煤工已经有初步的自我保护意识。1960 年，考古工作者在鹤壁发现宋元时期古煤矿遗址的遗迹

① （清）徐松：《宋会要辑稿》之《食货志五五·窑务》，清嘉庆年间稿本。

② （清）徐松：《宋会要辑稿》之《食货志五五·窑务》，清嘉庆年间稿本。

③ 河南修武县当阳村存北宋徽宗崇宁四年（1105 年）立《怀州修武县当阳村土山德应侯百灵庙记》。

④ 安廷瑞：《河南禹县神垕镇北宋时期煤矿遗址的发现》，《考古》1989 年第 8 期。

⑤ （南宋）马纯：《陶朱新录》，影印文渊阁《四库全书》第 1047 册，台北：台湾商务印书馆，1986 年版，第 209 页。

⑥ 薛世孝：《古代河南人民对煤炭的开发利用》，《中州学刊》1983 年第 5 期。

及遗物，证明当时开采煤炭的方法和技术已达到相当高的水平。[①] 2004 年 7 月，考古工作者在发掘河南焦作市解放区上白村南第二十九中学的一座宋代古墓时，出土了《李公墓铭碑》，碑文曰：

至元佑（当为“祐”）三年戊辰岁，巍巍乎万户山前，浩浩乎乌金出世。吉乃以地为主，夜以计（当为“继”）日，役工匠数百人，自赡千余口，获山泽之厚利者，皆出乎吉之分，而莫知其数焉。[②]

“万户山”是焦作地区的一座山，“乌金”即煤炭。由碑文可知，自北宋哲宗元祐三年（1088 年）开始，李吉在万户山前雇用数百名工人开采煤炭，不仅自己获利丰厚，而且惠及当地居民，既解决了近千人的口腹问题，又带动一部分人富裕起来。由此可见，李吉等人采煤的规模不小。

据王仲荦研究，总体上看，宋代全国煤矿的分布区主要集中于以河南、河北、山东、陕西以及苏北地区为中心的区域，[③] 即广义上的中原地区。关于宋代中原煤炭的开采，许多学者已有较深入的研究，[④] 此不赘言。

金代，中原的采矿活动也很活跃。如河南鲁山县城北的许方村，不仅有人采铁矿炼铁，而且有人贩运煤和铁。对此，时人麻九畴在《许方邨即事》诗中写道：

披热达许方，山巅青漫漫。
野黄麦初割，畦绿蔬才灌。

① 河南省文化局文物工作队：《河南鹤壁市古煤矿遗址调查简报》，《考古》1960 年第 3 期。

② 北宋《李公墓铭碑》，转自郭建设、索全星：《山阳石刻艺术》，郑州：河南美术出版社，2004 年版，第 74 页。

③ 王仲荦：《古代中国人民使用煤的历史》，《文史哲》1956 年第 1 期。

④ 这些成果主要有，许惠民：《北宋时期煤炭的开发利用》，《中国史研究》1987 年第 2 期，通过对北宋时期木炭、木柴这一传统燃料危机的出现，分析和研究该时期煤炭资源及其在秦岭、淮河以北地区的开发。许惠民、黄淳：《北宋时期开封的燃料问题——宋代能源问题研究之二》，《云南社会科学》1988 年第 6 期；程遂营：《北宋东京的木材和燃料供应——兼谈中国古代都城的木材和燃料供应》，《社会科学战线》2004 年第 5 期；薛世孝：《古代河南人民对煤炭的开发利用》，《中州学刊》1983 年第 5 期；王曾瑜：《辽宋金的煤炭生产》，《纪念李埏教授从事学术活动五十周年史学论文集》，云南大学出版社，1992 年版，等等；这些文献则对辽宋金时期全国各地煤炭开采的情况及利用做了论述，同时也探讨了北宋时期都城开封的燃料构成及石炭机构的情况。卞书田、胡克仪：《两宋时期河南煤炭开采技术与鹤壁宋元古煤矿遗址》，《中州学刊》1994 年第 2 期，则对宋代河南的煤炭开采技术进行了研究，考察了宋元时期豫北鹤壁的采煤遗址。

村篱茼叶深，巷树春花乱。
烟长见新冶，风远闻清锻。
濯衣女在溪，贩铁人栖馆。
墙危垒破石，路黑沾遗炭。
山云顷刻雨，沙地须臾暵。
铎鸣驾犊耕，罩密防鸡散。
缫余残茧挂，钓罢么丝贯。
沽酒有客赊，鬻李何人唤。
扑惨官始威，牒烦民更玩。
历险小车多，逢人赭衣半。
县远肉难求，山近寇可逭。
何当卜隐居，寻我杖藜伴。①

这首诗既描绘了美好的乡村风光和官府滥施淫威下百姓的悲惨生活，又反映了当地百姓冶铁、贩铁及运煤的繁忙情况。再如金宣宗兴定年间（1217—1222年），因为境内许多地方“炭穴显露，随取而足”，开采露天煤炭非常方便，河南渑池县的采煤活动很活跃。居民多以煤炭作为日常生活的燃料，当地驻军也烧煤取暖。用时积煤成堆，“下以薪之爇，烈焰炽燃”。②

河南宝丰县矿产资源丰富，青条岭“旧产黑铅、白土、矾红之类”。因此，在北宋哲宗元祐元年（1086年），宋廷“复并置青岭镇，寻改名兴宝”，特意改县名为兴宝。③ 金宣宗兴定三年（1219年）七月，翰林直学士行三司事李复亨奏说：“汝州、鲁山、宝丰、邓州、南阳皆产铁，募工置冶，可以获利，且不厉民。”金宣宗立即批准其建议，“诏尚书省行

① （金）麻九畴：《许方郛即事》，（金）元好问：《中州集》之《中州已集第六·许方郛即事》，《四部丛刊》影印元代刊本。按：“冶”原文作“治”，“扑”为“朴”，“赭”为“黯”。今据清人郭元釪：《御订全金诗增补中州集》卷一九《许方郛即事》（影印文渊阁《四库全书》第1445册，台北：台湾商务印书馆，1986年版，第297—298页）改。

② （金）元好问：《续夷坚志》卷四《炭中二仙》，北京：中华书局，1985年版，第63页。

③ 道光《宝丰县志》卷三《舆地志下·物产》，清道光十七年刻本。

之”,[1] 推动了这一带的矿业发展。

元代，随着全国统一，社会日趋安定，中原地区的采矿活动逐渐活跃起来。元初，河南焦作附近李封一带的土煤窑已经相当普遍，当地百姓“所恃为生存之命脉者，厥为煤矿”。曾在元世祖朝任京兆提学、集贤大学士兼国子监祭酒的许衡告老还乡，他在家乡焦作附近的博爱县李封村，看到当地的煤窑众多，感慨这里是“卧牛之地，日进斗金”。[2] 这表明挖煤售卖已成为当地百姓的一项重要收入。元世祖至元年间，在郑州知州黄廷佐倡导下，荥阳县南天里和密县王寨村的煤炭重新得以开采，人们“起立窑座，岁余之间，厥功乃成，阖郡之人民皆用焉”,[3] 惠及两县人民。山东峄县的煤炭在元代也继续得到开采，据《枣庄附近甘泉寺里的碑碣》记载，在元武宗至大元年（1308 年），已有人在这里掘窑采煤。[4]

豫北彰德府林县的采铁活动古已有之，在县东北河顺、东冈两区之间有矿山产青铁，“昔尝开采”。许多史籍对此都有记载，如《汉书·地理志》载：“隆虑县有铁。”《官续汉书·地理志》载：“林虑县有铁。”《元和郡县志》载：“林虑山出铁。”《太平寰宇记》载：“林虑县侧近山多铁铆，可鼓铸。”《元胡袛遹李玉墓志铭》载，铜冶、申村有铁冶场。《旧志·古迹》载：“利城军在县东北二十里，唐宋有铁冶。”“今县东有铁炉村，亦以冶铁得名者，明清以来始封闭。”这些都是明代以前林县人民采铁的有力证据。

总之，中原人民采矿冶炼有着悠久的历史，在明代以前，中原地区的矿冶活动已比较频繁，所采矿产主要是煤、铁、铜、银、铅、锡和磁石等。尽管此期这一带的采矿冶炼规模不大，水平不高，却为明清时期中原矿业发展积累了宝贵的经验，奠定了必要的采矿冶炼技术基础。

---

① （元）脱脱等：《金史》卷一〇〇《李复亨传》，北京：中华书局，1975 年点校本，第 2217 页。

② （元）许衡：《鲁斋遗书》，明万历二十四年刻本。

③ 嘉靖《郑州志》卷六《杂志·黄公德故去思之碑》，明嘉靖三十一年刻本。

④ 中共枣庄矿务局委员会：《枣庄煤矿史》，济南：山东人民出版社，1959 年版，第 2 页。

第三章

明清时期中原矿业的发展概况

明清时期，中原矿业步入新的发展阶段，较之前代，其采矿冶炼的规模、产量和技术等都有明显发展，采矿活动日趋活跃，深深地影响着中原社会经济和百姓生活。就笔者目力所及，迄今为止，学界除对此期的采银和采煤，特别是福公司采煤有初步研究外，[①] 系统论述此期中原采矿活动的专论尚付阙如。这为本书的研究留下不小的探究空间，故而本章试对明清时期中原的采矿冶炼活动进行考察，以厘清其基本情况，为后面探究此期中原采矿冶炼活跃的原因、特点及影响奠定基础。

第一节　明代中原矿业的发展概况

元明鼎革后，社会残破不堪，大量田地荒芜。为发展农业，稳定社会秩序，明廷厉行矿禁，此期中原的采矿活动较少。明朝中后期，随着形势变化，矿禁张弛不定，但总体上逐渐松弛。与此相适应，加之其他诸多因素影响，中原的采矿活动也逐渐活跃。

一、明初中原的残破

元末明初，由于自然灾害频仍，加之长期战乱摧残，百姓流离失所，中原田地荒芜，经济凋敝，非常残破。所谓中原“自兵兴以来，民无宁居，连年饥馑，田地荒芜”；[②] “山东西、河南北、淮左右，皆为寇壤，城

① 薛毅：《清代河南的采煤业》，《中州煤炭》1987 年第 4 期；薛毅：《英商福公司在中国》，武汉：武汉大学出版社，1992 年版；王兴亚：《明清时期河南煤炭的开采与利用》，《殷都学刊》1996 年第 4 期；王守谦：《煤炭与政治：晚清民国福公司矿案研究》，北京：社会科学文献出版社，2009 年版；等等。

② 《明太祖实录》卷一二，“癸卯岁二月壬申”条，台北：台湾历史语言研究所，1962 年校勘本，第 148 页。

郭丘墟，积骸如山”；[①]“自辛卯河南兵起……十年之间，耕桑之地变为草莽”；[②]“中原诸州，元季战争受祸最惨，积骸成丘，居民咸少”，[③]人口大为减少。中原东部“两淮之北，大河之南，所在萧条”，残破不堪。[④]尤其是山东西部的兖州府定陶县，元顺帝至正末年，黄河泛滥于“曹、济、兖、郓之间，千里一壑，民无平土。继以兵火蹂践焚燎，井田鞠为草莽，兽蹄鸟迹交于其中，人行终日，目无烟火”，[⑤]残破异常。

明朝初年，统治者为恢复遭到战争严重破坏的中原社会经济，采取移民、招抚流民和兴修水利等诸多措施。为恢复农业生产，明太祖下令计民授田，设司农司，“开之河南，掌其事”。[⑥]明太祖洪武二十一年（1388年），明政府迁徙山西泽州和潞州的无业贫民于河南、河北（黄河以北），开垦荒田，“赐钞备农具，复三年”，[⑦]为移民垦荒提供资金支持，并免除3年的赋税。

明政府采取移民、赐钞和免赋等一系列促进社会经济发展的举措，收到明显成效，中原地区的社会经济很快恢复发展起来，大量土地得以垦辟，人口不断增长。这可以从明成祖永乐元年（1403年）巡按河南监察御史孔复的奏折中窥见一斑，他说：

奉命抚安河南百姓，今招抚开封等府复业之民三十万二千二百三十户，男女百九十八万五千五百六十口；未复业者尚三万二千五十余户，男

---

① （明）叶子奇：《草木子》卷三《克谨篇》，影印文渊阁《四库全书》第866册，台北：台湾商务印书馆，1986年版，第722页。

② 《明太祖实录》卷五〇，“洪武三年三月丁酉”条，台北：台湾历史语言研究所，1962年校勘本，第977页。

③ 《明太祖实录》卷一七六，“洪武十八年十一月”条，台北：台湾历史语言研究所，1962年校勘本，第2670页。

④ （明）宋濂等：《元史》卷一八六《张祯传》，北京：中华书局，1976年点校本，第4267页。

⑤ （明）乔迁：《均定田赋记》，顺治《定陶县志》卷八《艺文志》，清顺治十二年刻本。

⑥ （清）张廷玉等：《明史》卷七七《食货志一》，北京：中华书局，1974年点校本，第1882页。

⑦ （清）张廷玉等：《明史》卷三《太祖本纪三》，北京：中华书局，1974年点校本，第45页。

女十四万六千二十余口。新开垦田地十四万七千三百五十八顷。[①]

由孔氏所言可知，河南的人口增长迅速，田地也大量增加，这主要是政府鼓励移民的结果。此外，周边一些流民也涌入中原。譬如宣德年间，“山西饥民流徙至南阳诸郡，不下十万余户”。[②] 朝廷采取的移民、招抚流民等恢复社会经济的措施，以及大量流民的涌入，都有利于该地区人口的增加和农业生产的恢复发展，也带动了手工业的发展，矿业即是其中的一个重要行业。

二、明代中原的采矿冶炼活动

明朝初年，社会经济凋敝，大量田地荒芜，政府基于驱民务农以固根本的考虑，同时也担心百姓采矿“窃争而酿乱”，严禁开采。[③] 中原地处腹心要冲，矿禁尤严。明太祖洪武十五年（1382 年），广平府官员王允道欲在河南彰德府磁州开采铁矿冶炼取利，被明太祖杖责后流放岭南。[④] 又有官员奏请开采河南陕州的银矿，也遭到明太祖严词拒绝。[⑤] 这使中原的采矿冶炼活动受到很大限制。如河南汝州西南山中，虽然“间出黄（金）、白（银），然禁不得采”。[⑥]

虽然明初统治者严禁采矿，但是矿产毕竟在日常生活中不可或缺，在促进社会经济发展方面发挥着重要作用，这是不以他们的意志为转移的。因此，后来明政府对中原采矿的态度有所缓和。洪熙时，明仁宗“命坑冶

---

① 《明太宗实录》卷二五，“永乐元年闰十一月丁未”条，台北：台湾历史语言研究所，1962 年校勘本，第 0461—0462 页。

② （清）龙文彬：《明会要》卷五一《民政二·恤流民》，北京：中华书局，1998 年版，第 961 页。

③ （明）宋应星：《天工开物》卷下《燔石第十四卷·银》，明崇祯十年刻本。

④ （清）张廷玉等：《明史》卷三《太祖本纪三》，北京：中华书局，1974 年点校本，第 39—40 页。

⑤ （清）张廷玉等：《明史》卷八一《食货志五》，北京：中华书局，1974 年点校本，第 1970 页。

⑥ 万历《汝州志》卷二《食货》，河南大学图书馆藏《日本藏中国罕见地方志丛刊》第 15 册，北京：书目文献出版社，1992 年版。

官设守禁者，悉予民”。[1] 明宣宗宣德六年（1431 年），“河南奏开嵩县银矿”，明廷立即批准。但是不久因为“所得不偿所费而止”，复严矿禁。[2] 而为矿利所诱，此后仍然不断有人违禁采矿。这可以从此期民营矿课数量不断增加中得到体现。明惠帝建文四年（1402 年），民营的铁矿课是 75250 斤。而至明宣宗宣德九年（1434 年），民营的铁矿课猛增到 555267 斤。依据当时铁冶课税率“三十分取二”的标准估算，民营铁矿的产量，建文四年（1402 年）达到 1128780 斤，宣德九年（1434 年）达到 8329005 斤。32 年间，铁的产量激增 7 倍有余。[3] 其中，有相当一部分征自中原地区，中原民营铁矿的发展速度之快，由此可见一斑。

明朝前期，大量流民涌入中原，也促进了这一带的矿业发展。对于中原南部的流民之多，明英宗正统元年（1436 年），户部右侍郎李新奏称：

河南南阳府邓州、内乡等州县，及附近湖广均州、光化等县，居民鲜少，郊野荒芜。各处客商有自洪武、永乐间潜居于此，娶妻生子成家业者，丛聚乡村，号为“客朋”。[4]

这些“客朋”进入南阳府等地后，除一部分人子承父业，继续经商外，余者或垦荒务农，或在当地以采矿冶炼为生，推动了这一带采矿冶炼的活跃。明宪宗成化年间，中原百姓采矿冶炼成风。诚如都察院右都御史项忠所说：

河南之卢、嵩、永宁、内乡、浙（当为“淅”）、水（当为“川”）、镇平，陕西之商、洛、金、洵，湖广之郧、均、上津，诸境山多矿，故流民以窃矿聚，巡矿官吏莫敢谁何，至交通以分利。宜严矿禁，凡窃者，枷三月戍边卫，官吏故纵者连坐。[5]

---

① （清）嵇璜、曹仁虎：《钦定续文献通考》卷二三《征榷考 · 坑冶》，影印文渊阁《四库全书》第 626 册，台北：台湾商务印书馆，1986 年版，第 559 页。

② （清）嵇璜、曹仁虎：《钦定续文献通考》卷二三《征榷考 · 坑冶》，影印文渊阁《四库全书》第 626 册，台北：台湾商务印书馆，1986 年版，第 559 页。

③ 李龙潜：《明清经济史》，广州：广东高等教育出版社，1988 年版，第 72 页。

④ 《明英宗实录》卷一六，“正统元年四月甲子”条，台北：台湾历史语言研究所，1962 年校勘本，第 323 页。

⑤ （明）项忠：《善后十事疏》，（明）陈子龙：《明经世文编》卷四六《项襄毅公集》，北京：中华书局，1962 年版，第 359 页。

其中“卢”即河南西部的河南府卢氏县，“浙（当为‘淅’之笔误）水”即南阳府淅川县；“商”即陕西西安府商州和商南县，“洛”即洛南县，“金”即汉中府金州，“洵”即洵阳；“郧”即湖广郧阳府郧西县和郧县，“均”即襄阳府均州。这些州县均处于中原西南部，流入这一带的贫民为生计所迫，置明廷的矿禁于不顾，群起采矿。一些巡矿官吏则与民间采矿者“交通以分利”，暗中予以支持。项忠建议明政府严惩盗矿者和渎职的官吏，厉行矿禁。当时，巡视河南的户部左侍郎原杰也将中原采矿的情况上报朝廷说：

近年以来，河南、浙江、福建有等奸顽之徒，嗜利玩法，往往聚集凶徒，少者二三百人，多者七八百人，强采银矿。甚者凭据险拒敌官军，搔（同“骚”）扰地方。①

由上可见，明宪宗成化年间（1465—1487 年），中原百姓盗矿尤其是盗采银矿的活动呈现规模化和暴力化倾向，加之一些财迷心窍的巡矿官吏渎职，与盗矿者进行钱权交易，这令官府防不胜防，处理起来颇感棘手。后来，明政府采纳项忠严禁采矿的建议，并责成他负责镇压荆襄流民。在项忠的血腥镇压下，中原西南一带的采矿冶炼活动很快进入低潮。但是经过一段时间后，这一带的采矿冶炼活动重新活跃起来。明孝宗弘治初年（1488 年），“河南永宁、卢氏等县一带山场，各有封闭矿洞，往往各处人民聚众盗取”。② 弘治年间（1488—1505 年），河南汝宁府固始县杨山一带，村民或三五人，或二三十人，结伴开采煤炭。③ 可见，经过明宪宗成化年间的劫难后，中原西南一带的民间采矿冶炼活动并未停止，而是仍然保持着顽强的生命力。

明代中后期，我国的商品经济活动异常活跃，白银逐渐货币化，需求量日增。加之此期国是日非，虏祸倭患交作，边疆不宁，明王朝步入了多

① （明）何乔新：《椒邱文集》卷三二《奏议集略》，影印文渊阁《四库全书》第 1249 册，台北：台湾商务印书馆，1986 年版，第 515 页。

② （明）何乔新：《椒邱文集》卷三二《奏议集略》，影印文渊阁《四库全书》第 1249 册，台北：台湾商务印书馆，1986 年版，第 514 页。

③ 《中国煤炭志》编纂委员会：《中国煤炭志·河南卷》之《大事记》，北京：煤炭工业出版社，1996 年版，第 12 页。

事之秋，财政捉襟见肘，亟须广辟财源。故而，为了增加收入，缓解财政压力，明廷逐渐放松矿禁，并向各地征收大量矿产。中原也是上纳矿产和物料的重要地区，诚如明人王世贞记载：

（嘉靖元年七月），诏御用监岁征物料如弘治例。先是，工部议上弘治以前例，坐浙江金箔二千贴；河南，水胶二千五百斤，黑铅五百斤；山东，椴木五百丈，檀木二十根；山西，大甘锅三千个；……大名府，细铜丝三百斤，矾红土五百斤；河间府，瀛沙三千斤，土硝四百斤；永平府滦州，榜纸三千张，炉甘石万斤；……视正德十省八九。①

由上可知，明孝宗弘治时，明廷每年向中原征收的矿物和矿制品数量是，河南，水胶 2500 斤、黑铅 500 斤；山西，大甘锅 3000 个；北直隶大名府，细铜丝 300 斤、矾红土 500 斤；河间府，瀛沙 3000 斤、土硝 400 斤。明武宗正德时，明廷大幅度提高向各地征收矿物的标准：河南，水胶 20000 多斤、黑铅 4000 多斤；山西，大甘锅 24000 多个；北直隶大名府，细铜丝 3400 多斤、矾红土 4000 多斤；河间府，瀛沙 24000 多斤、土硝 3200 多斤。明世宗嘉靖初期，虽然明政府将征收矿物的标准又降低到明孝宗弘治时的水平，但是各地交纳矿产的负担仍然很沉重。这从侧面说明中原矿产的开采量相当可观。如正德、嘉靖时，中原北部的彰德府安阳县境内的龙山产石炭，“入穴取之无穷……炭有数品，其坚者谓之石，软者谓之烸，气愈臭者燃之愈难尽。水可以煎矾”。② 不仅采煤量非常大，还可以用煤水煎矾，一举两得。嘉靖二十五年（1546 年），明世宗下令在河南南阳府和河南府开采矿硐。从此年至嘉靖三十六年（1557 年）共 11 年，明政府委用官员 40 多名，防守士兵 180 名，“每名廪给工食并合用器具、铅炭等项，总计费银三万余两，往来夫马之劳，供应之扰又以数千计。及考矿之所出，才有二万八千五百有奇”。明世宗看到所得不抵所费，无利可图，才被迫下令停止采矿。③ 嘉靖二十七年（1548 年）前后，河南鲁山县

① （明）王世贞：《弇州史料》《前集》卷一五《中官考五》，明万历四十二年刻本。

② 嘉靖《彰德府志》卷八《杂志第九·烸爨》，明嘉靖元年刻本。

③ （明）程绍：《直陈开矿利害恳乞圣明勅部酌议以杜乱萌事》，（明）董其昌：《神庙留中奏疏汇要》（第 9 册）《户部类》卷一，《续修四库全书》第 470 册，上海：上海古籍出版社，2002 年版，第 267 页。

梁洼镇举人白某，在梁洼和宝丰县张八桥一带独自开办48盘马拉煤窑，深者100余米，拥有供役使的骡马300多头，[①] 所办煤矿颇具规模，产煤量非常大。这些事例充分说明，嘉靖前中期中原的采矿活动已经比较活跃。

嘉靖三十五年（1556年），明政府进一步放松矿禁，严令山东、河南等省的采银官员“务求实采取，其未开之所，仍令行各抚按官严督所属一一搜访”。[②] 这推动中原的矿冶活动日趋活跃。

一些地方官员为百姓的生活计，也倡导采矿，促使民间的矿冶活动更加活跃。如河南南阳府邓州，自明武宗正德八年（1513年）至明世宗嘉靖四十二年（1563年）共50年，在于宽、王道行、张仙和潘庭楠等地方官员持续倡导和认真组织下，官民历经曲折，经过长期不懈努力，终于在该州洞儿山和内乡县花墓山采出煤炭。煤炭的使用，极大地方便了当地人们的生活。从此以后，“民朝夕咸赖以爨，而向之黍秆、麻秸，减价十之三四。老稚欢呼，各得其养矣”。[③]

明世宗嘉靖年间（1522—1566年），河南直隶州汝州鲁山县青条岭东南山中，则出现大规模的采铁冶炼活动，仅山间设置的炼铁炉就有100多座，[④] 采矿规模之大由此可见一斑。此期间，河南南阳府叶县的矿产也得到大量开采，开采后留下的洞穴比比皆是。位于平山即平顶山之上的风洞和水洞，也是采矿后留下的深广洞穴。诚如嘉靖《叶县志》记载：

> 风洞，在平山西侧，空虚深邃，天欲风，其中先为鼓动。水洞，亦在平山西侧，中有水，渊深清洌，夏日近之，寒气逼人。察其痕迹，乃前人所凿，盖取矿也。[⑤]

山西东南部的采矿活动也日渐增多。嘉靖年间，有一个道士居于平阳府夏县温泉山，他在山中“私行采炼以自给，后渐闻于人，不逞之徒遂相

---

① 《中国煤炭志》编纂委员会：《中国煤炭志·河南卷》之《大事记》，北京：煤炭工业出版社，1996年版，第12—13页。

② 《明世宗实录》卷四三八，“嘉靖三十五年八月辛亥”条，台北：台湾历史语言研究所，1962年校勘本，第7526页。

③ 嘉靖《邓州志》卷二《郡纪》，《天一阁藏明代方志选刊》第48册，上海：上海古籍书店，1963年据天一阁藏明嘉靖四十三年刻本影印。

④ 嘉靖《鲁山县志》卷八《古迹·炉沟》，明嘉靖年间刻本。

⑤ 嘉靖《叶县志》卷一《山川》，明嘉靖二十一年刻本。

率竞取”。河南卢氏诸县矿徒也蜂拥渡河，进入夏县采炼矿石。[①] 山西泽州府沁水西也有锡矿，“乡民多采取”，但是经常遭到政府封禁。[②]

明穆宗隆庆年间（1567—1572 年），明廷吸取嘉靖年间官府采矿导致民怨沸腾的教训，又厉行矿禁，但是中原百姓为生活所迫，仍暗中从事采矿冶炼活动。如中原西部河南伊阳县的山中，矿洞众多，四方“游食云集”，争相开采矿藏以谋生。[③] 中原东部山东峄县卓山以西，“岭多砥砺”，居民开采制为石磨，远销数千里。隆庆时，村民徐氏、高氏开塘采石，擅其利数世。之后，居民竞相以治石为业，“沿山十余里罗掘几遍”，石磨的价格日渐高昂，采石日艰且费巨。人们采石时，往往“方地作池，围十余丈，深数丈，毕至石乃止。其水大者，屈柳为斗，自下递上如转般，法用虽拙而实捷，水涸石出”。磨石质地呈现白、黄、红三种颜色，而以圆山之磨最佳，它“莹然如雪，中含砂粒，细如粟而坚，终岁用之不钝，所得面倍他磨，夏时经雨不腐，故圆山一磨直数金”；隝薛之磨次之，“色红而质坚，圆粒中含黑线，若生铁界画者，亦劲利可喜”；颜家步之磨又次之，“其石文理参错，状如莜皮灑雪，黑白粲然，亦佳选也”。团埠头诸处之磨，“石质黄砂粗，用以治面渗齿”，人们贱价售往远方。[④]

明神宗万历前期，明廷沿袭隆庆朝的禁矿政策，凡盗采矿砂者，“金砂一斤折钞二十贯，银砂一斤折钞四贯，铜、锡、水银等砂一斤折钞一贯，俱比照盗无人看守物准窃盗论”，严加惩处。[⑤] 受此政策影响，这一期中原的采矿活动较少。当然，仍有人罔顾禁令盗采。如万历八年（1580 年）以前，河南嵩县西山经常有数百人采矿。[⑥] 万历十四年（1586 年）夏，河南 2000 多灾民为了生存，在尚登率领下，打旗号“越渡黄河盗

---

① 雍正《平阳府志》卷三〇《物产》，清乾隆元年刻本。

② 雍正《泽州府志》卷一二《物产》，清雍正十三年刻本。

③（明）刘延祚：《邑侯武公生祠碑记》，道光《重修伊阳县志》卷五《艺文志》，清道光十八年刻本。

④ 光绪《峄县志》卷七《物产略》，清光绪三十年刻本。

⑤（明）申时行、赵用贤等：《（万历）大明会典》卷一六八《刑部十・盗田野谷麦》，明万历十五年刻本。

⑥ 乾隆《嵩县志》卷二三《宦迹》，清乾隆三十二年刊本。

砂”，在山西平阳府夏县东部的温峪里温泉山采银矿。[①] 万历十八年（1590年），“山西、河南间矿徒啸聚”。[②] 万历中后期，随着形势变化，中原的采矿活动日渐增多。万历二十一年（1593年），湖广、河南、山东发生饥荒，“河南矿贼大起”。[③]

万历中后期，以明神宗为首的统治集团日益腐朽，各种开支浩繁，加之天灾不断，明政府的财政捉襟见肘，非常紧张。诚如翰林院检讨沈潅所言：

方今国计告绌，经费罔极。宗藩之禄入，属国之缯帛，屯戍日增，河漕岁溢，种种待用，生生靡给。而又加以天灾流行，飞蝗游魃，垄亩为劳，米薪是急，公私双顿，入不逮出。[④]

从明初至万历中期，明王朝已走过230多个春秋。经过长期繁衍，此时明太祖朱元璋的子孙数目已经相当可观，仅山西晋王府的庆成王就“有子百人”。[⑤] 明王朝对宗藩采用金丝笼养金丝鸟的方法，全部由国家供养。随着时光推移，宗藩俸禄开支日见其多，成为百姓的一项沉重负担。同时，统治者搜刮民脂民膏，慷国家之慨，在朝贡贸易中薄来厚往，对琉球、朝鲜和越南等藩属国赏赐也非常丰厚，动辄一掷千金。加之黄河和漕河等河流的治理之费繁多，天灾不断，赈灾不可或缺。明政府入不敷出，财政很紧张。在此情况下，因明政府的政治已非常腐朽，要求他们减少挥霍以帮助国家渡过财政难关无异于与虎谋皮，根本不可能，于是广辟财源就成为明政府的必然选择。

万历中后期，明政府除加重田赋，巧立税名，增加商税外，还禁不住部分官员的怂恿，将目光转向开矿。一些官员力主开矿以充裕国库，翰林院检讨沈潅即陈说开矿的好处：

---

① 康熙《夏县志》卷一《地理志·山川》，清康熙四十七年刻本。

② 《明神宗实录》卷二二七，“万历十八年九月辛亥”条，台北：台湾历史语言所，1962年校勘本，第4217页。

③ （清）张廷玉等：《明史》卷二〇《神宗本纪一》，北京：中华书局，1974年点校本，第276页。

④ （明）张萱：《西园闻见录》卷九二《坑冶》，北京：中华全国图书馆文献缩微复制中心，1996年版，第1704页。

⑤ （明）郑仲：《偶记》卷四《紫玉盈坐》，明代刻本。

天地固有自然之利出于常赋之外者，下不瘠民，上不损官，孳利盐田，产获铜山，古之人皆用之。……今之矿洞，诚国家之外帑也。今议者多惮始事之劳而谬为迂虑，而委至宝于土壤砂石之内，所可惜也！①

在沈潅看来，采矿所得是政府的额外收入，而且“下不瘠民，上不损官”。此言正投为财政入不敷出而焦急万分的明政府所好，使其不禁为之心动。有的官员除鼓吹开矿的各种好处之外，还为如何采矿冶炼才能避免社会动荡向明政府献计献策：

天地生财，本以资国家之用。今帑藏无余财，山泽无遗利，则权宜开矿，亦是理财一策。但开矿必当聚众，聚众必当防乱。见今山西、河南间，矿徒啸聚，正议驱逐。若官自开煎，恐奸民乘机争利，隐忧愈不可测。且朝廷一切事务苟关大体，皆可不惜小费为之。若开矿止于求利，必须计算工本，募徒之费若干，防兵之费若干，与开煎所得之利若干，果见出少入多，不为虚费，而后可斟酌举行，非造次。可因民间私请，隔境遥度，而朝廷便可议开者也。②

在这些官员极力怂恿下，早就为财富不敷随意挥霍而苦恼的明神宗不禁怦然心动，心旌摇荡。万历二十四年（1596年）营建毁于火灾的坤宁宫和乾清宫时，府军前卫副千户仲春“请开矿以助大工”。③ 明神宗立即批准，“诏开各处矿冶”，派大批矿使赴各地开矿抽税，④ 拉开了全国性采矿的序幕。此后，“废弁、白望献矿峒者日至”，处处开矿，矿使四出，遍及全国。⑤ 这次采矿运动始自河南，逐渐波及北直隶、山西等地。⑥ 同年七

① （明）张萱：《西园闻见录》卷九二《坑冶》，北京：中华全国图书馆文献缩微复制中心，1996年版，第1704页。

② 《明神宗实录》卷二二七，“万历十八年九月辛亥”条，台北：台湾历史语言研究所，1962年校勘本，第4217页。此事又见于（明）王锡爵：《王文肃公文集》卷三六《请止开矿公疏》，明万历年间刻本。

③ （清）龙文彬：《明会要》卷五七《食货五·坑冶》，北京：中华书局，1998年版。

④ （清）嵇璜、曹仁虎等：《钦定续文献通考》卷二三《征榷考》，影印文渊阁《四库全书》第626册，台北：台湾商务印书馆，1986年版，第567页。

⑤ （清）张廷玉等：《明史》卷八一《食货五·坑冶》，北京：中华书局，1974年点校本，第1971页。

⑥ （明）魏允贞：《请停开矿第一疏》，光绪《南乐县志》卷九《艺文志下》，清光绪二十九年刊本。

月，明神宗派承运库太监王虎、户部郎中戴绍科和锦衣卫指挥张懋忠，往北直隶真定府、保定府、蓟州、永平府等处采矿砂样品进览，又命河南官员防护开矿，“悉心计画，务保安静”，差锦衣卫镇抚佥书杨宗吾往河南开矿。[①] 不久，下令河南、山东、山西、陕西等省采矿，“以中官领之”。[②] 此年，府军后卫指挥王允中奏请在山东青州府沂水等州县开采矿产，龙虎卫指挥陈永寿等人“奏开河南等处矿”，锦衣卫百户曲守正奏请在河南信阳州等处采矿，锦衣卫百户吴应麒奏请在山西平阳府夏县等处采矿，锦衣卫百户王果等奏请在太原府、平阳府、潞安府、盂县、曲沃县、翼城县、平陆县、夏县等府县采矿，锦衣卫千户余润奏请开北直隶涞水县和房山县的银矿，百户叚大奎等奏请在陕西西安府等处采矿，百户邱继勋等奏请在蓝田县等处采矿。这些奏请皆蒙明神宗批准。万历二十五年（1597 年），山西开矿太监张忠奏献夏县三岔等洞的样银及矿砂，并请开各矿洞事宜及官民续报矿洞，武骧右卫百户张钦奏开河南彰德府、河南府等处的 32 个矿洞，神宗“俱命内官一并开采”。[③] 明神宗对奏请开矿者来者不拒，一概批准，其贪财好利之心昭然若揭。

万历三十三年（1605 年），对于这次采矿的目的，明神宗对户部和工部明示道：

朕以频年天象示警，心常兢惕，责己省愆，不遑宁处。昨览该部再疏，题请鼎建殿门以完钜典。因思物力难支，何时就绪？连日熟计，见今河工、城工一时并举，工程浩大，钱粮数多，内外帑藏俱匮，民穷财尽，困于征输，致使正供钱粮反无所出，京边之费一时多乏，朕甚恻然，已遣内官监经管，内官查理通湾见贮木植回奏。且大工浩费不赀，其开矿抽税原为济助大工，不忍加派小民，采征天地自然之利。[④]

---

① 《明神宗实录》卷二九九，“万历二十四年七月乙酉”条，台北：台湾历史语言研究所，1962 年校勘本，第 5606—5608 页。

② （清）张廷玉等：《明史》卷二〇《神宗本纪一》，北京：中华书局，1974 年点校本，第 278 页。

③ （清）嵇璜、曹仁虎等：《钦定续文献通考》卷二三《征榷考》，影印文渊阁《四库全书》第 626 册，台北：台湾商务印书馆，1986 年版，第 567—568 页。

④ 《明神宗实录》卷四一六，“万历三十三年十二月壬寅”条，台北：台湾历史语言研究所，1962 年校勘本，第 1813—7814 页。

明神宗所言不无为自己辩解之嫌，他标榜“不忍加派小民”纯粹是为自己“涂脂抹粉”，因为开矿抽税的实际结果与他标榜的减轻百姓负担初衷适得其反，商民的负担大增，民不聊生，怨声载道。当然也不可否认，明神宗的这段自白多少透露出他下令采矿的直接目的之一是缓解财政压力。这次采矿的规模和范围很大，遍及全国。不久，其危害性就显露出来。大批矿使借机肆意搜刮民财，中饱私囊，搞得百姓苦不堪言，天下骚然。一些大臣为明王朝的长远利益计，坚决反对这次采矿，但是均遭到明神宗拒绝。中原作为这次开矿的重点地区之一，很快出现采矿冶炼浪潮，闹起矿灾，也引起一些大臣不满。这以户科给事中程绍为代表，万历二十四年（1596年），他忧愤地上奏折《直陈开矿利害恳乞圣明勅部酌议以杜乱萌事》，反对在中原采矿道：

臣司理中州屈指五年，其间矿盗之啸聚，臣备知其情形。矿砂之肥硗，臣备闻其颠末。谨以利害借前著筹之，愿陛下垂察焉。夫矿之取也，岂曰垂手可以得全，而无用人力为哉。始而开采之也甚难，继而镕炼之也亦不易。盖矿脉一线入地，断续无常，倘遇泉涌脉绝，则万苦徒劳。幸而遇沙，又美恶难定。号招千人，日所得不满百金。此辈各有妻孥室家，岂足充费，势不得不劫掠以为苟活之计，是矿徒资身之策岂全倚于矿哉？盖半资于开采，而半资于劫掠也。若官开则何利之与有？挖矿煎砂之役必按工而予之直外，仍有弹压之兵，董率之吏，计矿所出，尚不足备工食廪饩之用，为人上者，亦得将任其劫掠以供朝夕。于势不得不取之府军（当为“库”），则矿利未得而所费先以（当为“已”）不赀矣。……臣故谓开之无利也。

乃其害则更有可虑，宛、洛之间，矿徒在在而是，李青店、杜家窑、大关口、文家洞口、仰天池、孤石滩、神林、长岭尤称炽盛，奋臂一呼，数万人云集如响，皆强弓劲矢、利刃长杆，走山若飞，无异平地，官军遇之，惟有却步而走耳！二十一、二十二两年冬春之交，借口灾荒，肆行劫掠，以致村绝烟火，路断行人，且声言劫库巡城以图大举。此臣待罪地方时所目睹也。今名虽解散，实潜据于深山峻谷。若矿禁一开，势必云集如往日故事。附近如郧、襄、山、陕、颍、黄、武等处，不逞之徒闻见而来，又不知以何驱逐之，解散之。不然，彼岂肯忍饿，束手以就毙乎？诚恐斩木揭竿之患起于中原。万一奸雄作难，乘衅端而为乱首，则腹心受敌而国家从此事多矣，胡可不常虑哉？臣故谓开之有害也。以利若彼，以害若此，较著彰明，可为殷鉴，奈何云有利无害耶？陛下试取往事观之，费银四万，得银二万八千，是可谓之有利乎？哨众行劫，官兵莫能禁，四方云集，变反不测，是可谓之无害乎？果曰有利无害，则采矿之令虽至今存可也，何皇祖行不二年而报罢乎？彼言利之臣如桑、孔之徒，计悉秋毫，取尽锱铢，岂其智出仲春而顾虑不及于矿乎？乃仲春等之倡为此说，盖以开之而有利，彼因而充私囊；开之而有害，则以国家当之，而彼无与焉，其言恐未可信也。伏乞勅下户部从长酌议。……苟不计利害，较可否，冒为遣官以尝试于根本之地，倘异日不幸而臣言中焉，即斩仲春等之首以正误国之罪，亦何益矣？臣事关职掌，闻见颇真，一念忠荩微忱，惟愿明明天子享万年太平之庆，不愿熙熙盛世无故而发大难之端也。①

程绍条分缕析，将这次采矿的害处剖析得淋漓尽致，合情合理。可惜的是，程氏枉费心机，他的这份奏折并未收到预期的效果，贪财的明神宗不仅对其停止采矿的建议置若罔闻，而且渐行渐远。万历二十五年（1597年），他“又命开采续报矿洞”，并且为了最大限度地榨取矿利，还派遣自己信任的宦官前往主持开采事宜：

山西开矿太监张忠奏进夏县三岔等洞样银及砂，并开各洞事理及官民续报矿洞，命开采之。五月，百户王遇桂奏开宁国池州等处银矿，百户张杰奏开山东济宁等处金、银、铅矿，百户韩应桂奏开湖广德安等处银矿及大青铜、锡诸物。嗣是百户刘心泽奏开浙江衢州等处产金、银矿，百户张钦奏开河南彰德等处矿洞三十二所，俱命内官一并开采。②

为了不使矿利被地方官员截留，明神宗派心腹宦官负责采矿事宜，矿

① （明）程绍：《直陈开矿利害恳乞圣明勅部酌议以杜乱萌事》，（明）董其昌：《神庙留中奏疏汇要》（第 9 册）《户部类》卷一，《续修四库全书》第 470 册，上海：上海古籍出版社，2002 年版，第 266—268 页。

② （清）嵇璜、曹仁虎等：《钦定续文献通考》卷二三《征榷考》，影印文渊阁《四库全书》第 626 册，台北：台湾商务印书馆，1986 年版，第 568 页。

监流毒遂遍及全国，其渴求财富之急迫由此更一览无余。此种饮鸩止渴之举进一步引起一些大臣的忧虑，户科给事中程绍即是代表。在自己的主张被明神宗拒绝后，他仍不甘心，于万历二十五年（1597年）又上奏反对采矿道：

夫开矿之役，旁午于冀北、河南、山东、江左之间，去都下近者百里，远者数千里。……惟是据各省直抚按司道投揭到科，先后已二十余疏矣。此二十余疏者，皆负累茕民不胜荼毒之苦，泣血悲号，引领乞怜，吁天而无从者也。诸臣身履其地，目击其景，述民隐而代控于陛下，视宪臣之耳食者固不同矣，岂其言亦未可信耶？且畿内初开，即报矿徒啸聚，虽抚按交章，犹曰偶然耳。无何而中洲（当为“州”）告变矣，无何而江左又告变矣，又无何而火光示异于东土矣。……但使矿利而源源不竭也，臣亦不难徇君父之欲。今总计各省所进，不满二万，据诸臣疏称，供应之烦，防守之费已不下十余万矣。夫所进者，陛下之内帑也，所耗者，独非陛下之外帑乎？乃所进不足偿所耗之什一，大可惜矣！陛下纵不计利害，亦当较多寡，而奈何竭府库之财兴无利之役以疲天下耶？夫鸟穷则啄，马穷则逸，此善谕也。今开矿之民力疲不能胜其役，财尽不能胜其求。田业污莱，室家扳（当为“板”）荡，富者逃，贫者死矣。民穷思乱，在在皆然。宁独河之南，江之左哉？诚恐一方首难，四方从风，倭船乘隙而攻其暇，陛下不得高枕而卧矣。彼时即追悔于听臣之不早也，亦何及矣。伏望皇上省览诸臣之疏，远观天人之际，宽閭闫（当为“阎”）已竭之力，省府库有限之财，开采诸臣一切报罢，行见贱货之令，德光昭史册，嗷嗷倒悬之众，皆加额而庆更生矣。①

由这份奏折可知，前后有20多位大臣上疏反对开矿，但是明神宗根本听不进程绍等人的反对意见，仍然我行我素。在他的督促下，中原作为这次采矿的重点地区，不断掀起采矿浪潮。万历二十四年（1596年）巡按河南监察御史姚思仁“巡行郡邑”时，即看到中原“矿盗哨聚”，“民皆开

① （明）程绍：《矿变多端火光示异恳乞圣明俯察舆论之同勉从诸臣之请特罢开采以光圣德事》，（明）董其昌：《神庙留中奏疏汇要》《户部类》卷一，《续修四库全书》第470册，上海：上海古籍出版社，2002年版，第265—266页。

矿”，“矿洞遍开”。[①] 礼部右侍郎孙继皋也说，河南南阳府和河南府多有矿洞，矿徒四集，不下数万，开矿规模很大。[②] 时人王士性亦言，河南南阳府内乡、南召和河南府卢氏诸县间，多有“长枪大矢，裹足缠头，专以凿山为业”的矿徒，他们千百为群，在“角脑”带领下，有组织地采矿于人迹罕至的深山大谷。官府采矿“咸近市井道路处”。[③] 万历二十五年（1597年），抚治郧阳右佥都御史马鸣銮也目睹中原南部的南阳府“但称有矿去处，掘挖无遗”。[④] 自万历二十五年至三十三年（1597—1605年），宦官张忠在山西平阳府夏县采矿，后因“矿盗益炽，山南百姓益不聊生”才停采。此时，山西各地“俱差宦官采取，四方骚动”。[⑤] 明廷派官员在泽州府沁水西采锡矿，“凿之数月”，无所获方止。[⑥] 万历二十八年（1600年），明神宗任命宦官鲁坤为钦差，督采河南彰德府、卫辉府、怀庆府和开封府等府县的32处矿洞。[⑦] 直到万历四十八年（1620年）明神宗去世，遗诏“罢天下矿税”，[⑧] 中原历时24年之久的大规模官方采矿活动方止，而民间采矿仍继续进行。如河南磁州武安县人李士高，在万历末年升任南京户部江西清吏司主事。[⑨] 天启年间他卸任归乡后，“有人以煤窑献，岁可分利数百金，却之不受”。[⑩] 私人窑主为寻求权势庇护才讨好已经退休的官僚李士高，虽然最终被李氏拒绝，但是这从侧面说明明神宗去世之后，中原北部武安县的民间采煤活动仍然很活跃。

明末，明王朝外临野心勃勃的满州进攻，内受风起云涌的农民起义煎

---

① （明）姚思仁：《中原困疲请停开采疏》，（明）吴亮：《万历疏钞》卷二九《矿税类》，明万历三十七年刻本。

② （明）孙继皋：《宗伯集》卷二《催发河南巡抚疏》，影印文渊阁《四库全书》第1291册，台北：台湾商务印书馆，1986年，第221页。

③ （明）王士性：《广志绎》卷三《江北四省·河南》，清康熙十五年刻本。

④ （明）马鸣銮：《采矿利薄民困难堪恳恩停止以光圣治疏》，（明）吴亮：《万历疏钞》卷二九《矿税类》，明万历三十七年刻本。

⑤ 雍正《平阳府志》卷三〇《物产》，清乾隆元年刻本。

⑥ 雍正《泽州府志》卷一二《物产》，清雍正十三年刻本。

⑦ 《明神宗实录》卷三四四，“万历二十八年二月辛巳”条，台北：台湾历史语言研究所，1962年校勘本，第6397页。

⑧ （清）庄廷鑨：《明史钞略》之《贞皇帝本纪》，《四部丛刊三编》景旧钞本。

⑨ （明）佚名：《海运摘钞》卷七《七十三》，《明季辽事丛刊》本。

⑩ 民国《武安县志》卷一七《人物传》，民国二十九年铅印本。

熬，军需孔亟，内外交困，财政异常拮据。为摆脱困境，明廷除加派赋税、寅吃卯粮外，又欲开矿。崇祯九年（1636 年），明思宗下令开采铜、铁、铅、银等矿，“以储国用”。[①] 中原的采矿活动又趋于活跃。如河南嵩县与卢氏县、永宁县和南召县数百里交界处，矿洞很多，出产铅、锡和银砂。崇祯时，因军事活动频繁，军费激增，明政府又派宦官前往开采嵩县和卢氏县的矿洞。结果重蹈“万历矿祸”的覆辙，“上所得者十一，下所耗者十九”，搞得当地鸡犬不宁，百姓苦不堪言。[②] 后来形势急转直下，明军在战场上接连失利，行将就木的明王朝疲于自救，无暇他顾，采矿之事很快不了了之。

第二节　清代中原矿业的发展概况

清代，社会形势不断变化，晚清以降，中国更是经历了几千年未有的大变局。与此相适应，统治者的矿业政策张弛不定。受此等因素影响，中原的采矿冶炼活动也跌宕起伏，从总体上看，它经历了一个由消沉到活跃的曲折过程。

一、明末清初中原的残破

明朝后期，中原地区各种自然灾害频发，导致这一带的人口锐减。以中原腹心河南而言，万历十六年（1588 年），此省新乡县发生灾荒，“人相食”，随后瘟疫流行，“死者枕藉，至不能殓，填弃沟壑”。[③] 崇祯年间，中原发生特大旱灾，灾情严重。从崇祯十一年至十三年（1638—1640 年），河南灵宝县连续三年大旱，“赤地千里，寸粒不收，民饥死者十之四五”。[④] 崇祯十四年（1641 年）从春天到秋天，商水县瘟疫肆虐，死

① 《崇祯实录》卷九，“崇祯九年十月甲午”条，台北：台湾历史语言研究所，1962 年校勘本，第 296—297 页。

② 乾隆《嵩县志》卷一五《食货》，清乾隆三十二年刊本。

③ 康熙《新乡县续志》卷二《灾异》，清康熙三十二年刻本。

④ 光绪《灵宝县志》卷八《饥祥》，清光绪二年刊本。

者无数，“初犹棺敛，继买薄卷，后则阖门皆死，竟无一人能敛者。至六月间，街少人迹，但闻蝇声薨薨而已”。[①] 自然灾害肆虐之下，河南新乡县、灵宝县和商水县犹如人间地狱一般。

明末清初，中原除自然灾荒频繁外，还长期是各种势力厮杀的主要战场，备受战争摧残，更使这一带困苦的百姓雪上加霜。如崇祯十四年（1641 年），李自成农民军围攻开封，“河南久荒，贼去未远，汴城尚闭，樵采已断半月，米一石银十五两”。[②] 此年十月初七日早晨，李自成农民军攻破河南商水县，“乡民死义者甚众，杀死男女数万，尸骸枕藉，血流成渠”。[③] 当时山东也是“寇盗充斥，徐、德数千里白骨纵横，又遇荒旱，大饥，父子相食，人烟断绝”。[④]对于战乱之下中原的残破状况，崇祯十六年（1643 年），河南巡抚秦所式向朝廷上奏道：

闯、曹蹂躏中州，五郡八十余城尽为瓦砾。革、左诸贼由宛、汝跨江汉，旬日陷数名郡，此流寇之大略也；自永城至灵、阌，自宛、汝抵河岸，方千里之内，土贼大者数万，小者数千，栖山结寨，日事焚掠，此土贼之大略也；办贼必须兵，旧抚余兵不及二千，陈永福兵不及四千，合卜从善兵三千，亦不满万，此主兵之大略也；用兵必裕饷，河南五郡沦没，河北强半蒿莱，额赋五十万，去年完不及二十万，抚镇缺饷五月有余，此粮饷之大略也；转饷必须民，经寇十余载，人烟断绝，守城、修河、转运，至于稚子荷旗，老妇鸣柝，此民生之大略也；抚民必须官，按除目则有人，稽地方则无官，或年余不赴，或土团寄命，此官吏之大略也。败坏已极，惟愿皇上速发内帑，亟练精锐，佐以土寨，开荒选牧，庶有济乎。[⑤]

秦氏任职河南，对这一带的情况有充分的了解，所言河南残破理应绝非虚词，有很大的真实性。这一点也可以从保定巡抚徐标的所见所闻中得到证实。当时崇祯帝召徐标入见，他向崇祯帝痛心地叙述亲眼所见的中原残破景象：

---

① 顺治《商水县志》卷八《纪事志》，清顺治十六年刻本。

②④ （清）彭孙贻：《流寇志》卷五《明崇祯十四年》，《续修四库全书》第 442 册，上海：上海古籍出版社，2002 年版，第 311 页。

③ 顺治《商水县志》卷八《纪事志》，清顺治十六年刻本。

⑤ （清）彭孙贻：《平寇志》卷六，清康熙年间活字本。

臣自江淮来数千里，见城陷处荡然一空。即有完城，仅余四壁，蓬蒿满径，鸡犬无声，曾未遇一耕者。土地、人民如今有几？皇上亦何以致治乎？①

闻听此言，崇祯帝冉也抑制不住内心的伤感，当着徐氏的面“唏嘘泣下”。② 众所周知，崇祯皇帝果于杀戮，冷酷无情不亚于其祖朱元璋，中原的残破不堪能打动其铁石心肠，以至于他潸然泪下，中原的破败之状可想而知。中原社会经济的残破势必影响这一带矿业的发展。

二、清代中原的采矿冶炼活动

清代，中原矿业也一波三折，经历了一个曲折的发展过程。清初，百废待举，军需浩繁，国家财政非常拮据。清政府“鉴于明代竞言矿利，中使四出，暴敛害民”，于是听任人们采矿，按一定比例输税于官府，以充裕国库。但是“若有碍禁山风水、民田庐墓及聚众扰民，或岁歉谷踊”，辄封禁不准开采。③ 后来基于稳定社会秩序和发展农业的考虑，康熙帝和雍正帝转而大体上严禁采矿。此后，清政府对采矿旋禁旋弛，其矿业政策总体上趋于宽松。④

与以上情况相对应，中原地方官员对采矿冶炼的态度也经历了一个由保守到开放的渐变过程。清代前期，中原官员对采矿冶炼的态度很消极。如雍正三年（1725 年），河南巡抚田文镜下令严禁民间采矿。⑤ 次年，他又重申禁令，严禁人们私自采矿。⑥ 硫黄和硝石是制作火药的重要原料，出于稳定自己统治的考虑，清政府严厉禁止民间私自开采。雍正十年

① （清）彭孙贻：《平寇志》卷六，清康熙年间活字本。

② （清）彭孙贻：《平寇志》卷六，清康熙年间活字本。

③ （民国）赵尔巽等：《清史稿》卷一二四《食货志五・矿政》，北京：中华书局，1976 年版，第 3664 页。

④ （民国）赵尔巽等：《清史稿》卷一二四《食货志五・矿政》，北京：中华书局，1976 年版，第 3664—3666 页。

⑤ （清）田文镜：《抚豫宣化录》卷三（上）《文移・严禁私开矿硐以靖地方事（饬禁奸民私开矿硐）》，郑州：中州古籍出版社，1995 年张民服点校本，第 126—127 页。

⑥ （清）田文镜：《抚豫宣化录》卷三（下）《文移・再行严禁私开矿洞以靖地方事（不许私开矿硐）》，郑州：中州古籍出版社，1995 年张民服点校本，第 172—173 页。

（1732年），山西巡抚石麟与河东总督田文镜，联合查禁山西、河南和山东一带的私自开采、加工、贩买硫黄和硝石行为。[①] 乾隆以降，中原官员对采矿的态度逐渐趋于积极。关于清代的矿业政策演变和中原官员对采矿冶炼态度的变化，后文将要详细论述，兹不赘言。

清政府和中原地方官员对矿业态度的变化，深深地影响着中原矿业的发展。清代前期，中原的采矿冶炼活动时断时续，非常稀少。据笔者目力所及，仅有数例。顺治年间（1644—1661年），河南鲁山县、巩县和洛阳县产煤炭，“石炭，鲁山出，巩、洛间亦有之”。[②] 康熙年间（1662—1722年），河南登封县凤凰山“循山而北有炭穴，有铁冶”，[③] 该县既有采煤活动，又已经将煤炭用于冶铁。康熙《林县志》记载，河南彰德府林县东北35里有矿山产青铁矿，“申村煽炉至今铁滓尚在，有磁石”。[④] 雍正《平阳府志》记载，康熙四十六年（1707年）二月，山西太原府阳曲县奸棍高华等“勾结内务府人德哥等叩阁”，指称繁峙县、崞县、应州、宁武府、夏县和闻喜县等处有金矿、银矿和铜矿，情愿每年上缴户部白银20万两，自备人工开采。康熙帝知道其中有诈，为塞其口，命户部郎中赫都押解高华等10人至山西踏勘。九月，他们赴繁峙县、应州等处开挖，一无所得。十月初一，户部郎中赫都、山西巡抚都察院葛礼、布政使司永泰、河东道杨朝麟、平阳府知府刘棨、通判董绅、闻喜县知县江国栋和夏县知县蒋起龙，带高华等至闻喜县卫坡即他所称的鱼坡弯，用人20名刨挖，挖至夜晚，并未见铜砂。初三初四，又连挖二日，得到铜砂20斤。他们又至夏县温峪山刨挖，不见银砂。次日，又另开一洞，挖二日得银砂20余斤。他们遂将采获的两种矿砂当面与部员一同封固回到省城，寻觅工匠煎炼，结果“并无银色，虽有铜星，不成分数”。康熙帝遂降旨“将高华议罪发落，矿洞永行封塞”。[⑤] 雍正年间（1723—1735年），河南叶县平顶山山腰有关

---

① 《军机处副录奏折》，雍正十年八月初三日山西巡抚石麟题，引自中国人民大学清史研究所等：《清代的矿业》下册，北京：中华书局，1983年版，第636—637页。

② 雍正《河南通志》卷二九《物产·货类》，清雍正十三年刻本。

③ （清）景日昣：《说嵩》卷五《太室原二·凤凰山》，清康熙六十年刻本。

④ 康熙《林县志》卷二《山水第四》，清康熙三十四年刻本。

⑤ 雍正《平阳府志》卷三〇《物产》，清乾隆元年刻本。

家、陈家和山西李家3处煤窑，“开采年久，渣堆如山”。[①]

乾隆以降，为适应社会发展需要，清廷逐渐放松“煤禁”，但是对于其他矿产，却仍然维持原来的封禁局面。受此影响，此期中原的采煤活动异常活跃。乾隆九年（1744年），河南布政使赵诚即说，河南府、南阳府、陕往州和汝州等地的近山之处多有煤窑，“现在开采”。[②] 除煤洞外，许多矿洞仍然被封闭。对于此种情况，乾隆十年（1745年），河南巡抚硕色上奏朝廷道：

经臣密访河南南阳、陕州、汝州等属，确查谘访去后，今据河南府知府曹元仁覆称，所属巩县、宜阳、登封、新安、渑池、孟津六县有产煤之区，均系民业，现俱开采。至银、铅等矿，惟嵩县有金矿一处，银洞二处，登封、新安各有铅洞一处，历来封闭。查开矿洞人工浩繁，各属山僻小邑人民稀少，又无富商大户，势必招募外来之人，不特口食粮价增昂，且防范稍疏便致滋事，易聚难散，应请照旧封禁。又，据南阳府知府任应烈覆称，查南阳、汝阳、邓州、新野、舞阳、叶县、镇平、内乡八州县，俱不产煤。唐县有煤处所，妨碍民田庐墓。裕州之煤不能引火，民间日用俱系柴炭。镇平、南召、桐柏、淅川、裕州、内乡等州县，传闻有银、铅等矿，康熙年间曾有人偷刨，并无所获，旋即封禁，现在各洞积水深不可测，似应仍照旧封禁。又据陕州知县陈锡辂覆称，州境煤窑十处，现在开采；银、铅矿七处，久经封闭。所属之灵宝县，煤洞十座，亦俱开采，金矿二处，俱久经封闭；阌县只有封闭金矿四处；卢氏县有封闭铅矿二处，银矿二处，传闻前明曾经开采，有关风脉，遂尔封闭，迄今年久，有无矿砂，无从而知，请仍照往昔封禁。又，据汝州知州宋名立覆称，州境有煤窑八处，现在开采；银、铅等矿六处，系前朝所开，现俱填盖。[③]

由上可见，乾隆前期，中原的采煤活动比较活跃，豫西河南府巩县、

---

① 汴书田：《豫煤古今谈》，北京：煤炭工业出版社，2000年版，第119页。

② 《军机处副录奏折》，乾隆九年十月二十八日河南布政使赵诚奏，引自中国人民大学清史研究所等：《清代的矿业》上册，北京：中华书局，1983年版，第12页。

③ 《军机处副录奏折》，乾隆十年正月二十八日河南巡抚硕色奏，引自中国人民大学清史研究所等：《清代的矿业》上册，北京：中华书局，1983年版，第13—14页。

宜阳、登封、新安、渑池和孟津等县，“有产煤之区，均系民业，现俱开采”，直隶州陕州开采煤窑 10 处，所属灵宝县开采煤窑 10 处，汝州开采煤窑 8 处。金、银和铅矿等其他矿洞，或被封闭，或被填盖，仍遭封禁，不准开采。后来，中原一些官员不时呼吁清廷扩大采矿的种类。乾隆二十八年（1763 年），河南巡抚叶存仁即奏请允许在怀庆府河内县开采铜核说：

窃照怀庆府河内县地方紧傍太行山麓，居民多借产煤资生。其煤竭之窑产有铜核（即“硫铁矿”）者，即官为封禁，遵行已久。上年因该地居民有偷挖煎磺者，经该县知县李如龙查获，通详治罪。当经前抚臣胡宝瑔及升任布政使辅德谕令府县查看情形，旋据该府知府沈营昌率同该县遍加查看，废窑虽多，其产铜核甚旺者，惟李封、冯封、王封等村六窑，计每窑可容八人，每人每日可采铜核百斤。其铜核高低不等，每百斤可炼出熟磺数斤至十数斤不等，计一岁可得磺数万斤，可供营汛地方之用等情。禀覆到前抚臣后，以开采是否不致偷漏，及价值若干，并如何酌定章程之处，批司查议去后。兹据布政使佛（当为“辅”）德详据该府县关查山西阳城县办磺章程，即令窑户烧炼，官为稽查，平时封固窑口，定价每斤银三分等。由该府县随经试采，计每磺一斤，成本将及银五分。不若照阳城之例，即令本窑户自采，可省人工饭食，只须瓦坛煤火之费，每斤成本不过二分七八厘，可照定价三分出售，该窑户亦有微利。至稽查之法，亦请照阳城之例酌加严密。窑洞深邃，但将窑口用木撑盖横闩，官加印封，自不敢私动。其开采时委员专督，随炼随收，自可不致透漏。其各营及各州县民壮铺户需用者，俱各给批照赴河内县验明，方准采办，其无批无照之私贩自可立破。凡开采余磺，悉令河内县酌动闲款收买贮库，仍于岁底将烧磺卖存各数造册通报查考等情，由司议详请奏前来，伏乞皇上圣鉴训示。①

在奏折中，对于如何管理开采铜核活动，叶存仁考虑得非常周详，并提出相应的预案。这就打消了清廷对开采铜核会危害社会秩序及窑户“私

① 《军机处副录奏折》，乾隆二十八年十月初十日内阁抄出河南巡抚叶存仁奏《为铜核甚旺酌请照例炼磺以收自然之利事》，引自中国人民大学清史研究所等：《清代的矿业》下册，北京：中华书局，1983 年版，第 638—639 页。

动”和“透漏”的顾虑。从以下继任河南巡抚阿思哈的奏折中可知，清廷最终采纳了叶氏的建议，“听窑户出资作本”开采铜核。乾隆二十九年（1764年），河南巡抚阿思哈奏道：

窃照豫省河内县李封、冯封等村煤窑出产铜核，堪以烧炼硫磺，经前抚臣叶存仁奏明开采，听窑户出资作本，烧出之磺卖给本省各标营民壮及民间店铺之用，每斤定价三分，如有余剩，缴县照价买贮。……今自开采以来，愚民罔利私贩，颇有获犯治罪之案。推缘其故，缘李封等村现准开采铜核共有六窑，各相隔二三四五里不等，窑户共有二十七家，各于本家就其省便，设炉一二三四座不等，共炉七十余座，零星数处，官役稽查甚为周章。奸徒借官磺为名，任意私烧，屡惩屡犯。臣思硫磺攸关军火，偷漏例禁綦严，与其听民采取，涣而难稽，不若改为官办，弊端易绝。随行司转饬该府县确查妥议，并委管河道周于智、河北道宁泰前后往勘，熟筹官办之法，每斤实需工本若干，作何设厂采办，分晰妥议详报去后。兹据该司道等条议具覆前来，佥以官办为宜，臣谨逐加参酌，为我皇上陈之：

李封等村现开窑六座，每窑需匠三十人，六窑齐开，工匠既多，查察难遍。今改归官办，酌其敷用，应请先开二窑，共需工匠六十人，经费既省，巡查亦易。余四窑令该县同委员用木柱拴锁，粘贴印花封闭。俟先开二窑铜核微细，即行封闭，再开二窑。采出铜核，随时搬运官厂收煎，不致有夹带私贩之弊。

李封等村现有民炉七十余座，散处难稽，若处处设人防范，事属纷烦，费重难行。今改归官办，应请另建总厂一所，酌计二窑所出铜核，应安炉四十座，每炉二座用匠一名，共需匠二十名。即一炉户充之，毁其炉而用其人，使不失恒业。炉既聚于一处，官役耳目易周，不致有偷漏私烧之弊。

原定硫磺每斤卖银三分，缘民间各就己家自采自烧，器具之外别无费用，是以三分之价已为不少。且奸徒谋利，出本意在私售，可得倍价，即官价稍绌，亦所乐从。今改归官办，必须设厂安炉，置办器具，经理出纳，照料巡查，事事需人，纸张饭食，人工家伙，事事需费，每斤三分之数实有不敷。应请将烧出硫磺，无论官买铺买，每斤加价一分，计每年营铺需磺共一万余斤，加价一分即得银一百余两，足资杂费。如有盈余，扣解充公。在营铺往年远赴山西采买，运脚不赀，今就近采买，加价一分，尚有节省。[①]

对于民办采铜核之弊和官办采铜核之利，阿思哈洞若观火，剖析得非常透彻，力主开采铜核由民办改为官办，使清廷不禁为之心动。乾隆二十九年（1764 年），工部讨论过阿思哈的奏折后认为，“河内县李封等村六窑，出产铜核甚旺，可炼硫磺供营汛地方之用，应准开采”。乾隆帝随后批准此建议，准许河内县李封等村 6 座窑的铜核由民办改为官办。[②] 河南巡抚阿思哈终于如愿以偿。

乾隆中后期，中原的矿冶活动逐渐活跃起来。以河南开封府密县（今河南新密市）而言，该县境内多山，百姓务农甚苦，农事方兴，耕耘收获无须臾之闲。山路崎岖，车不能通，“禾稼肥料全资担荷，故辛苦尤甚；其田高下悬绝，或土石相杂，暇则筑堰垦荒，终岁勤动”。因为务农辛劳万状却收获不多，而当地矿产资源富饶，于是许多人将采矿冶炼作为一条重要的谋生途径。当地的煤炭资源很丰富，“冈阜之间则有之”。早在康熙年间，密县已有人采煤，“其开凿者，积日累月，非数十丈不得”。[③] 乾隆年间，开封府密县的煤窑日见其多，星罗棋布。据本县李堂村所立《重修金妆玉皇碑记》记载，乾隆八年（1743 年），当地百姓合伙在密山药王庙后挖煤窑一座，不到一个月就出煤，煤质良好。乾隆四十四年（1779 年），魏昌在王庄西井沟一带打水井时，发现下面有煤，遂进行开采。继而开采者日多，打煤井筒 55 个。密县百姓采煤获利甚丰，乾隆四十八年（1783 年），高沟、杨坟坡、三和盛、人和、中和 5 座煤窑的窑主，在发财后曾

① 《军机处副录奏折》，乾隆三十年十一月二十三日内阁抄出河南巡抚阿思哈奏，引自中国人民大学清史研究所等：《清代的矿业》下册，北京：中华书局，1983 年版，第 639—640 页。按：阿思哈此奏折为内阁于乾隆三十年（1765 年）十一月二十三日抄出，我们对照《清高宗实录》卷七一五的内容，可推知阿思哈当在乾隆二十九年七月之前完成此奏折。

② 《清高宗实录》卷七一五，“乾隆二十九年七月（下）己卯”条，《清实录》第 17 册，北京：中华书局，1985 年影印本，第 980 页。按：“河内县”即今河南北部的沁阳县。

③ 嘉庆《密县志》卷一一《风土志·物产》，清嘉庆二十二年刻本。

经捐资修建老君庙，并立碑说：“今密地多煤，宝光流露，利益无穷。”[①] 除煤炭外，密县还出产其他矿产。如超化西冈出产粉土，“掘井丈余得之，尽，以土实之，不数年仍化粉土”。外省人称呼此粉为“超化粉”，“凡塑神像必以此傅（通‘敷’）面，有生色”。[②]

而巩县（今河南巩义市）境内多山，土地贫瘠，诸如滩地等良田很少，从事农业和副业获利不大。诚如乾隆《巩县志》所言：

邑滨河洛者曰滩地，水泉滋润，称膏腴，然不多有。余皆层峦复谷，砂石犷悍，土性淳卤，惟恃棉花为业，收花之利倍于二麦，民食资焉。雨泽愆期，则绌于种。其他果木以地瘠故，逊于他邑。[③]

由于境内多贫瘠的山地，巩县发展农业和副业并无优势可言。幸亏当地的矿产资源丰富，人们开采可以贴补生活。如乾隆年间，巩县采煤成风，“开窑凿井，千百为群，受雇者皆四方贫瘠，深挖浅掏，日无宁晷”，[④] 采煤规模很大。

豫南地区也多有采矿活动。如乾隆年间，河南直隶州汝州宝丰县张八桥村分布着宝兴、顺兴等煤窑，“煤出如山，西南更广”。[⑤] 道光《宝丰县志》也记载：

即如邑青条岭，旧产黑铅、白土、矾红之类……产铁，募工置冶……今惟间出矾红，余悉如石渠莒藉，久已断绝。即前政马（乾隆四年至乾隆十五年任宝丰知县的马格）修志，距今九十四年耳，所云丱煤盛行，视他处性壮，焰炽而有力，远来搬运者，春冬间络绎缰属，铃铎之响，昼夜聒

① 汴书田：《豫煤古今谈》，北京：煤炭工业出版社，2000 年版，第 120 页。又见卞书田、胡克义、黄殿盈：《清代河南煤炭开采业的发展》，《中州煤炭》1995 年第 2 期。

② 嘉庆《密县志》卷一一《风土志·物产》，清嘉庆二十二年刻本。

③ 乾隆《巩县志》卷七《物产志》，清乾隆五十四年刻本。

④ 乾隆《巩县志》卷七《物产志》，清乾隆五十四年刻本。

⑤ 乾隆三十八年二月初五日宝丰县张八桥立《公善桥碑记》，吴晓煜：《中国煤炭史志资料钩沉》，北京：煤炭工业出版社，2002 年版，第 291 页。

耳者，亦几当煴泣而空，类二东杼柚矣。[①]

道光《宝丰县志》修成于道光十七年（1837 年），往前追溯 94 年，即乾隆八年（1743 年），当时宝丰县的矿业尤其是采煤业已经相当发达，所产煤炭畅销远近各地。经过长期开采，至道光后期，该县的矿业已明显呈现颓势。

嘉庆年间（1796—1820 年），中原的采矿活动愈加活跃。以河南而言，鲁山县梁洼一带，煤窑众多，该县监生胡敏也在段店岭挖采石煤。[②] 商城县，“石炭，东南山中有之，味臭焰微”，[③] 境内也产煤。叶县，吴寨村人任宗义（1780—1875 年）“崇俭戒奢，田产日增”，遂凭借数百亩庄田，在平顶山寺沟一带开凿一座竖井煤窑，就地势高低开凿一对井筒，高处抽风，各深 30 丈。凿成后，“产煤量大质优，东南几县来购煤者络绎不绝，日收铜钱数斗”。[④] 山西省中南部的开采硫黄活动也很活跃，附近各省多来此地采办硫黄。对此，嘉庆八年（1803 年），山西巡抚伯麟奏道：

窃照晋省太原府属之阳曲县、泽州府属之阳城县，俱出产硫磺。……近年以来，阳曲县磺厂产磺甚旺，阳城县磺厂产磺渐少，以致在阳城县买磺之人，多有守候逾限者。经臣饬司查议去后，兹据藩司张师诚详称，查明阳曲县磺厂现有产磺窑洞十三处，供应陕西、山东并本省各营路采办磺觔，每年尚有盈余。是以自嘉庆元年至今，四次奉部饬办净磺各十万斤，俱能如数办解，每年即再多办两三万斤，亦尚不致拮据。又，查明阳城县磺厂，现有产磺窑洞四处。[⑤]

---

① 道光《宝丰县志》卷三《舆地志下·物产》，清道光十七年刻本。按：“杼柚”亦作“杼轴”，指织布机上的两个部件，即用来持纬（横线）的梭子和用来承经（直线）的筘，代指织机，纺织，也泛指女子纺织持家之劳，还借指工商之事。语出《诗经·小雅·大东》：“小东大东，杼柚其空。”“杼柚其空”亦作“杼柚空虚”“杼柚之空”，形容生产废弛，贫无所有。郑玄笺：“言其政偏，失砥矢之道也。谭无他货，维丝麻尔，今尽杼柚不作也。”

② （清）董作栋：《清理煤窑碑记》，嘉庆《巩县志》卷一〇《地理志·物产》，清嘉庆元年刻本。

③ 嘉庆《商城县志》卷二《物产》，清嘉庆八年刻本。

④ 《任氏碑刻》，此碑刻载《平顶山史志通讯》1984 年第 2 期。

⑤ 《军机处副录奏折》，嘉庆八年十一月二十四日山西巡抚伯麟奏《为产磺矿厂今昔情形不同筹定稍为变通恭折奏闻仰祈圣鉴事》，引自中国人民大学清史研究所等：《清代的矿业》下册，北京：中华书局，1983 年版，第 637 页。

嘉庆十七年（1812年），署理山西巡抚衡龄也奏陈：

窃照晋省太原府属之阳曲县、泽州府属之阳城县，向产硫磺，岁供本省各营及铺户，并外省之浙江、江南、安徽、陕西、山东等处采买。又，两年奉部采办一次，约计阳曲县每年须办磺十数万斤及数万斤，阳城县每年须办磺四五万斤及二三万斤不等。虽历年尚无贻误，究不免稍有稽延。缘晋省磺户尽系贫人，总俟各处采买到时始行领价烧办，而各省采买情形又属不一，有按年采买，有隔二三年一并采买，且有二三省而同时采买者。①

每年山西太原府阳曲县须确保供应十数万斤及数万斤硫黄，泽州府阳城县须供应硫黄四五万斤及二三万斤不等，阳曲县和阳城县出产硫黄之多不言而喻。

道光年间（1821—1850年），豫北怀庆府和彰德府沿太行山麓的安阳县、林县、鹤壁镇、修武县、焦作、沁阳县、济源县，以及开封府的密县、河南府的巩县、登封、渑池、洛阳和汝州鲁山等县，煤窑众多。以密县而论，道光四年（1824年），知县杨炳堃亲自调查后说："统计阖邑雇工四千二百五十九名，其中半系外来民人前来寻工。"② 该县的采煤规模之大可想而知。再以怀庆府为例，该府河内县（今沁阳县）靠近太行山，当地百姓采煤"以济民用，所获资利，与地产相仿"。③ 修武县庙河村的采煤活动也很活跃，立于村内老君庙的《创建拜殿志碑》记载：

天地生人之物半出山水间，然无人引而出之，则天地之功不彰，而其物亦虚出矣。……行山为中州名岳，其中足为利赖者，惟煤为最。庙之荫，从未闻有行窑之说者。丙戌冬，廷杨、广业等，因山势以度利，在庙北里许，创打煤桶十数只，吾乡近颇利之。阅数月积有微赀，因（应）七社会首之请，乃创建拜殿三楹，所以报神默佑之恩也。④

---

① 《朱批奏折》，嘉庆十七年十一月二十四日署理山西巡抚衡龄奏，引自中国人民大学清史研究所等：《清代的矿业》下册，北京：中华书局，1983年版，第638页。

② （清）杨炳堃：《中议公自订年谱》卷二《三十九岁》，清光绪十一年刻本。

③ （清）王凤生：《河北采风录》卷四《河内县水道图说》，清道光六年刻本。

④ 道光七年河南修武县庙河村立《创建拜殿碑记》，现存河南焦作市白涧房乡庙河村。吴晓煜：《中国煤炭史志资料钩沉》，北京：煤炭工业出版社，2002年版，第314页。

在“丙戌”即道光六年（1826年）冬天的短时间内，庙河村这样一个太行山区很普通的小山村，村民们就“创打煤桶十数只”，而且捐资创建拜殿三楹，足见太行山南麓一带的煤窑之多，获利不菲。道光八年（1828年），河南府渑池县百姓董秉礼等也在董村租地开窑，“用价一百千典到为业，计地六十亩，契载三年为满，自窑底横穿取煤”，[①] 规模也不小。道光二十六年（1846年），彰德府汤阴县鹤壁镇娄家沟一带，已开办聚义、同心、致和、人和、万和、义兴、成顺和万盛等8座煤窑。山西人张九畴在禹县桃园地方开办煤窑，经过“三年治水，三年出煤”，耗时6年，终于成功，获利极厚。[②]

晚清，中原矿业得到进一步发展。光绪以降，中原的采煤活动更加普遍，豫北地区尤甚，彰德府、卫辉府和怀庆府，遍地出煤，居民多合伙挖井采煤，远销往山东、直隶和山西等省以为生计，从业人员不下20万人。[③] 光绪五年（1879年），在卫辉府淇县谭沟村西北，村民王老海开挖3眼煤井，此为淇县采煤之始。光绪十二年（1886年），在彰德府鹤壁镇石碑头村附近，人们开建33座煤窑。光绪二十一年（1895年），在该镇西寺湾，安阳县人马吉森以3万银圆本金创办“时利和煤矿”，这是近代鹤壁由实业家开办的首座煤矿。[④] 光绪二十八年（1902年），禹州知州曹广权开采三峰山煤矿。[⑤] 宣统二年（1910年），在鹤壁崔村沟东南牌坊处，马强甫设立“宝善煤矿公司”，矿区有520亩。[⑥] 怀庆府煤炭资源丰富，民间开办煤窑成风。光绪年间，该府也出现采煤高潮，“老流河左右，煤窑鳞

---

① （清）李钧：《判语录存》卷四《争窑地事》，清道光十三年刻本。

② 《中国煤炭志》编纂委员会：《中国煤炭志（河南卷）》之《大事记》，北京：煤炭工业出版社，1996年版，第14页。

③ 《续记汴人抵制福公司事》，《东方杂志》1909年第6卷第7期，第185页。按：此事承接《河南交涉局委员杨敬宸擅与福公司订约案》，《东方杂志》1909年第6卷第5期，第99—100页。《记汴人抵制福公司事》，《东方杂志》1909年第6卷第6期，第149—150页。

④ 鹤壁市地方史志编纂委员会：《鹤壁市大事记述》，郑州：中州古籍出版社，1992年版，第66—67页。

⑤ 民国《禹县志》卷四《水志》，民国二十年刻本，第382页。

⑥ 鹤壁市地方史志编纂委员会：《鹤壁市大事记述》，郑州：中州古籍出版社，1992年版，第69页。

次，小民自行开采，借煤营生”。[①] 其中，河内和修武两县土煤窑尤多，百姓借此为生。至宣统元年（1909 年），怀庆府以采煤为生的矿工窑户多达 10 余万人。[②] 焦作一带尤为突出，“九峪十八沟，窑洞如星斗；大小千条路，条条车马稠”，[③] 处处采煤，路路贩运，一派繁忙景象。据研究，有清一代，焦作附近有 100 余家开小煤窑，挖有 800 多眼小煤井。这些煤窑大多建于清末，[④] 皆用土法人力开采，每窑设掌柜一人，账房 2 至 3 人，经营窑务，较大的土窑，一般有采煤工 30 人，绞煤工 20 人，杂工 2 人，拉筐多用童工，日工资约 150 文铜钱。挖煤分日夜两班，每天出煤 1 万斤左右。[⑤]

光绪年间（1875—1908 年），豫南平顶山一带的煤窑也日渐增多。李家村一带，有大渣窑，其中五窑、六窑衰落，已经无法开采。这时，老煤窑衰败，新煤窑不断涌现。丁家村的丁唧爪在磨金头，郏县张店村的张进义在陈家西，丁洞村的白景荣在李敬家房后，南召县人张永西在桐树底，先后开挖新煤窑。吴寨村民刘同发修复了六窑，另有棠梨树窑、沟里窑、盖上窑和两盘二挤窑等，众多煤窑如雨后春笋般相继出现。两盘二挤窑，煤层厚度仅有一竖砖，除去顶底大渣，窑工蹲下侧身采挖。煤似羊屎蛋儿，碎而坚，但质优，久烧火焰不衰，酒馆、作坊和粉坊争相抢购。这一带的煤窑规模最大者，系叶县人称胡老总的在丁洞南地开办的竖井窑。窑深 28 丈，井口架设巨型滑轮，出水、渣、煤依靠荆筐、牛皮包和骡马往外提升。该窑煤层厚者达 3 丈，薄者 3 尺许，采煤以掏洞留隔为主，产煤量大质优，远销叶县、舞阳、漯河、裕州（今方城县）、南阳和邓县（今邓州市）等地。[⑥] 宣统、民国时，时局动荡不安，平顶山一带的煤窑也频繁

---

① 台湾近代史研究所：《矿务档》，档案号：995，台北：台湾近代史研究所，1985 年版，第 1662 页。

② 台湾近代史研究所：《矿务档》，档案号：995，台北：台湾近代史研究所，1985 年版，第 1730—1732 页。

③ 清代当地民谣，转自薛毅：《清代河南的采煤业》，《中州煤炭》1987 年第 4 期。

④ 焦作矿务局史志编纂委员会：《焦作煤矿志》，郑州：河南人民出版社，1989 年版，第 163 页。

⑤ 河南省总工会工运史研究室：《焦作煤矿工人运动史资料选编》，郑州：河南人民出版社，1984 年版，第 385 页。

⑥ 任荣国：《平顶山历史上小煤窑资料拾零》，《平顶山史志通讯》1984 年第 2 期。

地更换主人。此时，老煤窑逐渐衰败，新煤窑日见其少。“只有前坑、后坑、青石槽、野猪岭、后洞和李茄庄西地头一窑、头二窑（梦蒙店村王榜勋开）等窑相继开发”。[①]

中原东部山东兖州府峄县的采煤活动也很活跃，该县卓山和南北诸山产铜、铅、金、铁，“煤炭尤盛”。嘉庆、道光年间，“粮艘过境，多挟南货以易邑煤、米，关津不敢诘，故运费甚轻而炭价极昂，业此者皆积赀巨万”。晚清，枣庄、田衫庄和齐村的居民以采煤为业，往往“致赀数百万”，富裕起来。他们所开煤窑出的煤炭有柴炭、大炭、泥炭、碴子炭、碛石炭诸名。其煤以大炭为最优，碛石炭次之，碴子炭又次之，泥炭与柴炭最劣。光绪五年（1879 年）春，清政府在枣庄设官窑总局采煤，“以民办用省，而参以西人机器”，并立税则，委任官员监督。“其规模固浸，与旧异矣”，[②]“法捷费省，一日而得数十日之功，一人而兼数十人之用，……而炭矿大出，遂致赀百余万”。[③]峄县近代化采煤的规模和功效远非昔日的手工采煤可比，不可同日而语。

清代，除煤炭外，中原地区的其他矿产也得到开采。如河南开封府禹州北面 60 里有铁母山产铁矿，在州西北 60 里有矿山也产铁，这两处产铁地在乾隆年间已经废弃。在州西 60 里有锎山，俗称“玲珑山”，其“石皆玲珑，好事者取之以供清玩”。[④]郾师县，自乾隆朝至民国约 150 年间，开矿者 20 余次，“皆工房有卷可考”。[⑤]汝州所属伊阳、鲁山和宝丰三县，“旧产铁，今则已无”，[⑥]至道光二十年（1840 年），这一带的铁矿已开采殆尽。巩县东南老庙山孤堆坡等处，富含铁矿，“每当秋冬之暇，土人开采”。[⑦]光绪二十八年（1902 年），河南汝州鲁山县廪生李茂业等人，欲集资开采当地的银矿，遂向官府请示批准开采道：

查河南汝州鲁山县山泽广大，距县城二十五里，旧有著名银洞沟，

① 任荣国：《平顶山历史上小煤窑资料拾零》，《平顶山史志通讯》1984 年第 2 期。

②③ 光绪《峄县志》卷七《物产略》，清光绪三十年刻本。

④ 乾隆《续河南通志》卷七《舆地志》，清乾隆三十二年刻本。

⑤ （民国）乔荣筠等：《偃师县风土志略》第二篇《物产》，台北：成文出版社，中国方志丛书影印民国二十三年石印本，第 54 页。

⑥ 道光《汝州全志》卷四《食货志》，清道光二十年刻本。

⑦ 民国《巩县志》卷七《民政 · 实业 · 铁矿》，民国二十六年刻本。

长约二三十里，银铅暴露于外，宝光腾耀，不待探穴凿井，久经矿师勘验矿质，百斤除去渣滓，约可得净银一成六七分不等，铅有六成，实为上等银矿。……各般户仰体朝廷利用厚生之意，无不踊跃争先。生等籍隶鲁山，稔知利源所在，不忍弃货于地。现已集有银款，公议举行，慎选矿师，务期实事求是。大都款由己出，任事无不实心。……伏乞均鉴，批示遵行。①

此银矿沟长达20余里，富含上等银矿，具有巨大的经济价值。在此地采银政府既不用出资劳神，又可以坐收巨额税金，于己有利无害，因此清政府立即批准了此请求，李茂棠等人遂在这一带大规模开采银矿。

地处中原东部的山东兖州府峄县，卓山迤西“岭多砥砺”，这一带的百姓多采石制磨，销往远近各地。乾隆、嘉庆年间，这一带的制磨业进入鼎盛时期，“每岁数塘并开，锤凿之声闻十余里”。光绪年间，其制磨业日趋衰落，开采磨石已非常艰难，今非昔比。然而因所产石磨“行销颇远，获利亦厚”，因此仍有以此为业者。②

晚清以降，西方列强也染指中原富饶的矿藏。同治七年（1868年）至同治十一年（1872年），德国地质学家李希霍芬（Ferdinand Richthofen）在中国13个省进行地理地质考察。他在河南考察后详细记道，怀庆府“煤区东起修武，西达济源，中心为清化镇。清化10个大坑，每坑每天出煤1000筐（每筐120~130斤），每担售100文，大块售150文（每斤依20两计）。运到镇上，售价即为每斤2.5文（依16两计），运到黄河渡口，售价为每斤5文”。③ 他考察山西大同府的煤矿后也记道，矿井深入250英尺的地层，有的矿井呈螺旋状；煤层厚达30英尺，产出十分优质的煤。在大同一头骡子驮运的煤（约200斤）可卖到200文；这里的矿工每人每天

---

① （清）光绪二十八年十一月十八日李茂棠：《绅富合集银股拟请于河南汝州鲁山县试开银矿事》，台湾近代史研究所：《矿务档》，档案号：884，台北：台湾近代史研究所，1985年版，第1619页。

② 光绪《峄县志》卷七《物产略》，清光绪三十年刻本。

③ 【德】李希霍芬：《旅华日记》，彭泽益：《中国近代手工业史资料（1840—1949年）》第2卷，北京：生活·读书·新知三联书店，1957年版，第162页。

下井 20 次，每次开采 25 斤煤，日产量可达 500 担，年产量估计有 14000 吨。① 据此他得出如下结论：

山西是世界上最出色的煤铁产区之一，且从我描述的一些情况看，在目前煤的消费水平上，山西一省的煤矿可供世界几千年的消费。Dana 教授在比较了世界不同国家的煤区面积后说："宾夕法尼亚州 43960 平方英里的土地上拥有 20000 平方英里的煤田，冠于全球。"但在经过仔细的探查后，总面积达 55000 平方英里的山西将很有可能超过宾夕法尼亚。这还不是中国煤田的全部优势，它的另一个优势在于开采的难度小、成本低，能够大面积开采。②

李希霍芬还详细介绍山西冶铁的情况：

太阳镇和高平县是这个地区炼制生铁的唯一地点……熔炼的地方是一块略有坡度的平地，长八英尺，宽五英尺。它的两个长边垒起约四英尺高的土墙，第三条边（按：即较低的那条边）和顶部则是开敞的，第四条边则与一间低矮小屋相靠，小屋里是由两个人拉动的木制风箱。平地上铺了一层拳头大小的无烟煤块。其上又有约 150 个高 15 英寸、宽 6 英寸的耐火黏土制的坩埚……生产出两种生铁，一种用来铸模具，另一种则用作锻铁……尽管工艺十分粗糙，但是山西产的铁品质很高，使得在同等价格的情况下，中国人更愿意用山西的熟铁。山西不生产钢，所有的钢都来自芜湖和汉口。山西的铁在制造小件钢器时被加入其中。这种工作一般是由村民在自己家中完成的……比如在太阳镇，大量的铁丝和针就是这样制造的。……（在泽州）你会惊讶地发现数百家小铁铺，他们之间彼此分工，各自制造某些类的铁器，这样的专业化使他们享有盛名。③

---

① 【德】李希霍芬：《李希霍芬男爵书信集》，上海：上海北华捷报馆，1872 年版，第 31、33、89 页。

② 【德】李希霍芬：《李希霍芬男爵书信集》，上海：上海北华捷报馆，1872 年版，第 29 页。

③ 【德】李希霍芬：《李希霍芬男爵书信集》，上海：上海北华捷报馆，1872 年版，第 30—31 页、第 38 页。

李希霍芬所记无疑是一份详尽的关于中原矿业的经济情报，它客观上刺激了列强染指中原矿业的贪欲。光绪二十二年（1896年），意大利商人康门斗多·安杰洛·罗沙第以调查中日甲午战争后的形势为名来中国考察，他在河南、山西和陕西三省勘探煤炭资源，图谋不轨。次年，他返回欧州后，立即筹资欲在中国采矿。光绪二十三年（1897年），在他的张罗下，英商福公司（Peking Syndicate）在英国伦敦堪农街110号成立，资金为两万英镑；随后又在中国天津设立英商福公司办公处，任命英国驻沪总领事哲美森为总董，觊觎河南、山西的煤炭资源。光绪二十四年（1898年）初，英商福公司代理人罗沙第再次来到中国，他通过李鸿章的亲信幕僚马建忠，贿买翰林院检讨吴士钊、分省补用道程恩培，为攫取河南北部的采矿权大肆投机钻营。[①] 不久，英商福公司用欺诈手段，假意借1000万两白银给中国一家空壳公司——中国豫丰公司，以后者为幌子，骗取了怀庆府一带的采矿权。其“矿界计东、南、北各三十华里，西六华里，实计面积六十方里零五千六百六十八方丈，于光绪三十年六月发给凭单”，开始在这一带勘探矿藏。4年后，终于开挖出煤。福公司用机器采煤，规模大，技术先进，而且矿区广阔，既使中原的采煤业发展到一个新阶段，又使当地的小煤窑面临着巨大的生存压力。[②] 对于福公司攫取豫北采矿权的经过，《东方杂志》曾报道：

河南彰、卫、怀三府遍地出煤，居民每多合伙挖井采取，行销山东、直隶、山西等省，以为生计，业煤之人不下二十万人。后为英商侦知，于光绪二十二年（当为“光绪二十四年”）间，由福公司出名向总理衙门蒙混要求，准其开采彰、卫、怀三府煤矿。二十七八年，前豫抚始行查悉总署受福公司所蒙，遂派道员韩国钧与之交涉，大费口舌，争回三府矿权，只准英人在修武县焦作（地名）一处开采。英人见焦作矿大而煤好，亦即

① 河南省总工会工运史研究室：《焦作煤矿工人运动史资料选编》，郑州：河南人民出版社，1984年版，第383—385页。

② 台湾近代史研究所：《矿务档》，档案号：995，台北：台湾近代史研究所，1985年版，第1730—1732页。

允许。竭七八年之力，费用六百余万，至去年冬出煤。[①]

采出煤炭后，福公司获取了丰厚的利润。它并不满足于已经攫取的采煤权，还得寸进尺，觊觎中原的铁矿资源。光绪三十一年（1905年）八月十三日、二十日和九月十三日，福公司的矿路总工程师利德连续三次向清政府申请，故意曲解采煤合同中的“采煤制铁”即采煤用于炼铁条款，硬说福公司在豫北既有权“采煤”，又有权“制铁”，企图瞒天过海，骗取这一带的采铁权。但是，在清政府据理力争下，其阴谋终未得逞，[②] 见表3-1。

表3-1　清代后期河南各地采煤活动一览表

时间	地点	简况	资料来源
乾隆八年（1743年）	密县药王庙后	密县人合伙在药王庙后挖煤窑一座，不到一个月就出煤，煤质良好	密县李堂村《重修金妆玉皇碑记》
乾隆四十四年（1779年）	密县王庄西井沟一带	魏昌在王庄西井沟一带打水井时，发现下面有煤，即行开采。继而开采者日多，打井筒55个	汴书田：《豫煤古今谈》，北京：煤炭工业出版社，2000年版，第122页
道光二十六年（1846年）	汤阴县鹤壁娄家沟一带	开办聚义、同心、致中、人和、万和、义兴、成顺、万盛等8座煤窑	汴书田：《豫煤古今谈》，第122页
道光年间（1821—1850年）	禹县桃园	山西人张九铸在禹县桃园开办煤窑，经三年治水，三年出煤，获利极厚	汴书田：《豫煤古今谈》，第122页
同治九年（1870年）		德国人李希霍芬到河南怀庆府、巩县、密县、禹州、鲁山、登封、汝州、南召等地进行地质矿产调查，对各地煤炭资源和开采、经营等情况做了详细考察	汴书田：《豫煤古今谈》，第122页
光绪二十年（1894年）	武安县	天津商人沈聘三在武安县购地开办煤矿，备有机器	汴书田：《豫煤古今谈》，第122页

① 《续记汴人抵制福公司事》，《东方杂志》1909年第6卷第7期，第185页。按：此事承接《河南交涉局委员杨敬宸擅与福公司订约案》，《东方杂志》1909年第6卷第5期，第99—100页。《记汴人抵制福公司事》，《东方杂志》1909年第6卷第6期，第149—150页。

② 台湾近代史研究所：《矿务档》，档案号：979，台北：台湾近代史研究所，1985年版，第1712—1717页。

续表

时间	地点	简况	资料来源
光绪二十一年（1895 年）		意大利商人康门斗多・安杰洛・罗沙第以调查中日战争后的经济形势为名来到中国，觊觎河南、山西、陕西三省的煤炭资源。次年他返欧，游说英国资本家在伦敦成立专为掠夺中国矿产的机构——英商福公司，并在天津设立办公处	汴书田：《豫煤古今谈》，第 123 页
光绪二十一年（1895 年）	汤阴鹤壁集西寺湾	河南巡抚刘树棠试收煤厘即煤炭生产税，设煤厘局，税率五厘。安阳蒋村人马吉森在汤阴鹤壁集西寺湾创办时利和煤矿公司，矿区面积0. 24平方公里	《中国煤炭志》编委会:《中国煤炭志（河南卷）》之《大事记》，北京：煤炭工业出版社，1996 年版，第 15 页
光绪二十六年（1900 年）		英商福公司派路矿工程技术人员从天津和湖北两路进入河南，因慑于义和团反帝爱国运动的巨大威力，他们被迫暂时撤退	同上
光绪二十六年（1900 年）	禹县禹王山、三峰山	禹县禹王山、三峰山有小煤窑 10 座，每窑日产煤 7~15 吨	《中国煤炭志》编委会:《中国煤炭志（河南卷）》之《大事记》，第 15 页
光绪二十七年（1901 年）	安阳县堆儿沟一带	安阳县孟某在堆儿沟一带开煤窑 30 余座。次年，两处已出煤，因资本不足，以租银 15000 两全部租给天津商人王弼臣续办	《中国煤炭志》编委会：《中国煤炭志（河南卷）》之《大事记》，第 15—16 页
光绪二十八年（1902 年）	河南	京汉铁路监工外国人锡乐士欲开办河南煤矿，外务部不允	《中国煤炭志》编委会：《中国煤炭志（河南卷）》之《大事记》，第 16 页
光绪二十八年（1902 年）	焦作	英商福公司在焦作煤田开始进行机械岩芯地质钻探	汴书田：《豫煤古今谈》，第 125 页
光绪二十九年（1903 年）	安阳六河沟	河南安阳蒋村人马吉森，山东潍县人谭士祯、顾瑗等人，集股银 2 万两，开办安阳六河沟煤矿。次年，凿和顺井，装备有锅炉、绞车等设备，由农工商部发给“安阳六河沟机器官煤矿”钤记	汴书田：《豫煤古今谈》，第 125 页

续表

时间	地点	简况	资料来源
光绪二十九年（1903 年）	怀庆府	福公司以泽煤盛厂为中心绘制矿区图，实地面积达 30 多平方公里（因以红线标明矿界，后称“红界”），要求河南巡抚发给开采凭单。河南巡抚陈夔龙认为“红界”矿区过广，地跨修武、河内两县境，与原订合同不符而拒绝。后经交涉，在“红界”内划出焦作一处为福公司开采矿区，实地总面积 15 余平方公里（用黄线标明矿界，后称“黄界”）。次年九月（1904 年 10 月），河南巡抚正式发给福公司“黄界”《开办矿地凭单》	《中国煤炭志》编委会：《中国煤炭志（河南卷）》之《大事记》，第 16 页
光绪二十九年（1903 年）	渑池县焦地河南岸	山东人李日标等集股在渑池县焦地河南岸开斜井一眼，井长 160 米；次年出煤，并用煤炼焦	汴书田：《豫煤古今谈》，第 125 页
光绪二十九年（1903 年）		河南巡抚陈夔龙奏设矿务总局，将豫南公司事宜归并兼办。全省各矿除福公司外，悉归该局经理。委任布政使瑞良、按察使觉罗钟培为督办，候补道台于沧澜为总办	《中国煤炭志》编委会:《中国煤炭志（河南卷）》之《大事记》，第 16 页
光绪三十一年（1905 年）	安阳六河沟	“安阳六河沟机器官煤矿”成立董事会，资本增至白银 6 万两。开始修筑矿区轻便铁路	《中国煤炭志》编委会:《中国煤炭志（河南卷）》之《大事记》，第 17 页
光绪三十一年（1905 年）	河南	省矿政调查局报告，全省在采煤矿有 33 处，分布于禹州、密县、汤阴等 17 州县	《中国煤炭志》编委会:《中国煤炭志（河南卷）》之《大事记》，第 17 页
光绪三十二年（1906 年）	密县、固始县	《东方杂志》载：“密县窑商郝镜塘购备机器，开采煤窑，颇见功效，较之土法采挖，其利三倍。去固始境内，南山沟煤窑最多，烟煤块煤五色不备。”	《东方杂志》1906 年第 3 卷第 12 期，第 241 页
光绪三十二年（1906 年）		中国留日学生河南同乡会在《豫报》等刊物上发表《矿说》《敬告同乡父老筑路书》《警告河南同胞速办矿务书》等文章，号召河南人民自办矿务，抵制外国人到河南开矿	《中国煤炭志》编委会:《中国煤炭志（河南卷）》之《大事记》，第 17 页

续表

时间	地点	简况	资料来源
光绪三丨二年（1906 年）	焦作东王封南面桐树沟、庙河一带	民族矿业主靳法蕙和毕金陵集资 23.8 万银元，在焦作附近的桐树沟、庙河一带开办凭心煤矿公司	焦作市博物馆藏光绪三十年（1904 年）立《凭心窑重修庙宁记》，又见汴书田：《豫煤古今谈》，第 127 页
光绪三十二年（1906 年）	焦作	福公司第二、四、六号井出煤，全年共产煤 12.17 万吨。年内又在焦作开凿七号井，1908 年建成，井深 143 米，井径 5.4 米	《中国煤炭志》编委会:《中国煤炭志（河南卷）》之《大事记》，第 17 页
光绪三十二年（1906 年）	开封	河南留日学生代表杜友梅、杜扶东及豫绅李时灿、王安澜等人，会同上海公学代表与各地志士，在开封召集会议，成立矿务研究会，筹组凭心煤矿，抵制英商福公司，呼吁收回焦作矿权	《中国煤炭志》编委会:《中国煤炭志（河南卷）》之《大事记》，第 17 页
光绪三十三年（1907 年）	安阳六河沟	六河沟煤矿股份有限公司成立，推举叶润含为总经理，股金增至白银 34 万两，其中一半为德国人投资	《中国煤炭志》编委会:《中国煤炭志（河南卷）》之《大事记》，第 17 页
光绪三十三年（1907 年）	焦作	焦作凭心煤矿公司改为官商合办“中州华商凭心煤矿股份有限公司”，资本银扩充至 100 万两，内有河南豫泉官银号 20 万两	《中国煤炭志》编委会:《中国煤炭志（河南卷）》之《大事记》，第 17 页
光绪三十三年（1907 年）	武安	安阳矿商马吉森集股银 2.4 万两，在武安县（时属河南，今属河北）薛村开办信成煤矿公司	汴书田：《豫煤古今谈》，第 127 页
光绪三十四年（1908 年）	安阳六河沟	农工商部颁发“六河沟煤矿股份有限公司”钤记。年内，六河沟矿区至京汉铁路丰乐镇车站轻便铁路建成	汴书田：《豫煤古今谈》，第 127 页
光绪三十四年（1908 年）	荥阳县	荥阳县张玉琳等人集股银 1 万两，在崔庙开办煤矿	《中国煤炭志》编委会:《中国煤炭志（河南卷）》之《大事记》，第 17 页
光绪三十四年（1908 年）	安阳南积善村附近	安阳王仙根等人在南积善村附近开办宝兴煤矿公司，后因经济困难停办	汴书田：《豫煤古今谈》，第 127 页

续表

时间	地点	简况	资料来源
光绪年间	平顶山一带	李家村一带，有大渣窑，其中五窑、六窑已衰落停产。丁家村的丁唧爪在磨金头，郏县张店村张进义在陈家西，丁洞村白景荣在李敬家房后，南召县张永西在桐树底，先后开挖新窑。吴寨村刘同发修复了六窑。另有棠梨树窑、沟里窑、盖上窑和两盘二挤窑等 两盘二挤窑中规模最大者，系叶县人称胡老总的在丁洞南地开办的竖井窑。窑深28丈，井口架设巨型滑轮，出水、渣、煤依靠荆筐、牛皮包和骡马往外提升。该窑煤层厚者达3丈，薄者3尺许。采煤以掏洞留隔为主。产煤量大质优，远销叶县、舞阳、裕州（今方城县）、南阳、邓县（今邓州市）等地	任荣国：《平顶山历史上小煤窑资料拾零》，《平顶山史志通讯》1984年第2期
宣统、民国时	平顶山一带	前坑、后坑、青石槽、野猪岭、后洞和李茄庄西地头一窑、头二窑（梦蒙店村王榜勋开）等窑相继开发	任荣国：《平顶山历史上小煤窑资料拾零》，《平顶山史志通讯》1984年第2期

由表3-1可见，明清时期，中原的采矿冶炼活动虽然时断时续，但是总体上趋于活跃，规模日渐扩大。晚清，西方列强大肆掠夺中原的矿产资源，使这一带的矿冶活动畸形活跃起来。在外力的强势裹胁下，中原矿业逐渐脱离原来的小农经济发展轨道，开始由传统矿业向近代矿业转型。这深深地影响着中原社会发展和百姓生活。

|第四章|

明清时期中原矿业发展的驱动力

翻检浩如烟海的史料不难发现，明代以前，中原虽然不乏采矿冶炼之举，但是较之明清时期的采矿冶炼活动，前者仅是偶尔为之，规模和影响也不大。明清时期，中原的采矿冶炼活动则不然，不仅日渐频繁，而且规模和影响不断扩大。之所以如此，除前述中原的矿产富饶之外，其因素还有很多，下面择其要者进行论述。

第一节　中原的矿产质良易采

中原矿产富饶，是我国重要的矿产区，这一点前已详述，此不赘言。这一带的矿产不仅种类多，而且不少矿产分布广，储量大，品位高。以贵金属金、银矿而言，两者在中原许多地方都有分布。如河南嵩县、卢氏县、灵宝县、信阳县和桐柏县等县都产金砂，当时人们笼统地称之为“矿石”。[①] 汝州西南山中则“间出黄（金）、白（银）”。[②] 中原的金银矿大多矿质优良，品位极高。如河南宜阳县赵保山、永宁县秋树坡、卢氏县高嘴儿和嵩县马槽山的银矿，“皆称美矿”。[③] 一般情况下，煎银矿得银多少不定，“或一箩重二十五斤，得银多至二三两，少或三四钱”。[④] 河南汝州鲁山县长二三十里的银矿沟所出银矿石，“久经矿师勘验矿质，百斤除去渣滓，约可得净银一成六七分不等，铅有六成，实为上等银矿”。[⑤] 此外，

① 嘉靖《河南通志》卷一一《物产》，明嘉靖三十四年刻本。

② 万历《汝州志》卷二《食货》，河南大学图书馆藏《日本藏中国罕见地方志丛刊》第15册，北京：书目文献出版社，1992年版。

③ （明）宋应星：《天工开物》卷下《燔石第十四卷·银》，明崇祯十年刻本。

④ （明）陆容：《菽园杂记》卷一四《五金》，影印文渊阁《四库全书》第1041册，台北：台湾商务印书馆，1986年版，第364页。

⑤ 台湾近代史研究所：《矿务档》，档案号：884，台北：台湾近代史研究所，1985年版，第1619页。

陕州等地也分布着优质的银矿。

中原的矿产不仅富饶质优，而且多储藏于童山秃岭，甚至露天储存，易于辨识，方便开采。如中原重要的产银地河南宜阳县赵保山、永宁县秋树坡、卢氏县高嘴儿和嵩县马槽山，凡有矿处，“山童，望气知之，有深浅耳”。① 南阳县县城北 40 里的蒲山，“无草木，多美石，晶莹似玉”。② 登封县金矿岭，“砂石融结，不蕃草木，层剥叠间，传其下有金矿焉”。③ 中原的煤炭也多分布在无草木之地，所谓“北方勿论……凡煤炭不生茂草盛木之乡，以见天心之妙”。④ 一般情况下，矿脉深浅不一，粗细无常，金属矿脉更是如此。诚如明人陆容所说：

> 五金之矿生于山川，重复高峰峻岭之间，其发之初，惟于顽石中隐见矿脉，微如毫发。……矿脉深浅不可测，有地面方发而遽绝者，有深入数丈而绝者，有甚微久而方阔者。有矿脉中绝，而凿取不已，复见兴盛者，此名为过壁。有方采，于此忽然不现，而复发于寻丈之间者，谓之“虾蟇跳”。⑤

由上可见，矿脉尤其是金属矿脉大多深浅粗细不常，勘探和开采起来都非常困难。中原矿产储藏的地质条件比较优越，不少矿区的土层较薄，甚至矿产裸露于外，易辨易采。以河南而言，汝州鲁山县距县城 25 里的银洞沟，其“银、铅暴露于外，宝光腾耀，不待探穴凿井”，⑥ 可以露天开采。渑池县许多地方的煤炭也有露天的，非常方便采取。“此地出炭，炭穴显露，随取而足”。⑦ 密县超化西冈所产颜料“超化粉”，可以“掘井丈余得之。尽，以土实之，不数年仍化粉土”。⑧ 它储藏浅，开采易，可再

---

① （清）方以智：《物理小识》卷七《煎矿》，影印文渊阁《四库全书》第 867 册，台北：台湾商务印书馆，1986 年版，第 897 页。

② 光绪《南阳县志》卷二《疆域》，清光绪三十年刊本。

③ （清）景日昣：《说嵩》卷五《太室原·金矿岭》，清康熙六十年刻本。

④ （明）宋应星：《天工开物》卷中《燔石第十一卷·煤炭》，明崇祯十年刻本。

⑤ （明）陆容：《菽园杂记》卷一四《五金》，影印文渊阁《四库全书》第 1041 册，台北：台湾商务印书馆，1986 年版，第 364 页。

⑥ 台湾近代史研究所：《矿务档》，档案号：884，台北：台湾近代史研究所，第 1619 页。

⑦ （金）元好问：《续夷坚志》卷四《炭中二仙》，北京：中华书局，1985 年版，第 63 页。

⑧ 嘉庆《密县志》卷一一《风土志·物产》，清嘉庆二十二年刻本。

生。汝宁府新蔡县和河南府巩县产金，“皆平地掘深井，取细沙淘炼成”。[1] 伊阳县的“金河在城南三十五里玉马镇，水色黄，滩沙可以拣金；稍东则清流滉漾，无复金沙之异”。[2] 金砂分布较集中，无疑会方便人们采金。这方面的事例不胜枚举。

由上可见，中原的矿产资源不仅富饶，而且大多储藏条件优越，易于勘探，便于开采，从而可以大大降低采矿冶炼成本。这吸引了当地许多百姓竞相从中寻找衣食之资和致富的捷径，开采冶炼这些宝藏，掀起一波波采矿冶炼的浪潮。

第二节 明清时期矿业技术的进步

在总结前代矿冶经验的基础上，经过采矿冶炼者长期实践总结，到了明清时期，我国的采矿冶炼技术有一定程度的发展。对于这种发展，明人陆容总结道：

旧取矿，携尖铁及铁锤竭力击之，凡数十下仅得一片。今不用锤尖，惟烧爆得矿。矿石不拘多少，采入碓坊，舂碓极细，是谓“矿末”。次以大桶盛水，投“矿末”于中，搅数百次，谓之“搅粘”。凡桶中之粘分三等，浮于面者，谓之“细粘”，桶中者，谓之“梅沙”，沈（当为“沉”）于底者，谓之“麄矿肉”。若“细粘”与“梅沙”用尖底淘盆浮于淘池中，且淘且汰，泛飏去粗，留取其精英者。其“麄矿肉”则用一木盆如小舟然，淘汰亦如前法。大率欲淘去石末，存其真矿，以桶盛贮，璀璨星星可观，是谓“矿肉”。次用米糊搜拌，圆如拳大，排于炭上。更以炭一尺许覆之，自旦发火至申时住火候冷，名“窖团”。银炉炽炭，投铅于炉中，候化即投窖团入炉，用鞴鼓扇不停手。盖铅性能收银，尽归炉底，独有滓浮于面。凡数次，炉爬出炽火，掠出炉面滓，烹炼既熟，良久以水灭火，则银铅为一，是谓“铅驼”。次就地用上等炉灰，视铅驼大小，作一浅灰

① （明）宋应星：《天工开物》卷下《燔石第十四卷·黄金》，明崇祯十年刻本。
② 道光《伊阳县志》卷一《地理志·山水》，清道光十八年刊本。

窠，置铅驼于灰窠内，用炭围叠侧，扇火不住手。初铅银混泓然于灰窠之内，望泓面有烟云之气，飞走不定。久之稍散，则雪花腾涌，雪花既尽，湛然澄澈。又少顷，其色自一边先变浑色，是谓“窠𪏭”，乃银熟之名。烟云雪花，乃铅气未尽之状。铅性畏灰，故用灰以捕铅。铅既入灰，惟银独存，自辰至午，方见尽银。铅入于灰坯，乃生药中“蜜陀僧”也。①

陆容，南直隶苏州府太仓人，生于明英宗正统元年（1436年），卒于明孝宗弘治七年（1494年），② 所著《菽园杂记》于他去世前不久才辍笔。据此及以上《菽园杂记》的记载可知，至明代中期，我国的矿冶技术已达到相当高的水平。在采矿过程中，往往会碰到坚硬的岩石。当时人们发明了用火烧再泼冷水的热胀冷缩办法来解决此问题，“石则斧之，过坚则煤之，必达而后止”。③ 采铜冶铜时，则用另一种火烧法。陆容介绍这种方法说：

采铜法，先用大片柴不计段数，装迭有矿之地，发火烧一夜，令矿脉柔脆。次日，火气稍歇，作匠方可入身，动锤尖采打。……每炓铜一料，用矿二百五十箩，炭七百担，柴一千七百段，雇工八百余，用柴炭粧叠，烧两次共六日六夜。烈火亘天，夜则山谷如昼。铜在矿中既经烈火，皆成茱萸头，出于矿面。火愈炽，则镕液成驼，候冷以铁锤击碎，入大旋风炉

① （明）陆容：《菽园杂记》卷一四《五金》，影印文渊阁《四库全书》第1041册，台北：台湾商务印书馆，1986年版，第364—365页。

② 关于陆容的卒年，学界颇有歧异。在中华书局1985年点校版《菽园杂记》的点校说明中写道，陆容“卒于孝宗弘治九年（1496年）”，但没有注明所据材料的来源。姜亮夫也持此说，将陆容的辞世年代记为“弘治九年（甲寅）”（姜亮夫：《历代人物年里碑传综表》，北京：中华书局，1959年版，第428页）。而黄惠贤则将陆容的卒年记为1493年即弘治六年（黄惠贤：《二十五史人名大辞典》，郑州：中州古籍出版社，1997年版，第491页）。时人程敏政认为，陆容“以甲寅七月戊申卒，得年五十有九”[（明）程敏政：《篁墩文集》卷五〇《参政陆公传》，影印文渊阁《四库全书》第1253册，台北：台湾商务印书馆，1986年版，第205页]。甲寅年即弘治七年。好友吴宽在为陆容撰写的墓碑铭中也明确记道：“弘治七年七月戊申，浙江右参政致仕陆公以疾卒于家。……卒年五十九。……于是其子伸以治命，泣请铭其墓上之碑。惟予与公同朝二十年，相知实深”[（明）吴宽：《家藏集》卷七六《明故大中大夫浙江等处承宣布政使司右参政陆公墓碑铭》，影印文渊阁《四库全书》第1255册，台北：台湾商务印书馆，1986年版，第760页]。程敏政和吴宽均为陆容同时代人，而且程敏政与陆容同年进士及第，颇有交情。吴宽与陆容“同朝二十年，相知实深”。二人对陆氏卒于弘治七年（1494年）的记载当不会有误。

③ （清）田雯：《古欢堂集》卷三九《黔书下·朱砂》，影印文渊阁《四库全书》第1324册，台北：台湾商务印书馆，1986年版，第452页。

连烹三日三夜，方见成铜，名曰“生烹”。有生烹亏铜者，必碓磨为末，淘去麄浊，留精英团成大块，再用前项烈火，名曰“烧窖”。次将碎连烧五火，计七日七夜，又依前动大旋风炉连烹一昼夜，是谓“成鈲”。鈲者粗浊既出，渐见铜体矣。次将鈲碎用柴炭连烧八日八夜，依前再入大旋风炉，连烹两日两夜，方见生铜。①

明代，人们已经注重对采出的煤炭进行深加工，以满足特殊需要。如宝丰一带的煤窑矿工用竹筛淘洗筛选煤炭，然后炼成焦炭；并按焦炭的颜色鉴定其质量高低，呈青灰色者为上等，灰黑色者为劣炭。② 明末清初，我国的采煤技术也有很大进步。诚如时人宋应星说：

凡取煤经历久者，从土面能辨有无之色，然后掘挖深至五丈许，方始得煤。初见煤端时，毒气灼人。有将巨竹凿去中节，尖锐其末，插入炭中，其毒烟从竹中透上，人从其下施镢拾取者。或一井而下炭纵横广有，则随其左右阔取，其上枝（当为“支”）板以防压崩耳。凡煤炭取空，而后以土填实，其井经二三十年后，其下煤复生长，取之不尽。③

当时，老练的采煤者能从地表辨别地下有无煤炭，这确实是一项绝技。采煤者也已经掌握用竹筒排“毒气”即瓦斯，以及用支板来保护矿工人身安全的技术。

明清时期，人们开采矿物时往往结伴进行，依靠集体的力量以防不测。譬如采宝石时，“凡产宝之井，即极深无水，此乾坤派设机关。但其中宝气如雾，氤氲井中，人久食其气多致死”。这里的“宝气”是指地层中、洞穴里的各种气体，这种气体通常缺氧，或带有二氧化碳、一氧化碳、氮气等气体，呈现烟云弥漫状态。若较长时间吸入这种气体，人会窒息或中毒。因此，采宝者往往十几个人结伴共同采取，其中，一半人入井采取宝石，另一半人留在井上密切配合，以防不测。“下井人以长绳系腰，

① （明）陆容：《菽园杂记》卷一四《采铜》，影印文渊阁《四库全书》第 1041 册，台北：台湾商务印书馆，1986 年版，第 366 页。

② 《中国煤炭志》编纂委员会：《中国煤炭志（河南卷）》之《大事记》，北京：煤炭工业出版社，1996 年版，第 13 页。

③ （明）宋应星：《天工开物》卷中《燔石第十一卷 · 煤炭》，明崇祯十年刻本。

腰带叉口袋两条，及泉近宝石，随手疾拾入袋（宝井内不容蛇虫）。腰带一巨铃，宝气逼不得过，则急摇其铃，井上人引絙提上。其人即无恙，然已昏瞢，止与白滚汤入口解散，二日之内不得进食粮，然后调理平复。”①

明清时期，我国的冶炼技术也已经比较成熟，据《天工开物》记载，在“礁砂入炉”冶银之前，冶炼者首先将它们“拣净淘洗，其炉土筑巨墩高五尺许，底铺瓷屑炭灰，每炉受礁砂二石，用栗木炭二百斤，周遭丛架”。在靠近冶炼炉的地方“砌砖墙一朵（当为‘垛’），高阔皆丈余，风箱安置墙背，合两三人力带拽透管通风，用墙以抵炎热，鼓鞴之人方克安身”。意思是用靠近冶炉旁砌的墙隔热，防止高温火光灼伤皮肤，拉风箱的人才能坚持下去。这实际上是预防冶炼高温辐射对人体的危害，并防止高温下中暑。这表明冶炼者已经懂得使用一些方法避免高温伤害自己。当时的冶炼技术相当讲究，以冶炼银矿石而言，冶炼工匠往往在“炭尽之时，以长铁义（当为‘叉’）添入，风火力到，礁砂镕化成团”。这时银还隐于铅中，尚未出脱出来。“计礁砂二石，镕出团约重百斤”。完全冷却后将其从炉中取出，另外放入分金炉即“虾蟇炉”内，用松木炭在炉四周“匝围”，一定要透出一门以便于分辨“火色”。分金炉“或用风箱，或使交箑，火热功到，铅沉下为底子。其底已成‘陀僧’样，别入炉炼，又成扁担铅。频以柳枝从门隙入内燃照，铅气净尽，则世（当为‘事’）实凝然成象矣”。刚煎炼出的银亦名“生银”，上面没有丝纹，“即再经一火，当中止现一点圆星，滇人名曰‘茶经’。逮后入铜少许，重以铅力镕化，然后入槽成丝”。②

众所周知，砒霜的用途广泛，除了可以入药，以及制作“火药与染铜需用”之外，山西等地的“菽麦必用伴种，且驱田中黄鼠害。宁绍郡稻田必用蘸秧根，则丰收也”。因此，每年“千万金钱速售不滞”，非常畅销。制作砒霜的原料砒石似土而坚，似石而碎，“穴土数尺而取之。江西信郡、河南信阳州皆有砒井，故名‘信石’”。凡砒石井中，其上常有浊绿水，先绞水净尽，然后才能凿取。砒霜分为红白两种，“各因所出原石色烧成”。

① （明）宋应星：《天工开物》卷下《珠玉第十八卷·宝》，明崇祯十年刻本。
② （明）宋应星：《天工开物》卷下《燔石第十四卷·银》，明崇祯十年刻本。

烧制砒霜的方法很特别，“凡烧砒时，下鞠土窑，纳石其上，上砌曲突，以铁釜倒悬覆突口，其下灼炭举火，其烟气从曲突内熏贴釜上”。等到釜上已经贴上一层砒霜，凝结厚达1寸左右，窑下才停火。在前面的烟气冷凝已定之后，又再次“举次火熏贴如前”。一釜之内已凝结数层砒霜，然后提下釜，将它打破取出砒霜。“凡烧砒时，立者必于上风十余丈外。下风所近，草木皆死。烧砒之人，经两载即改徙。否则，须发尽落。此物生人食过，分厘立死”。[①] 明清时期，人们在提炼砒霜时已经摸索出了制作技术，认识到制作砒霜的危害性非常大，应该注意人身安全。烧炼砒霜时，工作人员要站在上风向，利用风向来保护自己，以防吸入毒气损害自己的健康，甚至中毒身亡；而且两年必须换班，再招收一些工人，以防止发生意外。

清代，中原人民的勘探和开采矿产水平又进一步提高。以勘探煤炭而论，人们已经认识到深藏在山里的煤炭有死活之分，其用途也不同，所谓“死者，脉近土而上浮，其色蒙，其臭平，其火文以柔，其用宜房闼围垆；活者，脉夹石而潜行，其色晶，其臭辛，其火武以刚，其用以鍜金治陶”。“凡脉炭者，视其山石，数石则行，青石、砂石则否”。[②] 精于勘探煤炭者，能通过辨别矿区土石的质地和颜色，“尝其土与石之臭”即能立刻辨别煤炭的佳恶浅深。采煤之初，他们又能预测地层下深若干尺有何石，又若干尺有何土，又若干尺有何水与泥，至水过大须若干工可得煤，“皆以意命之，不爽铢黍”。这些人并非有专学，只不过阅历丰富，善于总结经验而已。其言虽然“皆浅俚不雅，初听之若甚疎略”，但是在采煤过程中，“卒无一事之能出其言之外”，都在其意料之中，“盖其精微虽西国之深于矿务者不能远过也”。[③] 当时采煤技术亦有所发展。对此，《颜山杂记》记载：

察其土有黑苗，测其石之层数，避其沁（指“气体、液体等渗入或透出”）水之潦，因上以知下，因远以知近，往而获之（指“脉炭”）为良工。

凡攻炭必有井干焉，虽深百尺而不挠。已得炭，然后旁行。其隧视其

---

① （明）宋应星：《天工开物》卷中《燔石第十一卷·砒石》，明崇祯十年刻本。

② （清）孙廷铨：《颜山杂记》卷四《物产》，清康熙五年刻本。

③ 光绪《峄县志》卷七《物产略》，清光绪三十年刻本。

炭之行，高者倍人，薄者及身，又薄及肩，又薄及尻。凿者跂，运者驰；凿者坐，运者偻；凿者蜡卧，运者鳖行。视其井之干，欲其确尔而坚也，否则，削；入其隧，欲其燥以平也，否则，趼。凡井得炭而支行……脉正行，而忽结礌石阻其前，非曲凿旁达不可以通，谓之“盘锢”。……凡行隧者前，其手必灯而后入，井则夜也，灯则日也。冬气既藏，灯则炎长；夏气强阳，灯则闭光。是故凿井必两行，隧必双，令气交通以达其阳，攻坚致远，功不可量，以为“气井”之谓也。①

当时人们开矿时，为保证矿井内部坚实，要削掉浮松的土石；为保证隧道内干燥平坦，则“趼”即打磨隧道墙壁；遇到坚硬的“礌石”，则以退为进，曲凿以旁达；为保证矿工远距离采矿的安全，又特意开凿双隧道，以使空气流通。这足以表明，清代我国的采矿技术已发展到一个新的水平。

以上这些矿业技术，都是我国采矿冶炼工人在长期实践中总结出来的，是他们集体智慧的结晶。总之，明清时期，我国的矿业技术已达到一定水平，这无疑也是促进中原矿业发展的一个重要因素。

第三节　明清时期矿禁日渐松弛

在我国封建社会，矿业是手工业中的主要行业，是社会经济的重要组成部分。对于采矿冶炼和贩卖矿产活动，各个朝代或严禁，或默许，或鼓励，不一而足，矿业政策变化无常。明清时期，伴随着商品经济发展，矿业在封建社会经济中的地位日益提高，成为影响国家财政收入及社会生产生活的重要因素，因此，统治者加强了对矿业的管理。一般情况下，采矿冶炼“以官业为多，非人民所敢染指，其偶有民业者，辄干涉诛求，非疲弊不已”。② 当然，为博取利益最大化，统治者的采矿政策并非一成不变，

① （清）孙廷铨：《颜山杂记》卷四《物产》，清康熙五年刻本。
② （晚清民国）顾琅、周树人：《中国矿产志》之《导言·矿产与矿业》，上海：文明书局、普及书局、有正书局，清光绪三十二年十二月增订版，第1—3页。

往往因时制宜，因地制宜，不断调整。对于明清时期采矿政策的研究，虽然学者见仁见智，莫衷一是，但是他们都认识到，此期官府的采矿政策是多变的。[①] 笔者基本认同此观点，进而亦认为，虽然明清时期的采矿政策多变，但还是有章可循，从总体上看，此期的矿禁是逐渐松弛的。

一、明代矿业政策之演变

明代，矿业又称矿冶或“坑冶”。目前，学界对其研究主要集中于金、银、煤、铁矿业等方面。一般认为，对于不同种类的矿业，明廷的态度不尽相同。它对金银矿业的基本政策是由官府垄断，私人勿与，而在不同时期，一些具体政策往往随形势变化进行调整，缺乏连贯性。对于铁矿业，明廷不断放宽限制，促进了民营铁矿业兴起。[②] 笔者陋见，这些看法虽不乏真知灼见，却忽视了各个时期的矿业政策在一定程度上的继承性和特殊性，不无片面性、笼统性，令人难以明确明代矿业政策变化的脉络。因此，本部分拟考察明代矿业政策之演变，期以揭明其变化的主要原因、特点和影响，就教于方家。

（一）严禁为主：洪武时期的矿业政策

明初，社会残破，民困财竭。面对严峻的社会形势，明太祖深知“天下初定，百姓财力俱困……要在安养生息之”，[③] 遂实行休养生息、“重本抑末”政策，“务在安辑民人，劝课农桑”，[④] 以尽快稳定社会秩序，恢复发展社会经济。处理矿业问题妥当与否，会影响社会秩序的稳定与休养生

---

① 王开玺：《清前期矿务政策述评》，《安徽史学》1992 年第 2 期；刘利平：《略论明代的金银矿业政策》，《肇庆学院学报》2005 年第 3 期；常建华：《康熙朝开矿问题新探》，《史学月刊》2012 年第 6 期；赵长贵：《矿之诱惑：明清中原采矿活跃原因探析》，《中国矿业大学学报（社会科学版）》2013 年第 4 期，等等。

② 白寿彝：《明代矿业的发展》，《北京师范大学学报》1956 年第 1 期；李绍强：《论明清时期的铁业政策》，《文史哲》1998 年第 4 期；刘利平：《略论明代的金银矿业政策》，《肇庆学院学报》2005 年第 3 期，等等。

③ 《明太祖实录》卷二九，“洪武元年正月辛丑”条，台北：台湾历史语言研究所，1962 年校勘本，第 505—506 页。

④ 《明太祖实录》卷三七，“洪武元年十二月辛卯”条，台北：台湾历史语言研究所，1962 年校勘本，第 749 页。

息、“重本抑末”政策的推行。明廷为防止百姓采矿“窃争而酿乱，故禁戒不得不苛”，[①] 严禁开矿。洪武元年（1368 年），某大臣建议重建山东的旧银场。明太祖认为设银场“利于官者少，而损于民者多”，不利于百姓休养生息和“重本抑末”，遂予以否定。[②] 洪武七年（1374 年）颁行的《大明律》，也严禁盗采矿砂：

盗掘银矿、铜、锡、水银等项矿砂，但系山洞捉获曾经持仗拒捕者，不论人之多寡，矿之轻重，及聚众至三十人以上，分矿至三十斤以上者，俱不分初犯再犯，问发边卫充军。若不及数又不拒捕，初犯枷号三个月发落，再犯免其枷号，亦发边卫充军。其私家收藏、道路背负者，止理见获照常发落。[③]

明廷将盗矿者或枷号示众，或充军远方，处罚严厉。同年四月八日，为加强对铁冶的控制，明太祖设 13 处铁冶所官，将其收归官营，由专官管理。[④]

后来，明太祖不时严惩建言采矿者。洪武十年（1397 年），山东临淄县丞王基被免职，即与他“乞发山海之藏以通宝路”，力主采矿冶炼取利有关。[⑤] 洪武十五年（1382 年），北平布政使司广平府吏王允道建议明政府役民 15000 户，在河南彰德府磁州临水镇采铁冶炼。明太祖认为其主张于富民和众多百姓休养生息不利，遂怒杖王氏，流放海外。[⑥] 虽然明太祖此举有阻塞言路之虞，但于中我们不难发现他对矿冶态度消极。

洪武中期，明廷强化“重本抑末”。洪武十四年（1381 年），规定农民可以穿绸纱绢布，商贾只许穿绢布。如农家有一人经商，即不许穿绸

---

① （明）宋应星：《天工开物》卷下《燔石第十四卷·银》，明崇祯十年刻本。

② 《明太祖实录》卷三一，“洪武元年三月甲申”条，台北：台湾历史语言研究所，1962 年校勘本，第 538 页。

③ （明）舒化：《大明律附例》之《大明律》卷二四《刑律七》，明嘉靖年间刻本。

④ 《明太祖实录》卷八八，“洪武七年四月癸卯”条，台北：台湾历史语言研究所，1962 年校勘本，第 1567 页。

⑤ 《明太祖实录》卷一一二，“洪武十年五月”条，台北：台湾历史语言研究所，1962 年校勘本，第 1859 页。

⑥ 《明太祖实录》卷一四五，“洪武十五年五月丙子”条，台北：台湾历史语言研究所，1962 年校勘本，第 2280 页。

纱。后来，又特许农夫戴斗笠、蒲笠自由出入市井，不务农者不许。[①] 明太祖亦认为务农是百姓谋生致富的最佳途径，百姓贫富关乎国家命运，“民富则亲，民贫则离”。[②] 在他看来，矿冶逐末疲民，与休养生息、“重本抑末”的政策相左。因此，洪武十五年（1382 年），他借口“为物劳民”非善政，命停采山东济南、青州和莱州 3 府的铅矿。[③] 洪武十八年（1385 年），他又借口采铁冶炼“劳民”，“罢各布政使司煎炼铁冶”。[④] 洪武二十年（1387 年），他又否定府军前卫老校丁成请在河南陕州上绞、下绞、上黄塘、下黄塘等处采银的建议，认为采矿会长期加重百姓负担，言矿利者乃“戕民之贼”。[⑤]

可以说，洪武中期以前明廷厉行矿禁的态度比较坚决，这与此期急需稳定社会秩序、发展农业生产有很大的关系。

然而，虽然明廷非常重视农业，但百姓安身立命的方法并非仅囿于耕作，从事矿业即为一条重要途径；再者，矿业于国计民生不可或缺，特别是明初多战事，“非铁无以资军用”；[⑥] 此外，宫廷日常生活、各种烦琐的礼仪、必需的铸币与赏赐等，皆离不开金、银、铜、铁、锡诸矿产。明廷逐渐意识到矿业的重要性，因此，洪武后期，随着社会渐趋稳定，为满足国计民生需要，其矿禁政策有所松动。如明太祖借口冶铁疲民，于洪武十八年（1385 年）“罢各布政使司煎炼铁冶”，[⑦] 但后因“旧贡十万斤缮治兵器”的云子铁唯山西交城县出产，明廷只好在山西复设铁冶。不久，“武

① （明）申时行、赵用贤等：《（万历）大明会典》卷六一《礼部十九·冠服二·士庶巾服》，明万历十五年刻本。

② 《明太祖实录》卷一七六，“洪武十八年十一月甲子”条，台北：台湾历史语言研究所，1962 年校勘本，第 2669—2670 页。

③ 《明太祖实录》卷一五〇，“洪武七年十二月辛丑”条，台北：台湾历史语言研究所，1962 年校勘本，第 2371 页。

④ 《明太祖实录》卷一七六，“洪武十八年十二月”条，台北：台湾历史语言研究所，1962 年校勘本，第 2674 页。

⑤ 《明太祖实录》卷一八〇，“洪武二十年正月丙子”条，台北：台湾历史语言研究所，1962 年校勘本，第 2724—2725 页。

⑥ 《明太祖实录》卷一四，“甲辰（至正二十四年）四月丙午”条，台北：台湾历史语言研究所，1962 年校勘本，第 193 页。

⑦ 《明太祖实录》卷一七六，“洪武十八年十二月”条，台北：台湾历史语言研究所，1962 年校勘本，第 2674 页。

昌、吉州以次复焉”。[①] 洪武十九年（1386 年），明廷开始建福建漳州府龙溪县银屏山银场局的 42 座“炉冶”。后来，浙江温州府和处州府的平阳、丽水等 7 县亦设“场局”，每年各纳税银 2000 余两。[②]

洪武后期，明廷不仅一定程度上默许民营矿业存在，而且对其课税率较低。洪武二十六年（1393 年），明政府对采煤的课税率为“十分取二”。[③] 至洪武二十八年（1395 年），内库贮铁达 3743 万多斤，已足够国用，于是明廷废除各处的官营铁冶，听任百姓采炼，“岁输课程每三十分取其二”，[④] 课税率很低。此后，官营铁冶日少，民营铁冶渐多。此年十一月，明太祖还命中都留守司的士卒在洛河山采煤，以供军士造器械，省民力。[⑤] 洪武三十年（1397 年），他以采铁冶炼害民，命罢各处的铁冶所。随后废除山西交城县大通冶、吉州丰国冶和富国冶，江西临江府新喻冶、袁州府分宜冶，湖广武昌府兴国冶，河南钧州冶、新安冶，四川蒲江县新市冶等 9 处铁冶所，[⑥] 革除设于洪武七年（1374 年）的冶铁机构，由民间经营铁冶。简言之，洪武后期，为适应形势变化，明廷调整了矿业政策。

由上可见，洪武前中期，为尽快恢复发展萧条的社会经济，巩固新政权，明廷以稳定社会秩序、发展农业为急务。作为贯彻与民休息、“重本抑末”政策的重要一环，明政府厉行矿禁，对矿业发展多有抑制。但是，矿业毕竟是社会经济的重要组成部分，矿产在政治、经济、军事和日常生产生活方面不可或缺，因此，洪武后期，随着政权日益稳固，明廷逐渐意识到发展矿业的重要性，着手调整禁矿政策，这非常有益于矿业发展。一言以蔽之，洪武时期，明廷的矿业政策虽以严禁为基调，但也呈现一定的

---

① （清）张廷玉等:《明史》卷八一《食货志五·坑冶》，北京：中华书局，1974 年点校本，第 1973 页。

② （清）张廷玉等:《明史》卷八一《食货志五·坑冶》，北京：中华书局，1974 年点校本，第 1970 页。

③ （明）申时行、赵用贤等:《（万历）大明会典》卷二〇四《抽分》，明万历十五年刻本。

④ 《明太祖实录》卷二四二，“洪武二十八年闰九月庚寅”条，台北：台湾历史语言研究所，1962 年校勘本，第 3518 页。

⑤ 《明太祖实录》卷二四三，“洪武二十八年十一月壬戌”条，台北：台湾历史语言研究所，1962 年校勘本，第 3527 页。

⑥ 《明太祖实录》卷二五二，“洪武三十年四月丁酉”条，台北：台湾历史语言研究所，1962 年校勘本，第 3645 页。

灵活性。

（二）禁弛无常：永乐至正德时期的矿业政策

永乐以降，随着政局变动，明廷在洪武后期放宽矿禁的趋势中断了。明成祖夺得政权后，为尽快稳定社会秩序，稳固统治，加之受洪武前中期严禁矿冶政策影响，又严矿禁，禁止开采金银等矿，而且“民间交易，用银仍有厉禁”。① 永乐十年（1412 年），广西河池县民奏请采本县的银矿以“大发”，湖广长沙府也有人建议征发百姓采炼当地的铜矿获利，明成祖称“国家所重在民安，不在于利”，断然拒绝。② 他较坚决的禁矿态度深深影响了其子孙的矿业政策，明仁宗和宣宗“仍世禁止，填番禺坑洞，罢嵩县白泥沟发矿”，③ 所谓“二祖、仁、宣盖未尝沾沾坑冶之利也”。④ 宣宗尤甚。宣德二年（1427 年），他命停云南“新兴等场煎办银课”。⑤ 次年，又命禁采广东番禺县的铅砂，塞所有坑洞，称“国家之利不借此，民亦免逐末之弊”。⑥ 宣德四年（1429 年），广东南海县民叶发请在番禺县迳口“开冶置官”，烹炼银矿，也被他拒绝。⑦

明英宗和景帝统治时，明廷一再申明矿禁。宣德十年（1435 年）正月英宗继位后，即命停征“各处闸办金、银、朱砂、铜、铁等课”，封闭坑冶，差官速回京，不得托故滞留。⑧ 正统初年，福建、浙江的大规模盗采

---

① （清）张廷玉等：《明史》卷七八《食货志二》，北京：中华书局，1974 年点校本，第 1895 页。

② 《明太宗实录》卷一二八，“永乐十年五月丁亥”条，台北：台湾历史语言研究所，1962 年校勘本，第 1592—1593 页

③ （清）张廷玉等：《明史》卷八一《食货志五》，北京：中华书局，1974 年点校本，第 1970 页。

④ （清）陈梦雷：《古今图书集成经济汇编·食货典》卷二五三《明食货志·上供采造二》，清雍正六年铜活字本。

⑤ 《明宣宗实录》卷二八，“宣德二年六月壬戌”条，台北：台湾历史语言研究所，1962 年校勘本，第 741 页。

⑥ 《明宣宗实录》卷四二，“宣德三年闰四月庚子”条，台北：台湾历史语言研究所，1962 年校勘本，第 1034—1035 页。

⑦ 《明宣宗实录》卷六〇，“宣德四年十二月丙子”条，台北：台湾历史语言研究所，1962 年校勘本，第 1426 页。

⑧ 《明英宗实录》卷一，“宣德十年正月壬午”条，台北：台湾历史语言研究所，1962 年校勘本，第 12 页。

银矿活动严重冲击官矿和社会秩序，明廷遂严矿禁。正统三年（1438年），明廷下令“罢闸办银课，封闭各处坑穴”，福建、浙江等处军民私煎银矿者，正犯处死，“家口迁化外”，调军剿捕潜逃的盗矿私冶者。正统五年（1440年），又令浙江、福建按察司各派1名官员提督银坑，调军捕获聚众偷挖者，首犯枭首示众，从犯及“诱引通同有实迹者”，与家小充军云南边卫。正统九年（1444年），英宗命浙江和福建布政司各添设1名参议“专理巡矿，禁约偷采”。次年，令浙江都司添设1名都指挥佥事专管银场。① 正统年间，禁军民潜取四川东川府会川卫山的青、银、绿、铜。② 景泰元年（1450年），明廷封闭所有银场。③ 天顺七年（1463年），英宗又命“封闭各处坑场，停止煎办银课，取回内外官员”。④

成化年间，明廷也厉行矿禁。成化元年（1465年），明廷规定凡偷掘银矿者，依法问罪，“枷号三个月发落”。成化五年（1469年），又规定四川军民偷采白铜者，为首枷号1个月，依法问罪，“官军原管事者带俸，原带俸者守哨”。⑤ 因矿徒参与“荆襄之乱”，在成化七年（1471年）平定这次变乱后，明廷为解决荆州、襄阳一带的流民问题，厉行矿禁，禁止冶银。河南南阳县唐佛山银洞岭的矿洞即因此废弃。⑥ 成化十七年（1481年），明政府下令封闭云南路南州的铜场，免征铜课，私贩铜货出境者处死，全家充军到烟瘴地方。成化二十年（1484年），又规定云南宁州等处军民客商有偷采铜矿私煎及潜行贩卖出境者，照路南州例惩处。⑦

弘治年间，矿禁更严。弘治元年（1488年），明廷重申禁令：偷采银矿者，初犯枷号3个月，期满“哨瞭摆站”；再犯免枷号，籍贯属河南者

① （明）申时行、赵用贤等：《（万历）大明会典》卷三七《户部二十四·金银诸课》，明万历十五年刻本。

② （清）陈梦雷：《古今图书集成经济汇编·食货典》卷二五三《明食货志·上供采造二》，清雍正六年铜活字本。

③ 《明英宗实录》卷二二一，“景泰三年闰九月癸未”条，台北：台湾“中央研究院”历史语言研究所，1962年校勘本，第4791页。

④ （明）王圻：《续文献通考》卷二七《征榷考·坑冶》，明万历三十年刻本。

⑤ （明）申时行、赵用贤等：《（万历）大明会典》卷三七《户部二十四·金银诸课》，明万历十五年刻本。

⑥ 光绪《南阳县志》卷二《疆域》，清光绪三十年刊本。

⑦ （明）申时行、赵用贤等：《（万历）大明会典》卷三七《户部二十四·金银诸课》，明万历十五年刻本。

充军辽东边卫，属浙江者充军福建沿海卫所，属福建者充军浙江沿海卫所，家小随往。今后所获盗矿者，不分初犯再犯，免枷号径解原拟都司卫所充军。① 这就加大了惩治违禁采冶者的力度。同年，明政府罢福建浦城县的“废坑银冶”。② 次年，又封闭四川密勒山的银场。弘治五年（1492年），因“岁办银课累民赔纳”，明孝宗命减免浙江、福建等处的银课，填塞矿穴，撤回添设的巡矿官。弘治十三年（1500年），明政府规定盗采银矿等矿砂，系山洞捉获曾持杖拒捕者，不论人数多寡，矿之轻重，及聚众至30人以上，分矿至30斤以上者，俱不分初犯再犯，发配边卫充军；若未达到规定数量又不拒捕者，初犯枷号3个月发落，再犯免枷号，充军边卫；“其私家收藏，道路背负者”，抓获照常发落。③ 弘治十六年（1503年），又封闭四川、山东的矿穴。④

正德年间，明政府沿用弘治时限制采矿的政策。正德三年（1508年），它下令照旧封闭河南宜阳县赵保山、唤乡洼，永宁县秋树坡等处，卢氏县高嘴儿等处，以及嵩县马槽山等处的银矿洞。⑤ 正德八年（1513年），准许云南巡抚洪远闭塞境内的银矿，以绝“攘夺并起”。正德十六年（1521年），明武宗命封闭云南大理府新兴县等县的矿场，“不得妄启”。⑥

由上可见，永乐至正德年间，明廷又厉行矿禁，封闭许多矿洞矿冶，违者或处死，或枷号，或充军，此期的矿业政策基本上与洪武前中期的矿禁政策一脉相承。

尽管永乐至正德年间明廷长期厉行矿禁，但是如前所言，矿业乃社会发展所必需，其利润亦诱人，这决定了此期明廷不可能绝对禁止矿冶，也不会长期不调整矿业政策。永乐年间，明廷即借鉴洪武中后期放松矿禁的做法，在厉行矿禁时不时变通，曾开采陕西商县凤凰山的银坑8处，福建

---

①（明）何乔新：《椒邱文集》卷三二《奏议集略》，影印文渊阁《四库全书》第1249册，台北：台湾商务印书馆，1986年版，第514页。

②（清）张廷玉等：《明史》卷八一《食货五》，北京：中华书局，1974年点校本，第1971页。

③（明）王圻：《续文献通考》卷二七《征榷考·坑冶》，明万历三十年刻本。

④（清）张廷玉等：《明史》卷八一《食货五》，北京：中华书局，1974年点校本，第1971页。

⑤（明）王圻：《续文献通考》卷二七《征榷考·坑冶》，明万历三十年刻本。

⑥（明）徐学聚：《国朝典汇》卷一九六《工部·开矿》，明天启四年刻本。

浦城县马鞍等银坑3处，又派官员往湖广和贵州采办金银，“设贵州太平溪、交阯宣光镇金场局、葛容溪银场局、云南大理银冶”。[①] 有些地方还允许民间采银煎炼。福建尤溪县百姓朱得立就获准在本县银屏山采炼银矿，年纳税银36两。[②] 明成祖对矿冶时禁时允的政策为其后代所沿袭。宣德六年（1431年），应河南官员所请，明宣宗准许在嵩县采银。[③] 宣德十年（1435年），即位不久的明英宗也下诏放松矿禁道：

各处山场、园林、湖池、坑冶及花果树木等件，原系民业，曾经官府采取，见有人看守及禁约者，自今听民采取，不许禁约。其看守内外官员人等，各回原职役。[④]

此举表明明廷大幅度放松了矿禁，这非常有利于矿业发展。此后，明廷频有采矿之举。正统九年（1444年），明英宗命户部右侍郎王质赴福建、浙江重开银场。[⑤] 次年，又差官往两省的“新旧坑场提督煎办银课”。[⑥] 景泰初，明廷虽封闭各处银场，但因“禁网既宽，盗矿之徒复起”，遂于景泰三年（1452年）重开浙江处州府松阳县等县的银场。[⑦] 天顺二年（1458年），明英宗命中官于浙江、福建、云南“闸办银课”，每年3省各纳银21250两、15120两、52380两。[⑧] 天顺四年（1460年），他又命太监卢永、罗珪，少监冯让和内使何能，分别往浙江、云南、福建和四川“闸办银

---

① （清）张廷玉等：《明史》卷八一《食货志五》，北京：中华书局，1974年点校本，第1970页。

② 《明英宗实录》卷九六，“正统七年九月丙子”条，台北：台湾历史语言研究所，1962年校勘本，第1931页。

③ （清）嵇璜、曹仁虎：《钦定续文献通考》卷二三《征榷考·坑治》，文渊阁《四库全书》第626册，台北：台湾商务印书馆，1986年版，第559页。

④ 《明英宗实录》卷二，“宣德十年二月辛亥”条，台北：台湾历史语言研究所，1962年校勘本，第47页。

⑤ 《明英宗实录》卷一一九，“正统九年闰七月戊寅”条，台北：台湾历史语言研究所，1962年校勘本，第2396页。

⑥ （明）申时行、赵用贤等：《（万历）大明会典》卷三七《户部二十四·金银诸课》，明万历十五年刻本。

⑦ 《明英宗实录》卷二二一，“景泰三年闰九月癸未”条，台北：台湾历史语言研究所，1962年校勘本，第4791页。

⑧ 《明英宗实录》卷二九〇，“天顺二年四月壬戌”条，台北：台湾历史语言研究所，1962年校勘本，第6193页。

课”，共得银183077两。[①] 成化四年（1468年），明政府重开四川密勒山的银场。成化九年（1473年），明宪宗准许开采各处的“新生矿脉山场”。[②] 成化年间，开湖广武陵县等12县的21处金场，每年役使民夫55万，规模很大；云南的银矿亦“屡开”。[③] 正德二年（1507年），应太监秦文所请，明政府复开浙江、福建、四川诸省的银场，闸办银课。[④] 正德九年（1514年），应军丁周达奏请，又开采云南“大理之新兴、北涯，洱海之宝泉，楚雄之南安、广运，临安之判山”的银矿，以及云南府罗次县的铜、锡、青绿，“以益国课”。[⑤]

客观而言，明廷在一定程度上允许采矿冶炼的政策促进了矿业发展。这可以从政府每年的矿课收入中体现出来。永乐元年（1403年）的各类矿课是，金50两、银80185两、铜2423斤、铁79806斤、朱砂1855两。[⑥] 宣德九年（1434年）的各类矿课是，银4198两、铜1989斤、铁555267斤有余，采纳金335两、银327608两、朱砂910多斤。[⑦] 31年间，除铜矿课有所减少外，其他矿课均有不同程度增长。其中，铁和金矿课各增长6倍，银和朱砂矿课各增长4倍多。以福建和浙江而言，永乐年间，“福建岁额增至三万余两，浙江增至八万余”；宣德年间，前者进而增至3万余两，后者也增至9万余两。[⑧]

永乐以降明代矿业的发展，也可以从明政府每年向各地征收的矿产数

---

① 《明英宗实录》卷三一四，“天顺四年四月己酉”条，台北：台湾历史语言研究所，1962年校勘本，第6572页。

② （清）陈梦雷：《古今图书集成经济汇编·食货典》卷三三八《银部汇考一·明》，清雍正六年铜活字本。

③ （清）张廷玉等：《明史》卷八一《食货志五》，北京：中华书局，1974年点校本，第1971页。

④ 《明武宗实录》卷三三，“正德二年十二月壬辰”条，台北：台湾历史语言研究所，1962年校勘本，第815页。

⑤ （清）陈梦雷：《古今图书集成经济汇编·食货典》卷二五三《明食货志·上供采造二》，清雍正六年铜活字本。

⑥ 《明太宗实录》卷三六，“永乐元年十二月”条，台北：台湾历史语言研究所，1962年校勘本，第488—489页。

⑦ 《明宣宗实录》卷一一五，“宣德九年十二月”条，台北：台湾历史语言研究所，1962年校勘本，第2595页。

⑧ （清）张廷玉等：《明史》卷八一《食货志五》，北京：中华书局，1974年点校本，第1970页。

量增加中窥见一斑。以浙江、山西、河南和北直隶而言，4个省每年缴纳的矿产数量增幅都很大，见表4-1。

表4-1　正德以前浙江、山西、河南和北直隶上缴矿产数量

矿产		产地	时期	
			弘治以前	正德时
浙江		金箔	2000贴	16000贴
山西		大甘埚	3000个	24000多个
河南		水胶	2500斤	20000多斤
		黑铅	500斤	4000多斤
北直隶	大名府	细铜丝	300斤	3400多斤
		矾红土	500斤	4000多斤
	河间府	瀛砂	3000斤	24000多斤
		土硝	400斤	3200多斤
	永平府滦州	炉甘石	10000斤	80000斤
	顺天府	青甘土	500斤	4000斤
		水和炭	300000斤	2400000斤
		工部石灰	50000斤	400000斤

资料来源：（明）王世贞：《弇州史料》《前集》卷一五《中官考五》，明万历四十二年刻本。

表4-1显示，弘治以前，明廷每年向各地征收的矿产数量较少，正德时则剧增了约7倍。征收矿课须以采矿数量为基础，采矿数量的多寡又与执行何种矿业政策密切相关。因此，永乐以降矿课大幅度增长，既反映了此期矿业的发展与矿课率的提高，又表明了明廷对矿冶的限制确实减少了，且效果明显。

由上可见，永乐至正德年间，明廷不断申明矿禁，同时，又不时调整矿禁政策，在一定程度上允许采矿冶炼，其矿业政策比较矛盾，带有若隐若现由严趋弛过渡印痕。

（三）矿禁渐弛：嘉靖以降的矿业政策

正德末，朝政混乱，社会矛盾重重，各地的抗争活动不断。因此，嘉靖初期，作为稳定社会秩序的一项重要举措，明廷又严矿禁。如北直隶紫荆关、倒马关等关与山西广昌、灵丘诸县交界处，有木焦山、神堂庵诸矿洞。长期以来，山西流民经常越关偷采，“畿辅游侠、亡命闻风啸集”，不时争杀。嘉靖元年（1522 年），明廷遂封闭这些矿洞，令山西、北直隶“严禁锢守之”。[①] 此年，顺天府昌平州怀柔县富民胡臻等资助矿徒，在蓟州西部瀑水洞盗矿。嘉靖二年（1523 年），官府将他们捕获，各罚银 1000 余两赎罪，当即封闭矿洞，派人看守。[②] 厉行矿禁使明政府征收的矿产数量锐减，较正德时“十省八九”，又恢复到弘治以前的水平，[③] 其影响之大不言而喻。

矿业政策与社会形势、政局等因素密切相关，后来，形势变化强烈冲击着嘉靖初期的禁矿政策——残元势力不断扰边，倭患亦日益严重，明王朝步入多事之秋，财政困难。欲增加收入，除增派赋税加重搜刮百姓外，放松矿禁以多征矿税亦不失为明智之举。缘此，明廷放宽了对矿冶的限制。嘉靖九年（1530 年），它规定“凡山泽之利，除禁例并系民已业外，其余备查，某处已经纳税，某处空闲，内某处堪听民采取，某处堪入官备赈，务在官民两便”，[④] 允许百姓在一定范围内自由采矿，政府只负责征税，官民各取所需。嘉靖十五年（1536 年），明世宗准许武定侯郭勋在顺天府蓟州瀑水洞采银，又命开采云南、河南的银矿。[⑤]

嘉靖中期以降，虏忧倭患愈演愈烈；明世宗醉心于长生成仙，耗财无数；严嵩父子贪腐蛀国……国是日非，明王朝的财政更紧张，急需广辟财源，禁矿政策已不适应形势变化。因此，继嘉靖前期放松矿禁后，嘉靖中期，明廷进一步放松矿禁。嘉靖十六年（1537 年），明世宗下令开采山东沂州宝山的银矿。[⑥] 次年，他准许顺天府房山县百姓传得本等人，在官府

---

① （明）徐学聚：《国朝典汇》卷一九六《工部·开矿》，明天启四年刻本。

② （明）梁材：《驳议差官采矿疏（开复矿厂）》，（明）陈子龙：《明经世文编》卷一〇三《梁端肃公奏议二》，北京：中华书局，1962 年版，第 928 页。

③ （明）王世贞：《弇州史料》《前集》卷一五《中官考五》，明万历四十二年刻本。

④ （明）申时行、赵用贤等：《（万历）大明会典》卷三七《户部二十四·金银诸课》，明万历十五年刻本。

⑤ （清）陈梦雷：《古今图书集成经济汇编·食货典》卷二五三《明食货志·上供采造二》，清雍正六年铜活字本。

⑥ 《明世宗实录》卷二〇四，“嘉靖十六年九月壬午”条，台北：台湾历史语言研究所，1962 年校勘本，第 4263 页。

监督下开采水洞山、浮图峪等处的银矿。[①] 同年，又令开采云南大理等府、河南宜阳等县的银矿，命锦衣千户范镛等查勘各处的矿山。[②] 嘉靖十八年（1539 年），应御史陈褒之请，明廷“遣锦衣卫千户暨守巡官”在福建建宁府采银矿，“聚府城煎销”。[③] 嘉靖三十四年（1555 年），明世宗命户部派官员往四川、山东采银。[④] 次年，他复以军需匮乏，“谕阁部议广开采”。[⑤] 户部遂命四川、山东、河南各省的采银官尽力采取，“各抚按官严督所属”逐一搜访未采之处。明世宗支持此举，进一步放松矿禁。[⑥]

明廷放松矿禁促进了民营矿业发展。嘉靖中期，山西“善冶者”郎龙等人在河南鲁山县青条岭东南山一带设 110 多座冶铁炉，采铁冶铸多种器皿，“民大利焉”。[⑦] 他们公开大规模采铁冶铸，显然事前已获官府准许，否则，必遭后者摧抑，不可能发展到如此大的规模。广东的民营矿业发展更明显。嘉靖三十四年（1555 年），广东布政使司准许百姓在惠州府归善、河源、长乐、兴宁等县已禁革的铁矿山场采冶，设 18 座冶铁炉，每炉“以百人为率”。每年十月初开炉冶炼时，每炉缴税银 10 两，“给票赴道挂号照行，二月终歇工销票。其越境集众侵扰者问遣，税银解司转部接济边储”[⑧]。这些民营铁冶受官府保护。嘉靖时，南雄府潮州海阳、揭阳、程乡、大埔和平远 5 县，每年商民“采山置冶”，“前去收矿炼铁各山座数不等”，共设冶铁炉近 50 座，每炉年纳军饷银 23 两。[⑨] 个别地方甚至允许民间经营金银矿业。如身份若平民的辽东军士余姜贤奏称盖州、归州有金

① 《明世宗实录》卷二〇八，“嘉靖十七年正月壬辰”条，台北：台湾历史语言研究所，1962 年校勘本，第 4316 页。

② （明）徐学聚：《国朝典汇》卷一九六《工部·开矿》，明天启四年刻本。

③ 嘉靖《建宁府志》卷一四《贡赋·坑冶》，明嘉靖二十年刻本。

④ （明）徐学聚：《国朝典汇》卷一九六《工部·开矿》，明天启四年刻本。

⑤ （清）夏燮：《明通鉴》卷六一《纪六十一》，清同治年间刻本。

⑥ 《明世宗实录》卷四三八，“嘉靖三十五年八月辛亥”条，台北：台湾历史语言研究所，1962 年校勘本，第 7526 页。

⑦ 嘉靖《鲁山县志》卷八《古迹·陶冶》，明嘉靖三十一年刻本。

⑧ 嘉靖《惠州府志》卷七（上）《赋役志上》，明嘉靖年间刻本。

⑨ （清）顾炎武：《天下郡国利病书》之《广东中·矿冶》，上海：上海古籍出版社，2012 年校点本。

矿，明廷即任命他为矿长，在县道监督下采金，所得按官四民六分成。[①] 可见，嘉靖时期矿禁松弛促进了民营矿业发展，官民皆从中受益。

当然，明廷并非一味放松矿禁，在嘉靖后期复严矿禁。嘉靖三十六年（1557 年）正月，明世宗封闭北直隶永平府迁安县荆子峪、抚宁县牛栏峪、顺天府昌平州大长峪的矿洞，禁止开采。十二月，他借口冬天寒冷，命暂停在山东、保定、山西、河南采矿，采矿主事张芹、沈应乾与锦衣千户张钺、李铉回京。嘉靖四十二年（1563 年），明政府又严申矿禁道：

自今凡盗掘矿砂者，俱比盗无人看守物准窃盗，每金沙一斤折钞二十贯，银沙一斤折钞四贯，铜、锡、水银等沙一斤折钞一贯，并赃分首从论罪。凡在山洞捕获者，分为三等：以持杖拒捕为一等，不论人赃多寡轻重及初犯、再犯，首从俱戍边；杀伤人，为首者斩。虽不拒捕，若聚众至三十八人，盗矿至三十斤以上为二等，不分初、再犯，为首者戍边，为从枷号三月，论罪发落。如人已及数，矿虽不及，亦坐此例。若人与矿俱不及数，或矿虽及数而人未及为三等，为首初犯枷号三月，照罪发落，再犯亦戍边；为从者止照罪发落。其非山洞捕获，止是私家收藏道、路负背者，惟据见获论罪。[②]

此惩处盗矿的规定与洪武时期的相比，增添了经济处罚，分类细，操作性强。此年，应蓟镇总督刘应节奏请，明世宗还封闭北直隶永平府和顺天府密云县、霸州等处的银矿。[③]

隆庆年间，明穆宗继续实行嘉靖后期厉行矿禁的政策，封闭矿冶。隆庆二年（1568 年），他下令禁采浙江、直隶和江西的矿山，派兵防守各关隘和所经处所，并刊刻《三省矿防图说》分发各处，以便查禁。[④] 又停止

---

① （明）瞿九思：《万历武功录》卷一《两京北直隶·西山硃窝房山易州诸矿盗列传》，明万历年间刻本。

② 《明世宗实录》卷五二八，“嘉靖四十二年十二月戊申”条，台北：台湾历史语言研究所，1962 年校勘本，第 8612—8613 页。

③ （明）徐学聚：《国朝典汇》卷一九六《工部·开矿》，明天启四年刻本。

④ （明）申时行、赵用贤等：《（万历）大明会典》卷三七《户部二十四·金银诸课》，明万历十五年刻本。

在蓟镇采矿，禁采“南中诸矿山”。[①]

万历前中期，明廷沿袭嘉靖后期和隆庆时的矿禁政策，对违禁采矿冶炼者的处罚与嘉靖后期的相比，除将聚众盗矿人数的限定由原来的38人减为30人，更为严格外，其余皆同。[②] 后来随着形势变化，明廷大幅度调整了矿业政策。

明代中后期，商品经济活动日趋活跃，赋役折银制度推行，明政府遂弛用银之禁，“朝野率皆用银，其小者乃用钱”，[③] “海内贸易皆用银钱”。[④] 白银渐成主要流通货币，需求量大增，以至“天下之民皇皇以匮乏为虑者，非布帛五谷不足也，银不足耳”。[⑤] 这极大提高了矿业尤其是银业在社会经济中的地位，成为明廷调整矿业政策的一个重要原因。

万历中期以降，明王朝战事频繁。万历二十年（1592年），明军在宁夏用兵，耗帑金200多万两；这年冬天，历时8年、耗帑金700余万两的“援朝之役”开始。[⑥] 此时，努尔哈赤亦率兵不断扰边掳掠，“辽难日亟，军兴益以繁费”。[⑦] 这一切使明朝的财政日蹙，以致万历二十四年（1596年）三月八日夜，坤宁宫和乾清宫毁于火灾后，[⑧] “营建乏资，计臣束手”。[⑨] 财政困难是明廷调整矿业政策的根本原因。

---

① （清）张廷玉等：《明史》卷八一《食货志五·坑冶》，北京：中华书局，1974年点校本，第1972页。

② （明）申时行、赵用贤等：《（万历）大明会典》卷一六八《刑部十·盗田野谷麦》，明万历十五年刻本。

③ （清）张廷玉等：《明史》卷八一《食货志五·钱钞》，北京：中华书局，1974年点校本，第1964页。

④ （明）谢肇淛：《滇略》卷四《俗略》，影印文渊阁《四库全书》第494册，台北：台湾商务印书馆，1986年版，第135页。

⑤ （清）张廷玉等：《明史》卷二一四《靳学颜传》，北京：中华书局，1974年点校本，第5669页。

⑥ （清）张廷玉等：《明史》卷三〇五《陈增传》，北京：中华书局，1974年点校本，第7805页。

⑦ （清）汪有典：《史外》卷四《张忠烈等传》，清乾隆十四年刻本。

⑧ 《明神宗实录》卷二九五，“万历二十四年三月乙亥”条，台北：台湾历史语言研究所，1962年校勘本，第5482页。

⑨ （清）张廷玉等：《明史》卷三〇五《陈增传》，北京：中华书局，1974年点校本，第7805页。

明神宗贪财好货，向“以金钱珠玉为命脉”，[①] 则是明廷调整矿业政策的直接原因。万历十二年（1584 年）以降，“奸民屡以矿利中上心”，神宗跃跃欲试，后来虽被群臣劝止，但他“意殊怏怏”。[②] 平时他挥霍无度，嗜财如命，“取银动至几十万两，索潞绸至几千匹，甚至拷宦官得银则喜，无银则不喜”。[③] 诸如“天地生财本以资国家之用，况今帑藏无余财，山泽无遗利，则权宜开矿亦是理财一策”；[④] 矿洞“诚国家之外帑”，采矿不损官瘠民，不开采“委至宝于土壤砂石之内”很可惜等言论，[⑤] 也颇动其心旌。

在以上诸多因素影响下，为财政困难烦恼的明神宗坚信开矿抽税乃用天地自然之利，既“济助大工”，又不累民，[⑥] 遂调整矿业政策。万历二十四年（1596 年）营建坤宁宫和乾清宫时，府军前卫副千户仲春“请开矿助大工”。[⑦] 他为摆脱财政窘境，更为聚敛财富以便挥霍，遂下诏采矿冶炼。[⑧] 此后，“废弁、白望献矿峒者日至”，处处开矿，矿使四出，矿禁形同虚设。[⑨] 万历二十五年（1597 年）六月十九日，皇极殿、建极殿和中极殿发生火灾，文昭阁和武成阁周围的廊房俱成灰烬。[⑩] 万历二十七年

---

① （清）张廷玉等：《明史》卷二三七《田大益传》，北京：中华书局，1974 年点校本，第 6172 页。

② （清）陈梦雷：《古今图书集成经济汇编·食货典》卷二五三《明食货志·上供采造二》，清雍正六年铜活字本。

③ 《明神宗实录》卷二一八，“万历十七年十二月甲午”条，台北：台湾历史语言研究所，1962 年校勘本，第 4086 页。

④ （明）王锡爵：《王文肃公文集》卷三六《请止开矿公疏》，明万历年间刻本。

⑤ （明）张萱：《西园闻见录》卷九二《工部八·坑冶》，北京：北京全国图书馆文献缩微复制中心，1996 年，第 1704 页。

⑥ 《明神宗实录》卷四一六，“万历三十三年十二月壬寅”条，台北：台湾历史语言研究所，1962 年校勘本，第 7814 页。

⑦ （清）龙文彬：《明会要》卷五七《食货五·坑冶》，北京：中华书局，1998 年版。

⑧ （清）嵇璜、曹仁虎：《钦定续文献通考》卷二三《征榷考》，文渊阁《四库全书》第 626 册，台北：台湾商务印书馆，1986 年版，第 568 页。

⑨ （清）张廷玉等：《明史》卷八一《食货五·坑冶》，北京：中华书局，1974 年点校本，第 1971 页。

⑩ 《明神宗实录》卷三一一，“万历二十五年六月戊寅”条，台北：台湾历史语言研究所，1962 年校勘本，第 5810—5811 页。

（1599年），明廷又在四川播州宣慰司用兵，费帑金二三百万两，“国用大匮”。[①] 这更坚定了明神宗采矿抽税以缓解财政压力的决心。

采矿所得，多流入矿使的私囊，归公者十不及一，加之矿使多为非作歹，致使民怨沸腾，朝臣纷争。所谓“矿税繁兴，万民失业，朝野嚣然，莫知所计”。[②] 在这次开矿过程中，统治集团围绕实行何种矿业政策不断博弈。

早在万历二十四年（1596年）开矿伊始，户科给事中程绍即反对这次采矿说，矿徒“盖半资于开采，而半资于劫掠”，力主停采。[③] 次年四月，巡按河南监察御史姚思仁奏说这次采矿有“召乱”“浪费”“激变”等害，劝明神宗立即停止。[④] 五月，刑部左侍郎吕坤也抨击这次采矿“朝廷得一金，郡县费千金”，“民多累死”，吁请停采。对反对采矿者，明神宗轻则不理睬，重则“严旨切责”，[⑤] 甚至将“建言及忤矿税珰者辄下诏狱”。[⑥]

明神宗拒谏，包庇矿使，加剧了这次矿灾。万历三十年（1602年）面对严重的矿害，病情加重的他被迫命内阁首辅沈一贯拟旨停采矿，召回矿使。但他在病情好转后即食言。此后朝臣“疏请者日相继”，而他皆不理睬，致使“矿税之害”日甚一日，矿使“所至横暴，奸人乘机虐民者愈众”。[⑦] 后来他又病重，自以为行将就木，乃于万历三十三年（1605年）

---

① （清）张廷玉等：《明史》卷三〇五《陈增传》，北京：中华书局，1974年点校本，第7805页。

② 《明神宗实录》卷三四八，“万历二十八年六月丁丑”条，台北：台湾历史语言研究所，1962年校勘本，第6493—6494页。

③ （明）程绍：《直陈开矿利害恳乞圣明敕部酌议以杜乱萌事》，（明）董其昌：《神庙留中奏疏汇要》“户部类”卷一，《续修四库全书》第470册，上海：上海古籍出版社，2002年版，第266—267页。

④ （明）姚思仁：《中原困疲乞停开采疏》，（明）吴亮：《万历疏钞》卷二九《矿税类》，明万历三十七年刻本。

⑤ （明）吕坤：《直陈天下安危圣躬祸福以保万年永祚疏》，（明）吴亮：《万历疏钞》卷一《圣治类》，明万历三十七年刻本。

⑥ （清）张廷玉等：《明史》卷九五《刑法志三》，北京：中华书局，1974年点校本，第2333、2338页。

⑦ 《明神宗实录》卷三六八，“万历三十年二月己卯”条，台北：台湾历史语言研究所，1962年校勘本，第6881—6882页。

承认采矿得不偿费，破坏地脉，下令停采。[①] 孰料这次他又食言。直到万历四十八年（1620 年）他去世，明廷才停征矿税，尽撤矿使，复严矿禁。[②]

这次放开矿禁采矿抽税的流毒遍及天下，贻害无穷，致有“明之亡不亡于崇祯，而亡于万历”之说。[③] 万历中后期这种掠夺性矿业政策的影响之恶劣深远，不言而喻。

天启以降，明王朝内外交困，财政更紧张。为缓解财政压力，屡有言开矿者，“初犹禁不行”。天启三年（1623 年），顺天巡抚岳和声也奏请开采滦州偏山的铅矿、铜矿和遵化的铁矿，但无果而终。[④]

崇祯时，百姓为生活所迫，纷纷揭竿而起。有些大臣遂建议朝廷将采矿作为安抚贫民的一条途径，放松矿禁。崇祯七年（1634 年），兵部右侍郎杨嗣昌即针对中原连年饥荒、“群盗蜂起”，建议朝廷放宽矿禁，允许人们开采金、银、铜、锡等矿产，以解散其党。[⑤] 次年，他又奏请放宽矿禁说，采矿可以安抚贫民，瓦解“盗贼”，待羽翼散尽，其首领必势蹙而亡，则“官兵所与战者无多，饷费省约”，这对消除中原之患，安定天下有特殊的妙用。[⑥] 崇祯帝非常重视此建议，他责令户部讨论此策的可行性。户部回奏说，流寇本是良民，迫于饥寒才“啸聚弄兵”，他们与官府为敌已六七年，“方谓官兵莫可谁何，焉肯俛首就抚?”若将其聚于深山大谷中的矿所，无人管辖，即便他们已洗心革面，但“目不习辨砂，手不闲凿洞”，聚而不散，势必还作乱，力主仍严矿禁。[⑦] 而崇祯帝不为所动，对于杨嗣

---

① 《明神宗实录》卷四一六，“万历三十三年十二月壬寅”条，台北：台湾历史语言研究所，1962 年校勘本，第 7814 页。

② （明）文秉：《先拨志始》卷上，北京：中华书局，1985 年版，第 22 页。

③ （清）赵翼：《廿二史札记》卷三五《万历中矿税之害》，北京：中华书局，1985 年版，第 731 页。

④ （清）陈梦雷：《古今图书集成经济汇编 · 食货典》卷二五三《明食货志 · 上供采造二》，清雍正六年铜活字本。

⑤ （清）张廷玉等：《明史》卷二五二《杨嗣昌传》，北京：中华书局，1974 年点校本，第 6509 页。

⑥ （明）杨嗣昌：《杨文弱先生集》卷七《贼患甚深再剖愚忠疏》，清初刻本。

⑦ （明）佚名：《内有“督臣杨嗣昌”残稿》，《明清史料》辛编上册，北京：中华书局，1987 年版，第 361—362 页。

昌的建议，“颇采用其言”，[①] 于崇祯九年（1636 年）下令开采铜、铁、铅、银等矿，“以储国用”，[②] 放宽了矿禁。

同年，兵部左侍郎卢象升奏请崇祯帝进一步放松矿禁，力主除不采银矿外，可令士兵于训练之暇，就近采铜、铁、铅、硝等矿，则政府既“省买运之费量给贫军，使免枵腹之虞”，又收铜、铁、铅、硝之利，有益无损。[③] 面对危局，为缓和财政压力，也为给贫民穷军以生路，崇祯十年（1637 年），明廷采纳太监梁弘泰的建议，令“有矿州县给照商民开采输纳”，近乎取消矿禁。山东登莱巡抚杨文岳反对此举，遭崇祯帝痛责。此后，大臣争言矿利，山西巡抚宋贤山请采五台山之铜，云南布政使吴兆元请采该省的铜矿，陕西巡抚汪乔年请采炼宁羌略阳的铜矿……[④]而随着形势急剧恶化，明王朝疲于自救，无暇顾及采矿，大幅度放松矿禁的效果不得而知。

简言之，嘉靖至明末，为适应形势变化，明廷不断调整矿业政策，减少对矿冶的诸多限制。尽管这一历程坎坷，但矿禁逐渐松弛毕竟是大势所趋。

综上所述，明代的矿业政策演变可谓一波三折，它大致以永乐朝和嘉靖朝为界分为三个阶段：洪武时期，为尽快稳定社会秩序，巩固新政权，明廷实行与民休息、“重本抑末”政策，限制矿冶即是推行此政策的重要一环。此期，明廷对发展矿业的态度消极，以抑制为主，这在洪武前期尤为明显。洪武后期，明廷调整了矿业政策，不乏灵活性。永乐至正德时期，明廷对矿冶时允时禁，态度摇摆，矿业政策具有明显的矛盾性和过渡性，这对矿业发展产生了双重影响。嘉靖以降，随着财政日益紧张，加之商品经济发展、白银货币化，矿禁逐渐松弛。尽管在此阶段明廷的矿业政策多有反复，但总体上日渐宽松，矿禁趋于消失。其间，明神宗强推掠夺

---

① （清）陈梦雷：《古今图书集成经济汇编·食货典》卷二五三《明食货志·上供采造二》，清雍正六年铜活字本。

② 《崇祯实录》卷九，“崇祯九年十月甲午”条，台北：台湾历史语言研究所，1962 年校勘本，第 296—297 页。

③ （明）卢象升：《卢公奏议》卷五《宣云奏议·用人修具饬法治兵疏》，清道光九年刻本。

④ （清）陈梦雷：《古今图书集成经济汇编·食货典》卷二五三《明食货志·上供采造二》，清雍正六年铜活字本。

性的矿业政策，带来了长期严重的矿灾；崇祯年间，为应对各种危机，明廷不断大幅度放松矿禁，但其成效似乎并不明显。

纵观有明一代，我们不难发现，其矿业政策演变实际上是明代社会变迁的一个缩影，它随社会形势的变化而变化。即使在每个阶段，明廷的矿业政策也并非固化，而是不断调整，以谋取明统治者的利益最大化。一言以蔽之，明代矿业政策演变具有明显的阶段性、功利性、多变性和复杂性，其历程虽然坎坷，但总体上矿禁日趋松弛，最终近乎消失。这深深地影响了各地的矿冶活动和百姓生活，影响了明代社会经济发展，也在一定程度上影响了明王朝的命运。

二、清代矿业政策之演变

学界研究清朝矿业政策者不多，杨余练、王开玺和常建华诸学者，对清代前期的开矿政策演变进行了研究；赵长贵在探讨明清采矿活跃的原因时，略论及清代采矿政策渐趋松弛的变化。他们认为，清代中原地方官员对采矿的争论非常激烈，其态度经历了一个由保守到开放的渐变过程。但是，这些学者的视野多局限于清代前期，而非长时段地考察此问题。[①] 除此之外，据笔者目力所及，学界专门研究清代矿业政策演变的专论尚付阙如，这为本部分的研究留下了不小的探究空间。

清代，鉴于“前代矿税之害与矿徒之扰”，对于采矿建议，清廷常慎重其事，“虽或抽税以充鼓铸，亦不设之专官，防滋扰也”，[②] 不轻易批准，其采矿政策一波三折，经历了一个曲折的演变过程。

（一）清代前期对开矿的限制

清初，战争不断，军需孔亟，统治者为缓解财政压力，对采矿冶炼持放任态度，任由人们开矿，纳税于官府。只是“若有碍禁山风水、民田庐

① 杨余练：《康雍时期矿业政策的演变》，《社会科学辑刊》1983 年第 2 期；王开玺：《清前期矿务政策述评》，《安徽史学》1992 年第 2 期；常建华：《康熙朝开矿问题新探》，《史学月刊》2012 年第 6 期；赵长贵：《矿之诱惑：明清中原采矿活跃原因探析》，《中国矿业大学学报（社会科学版）》2013 年第 4 期，等等。

② （清）王庆云：《石渠余纪》卷三《纪矿政》，清光绪十六年刻本。

墓，及聚众扰民，或岁歉谷踊”才封禁。[①] 全国统一后，百废待举，如何发展农业生产，安定社会秩序，以巩固其封建统治，是清统治者面临的主要任务。为驱惰民归农，稳定社会秩序，加之财政状况好转，清政府遂改变以前的放任采矿冶炼政策，基本上封禁金、银、铜、铁和铅等矿厂，政府只经营很少的官营铁矿，其余则封禁，不准开采。顺治九年（1652 年），清廷鉴于明朝万历年间差官开矿，不仅“徒亏工本，无裨国计”，而且“差官乘机射利，遍肆索诈，掘人冢墓，毁人田庐，不胜其扰”，遂下令“严行禁止”开矿。[②] 这种状况一直延续到康熙中期。

康熙十二年（1673 年），吴三桂在云南昆明率先向清廷发难，历时八年的“三藩之乱”（1673—1681 年）爆发。起初，清军在战场上节节失利，非常被动。清王朝因军需骤增，财政异常紧张，社会矛盾也非常尖锐，统治摇摇欲坠。在此非常严峻的形势下，为缓和社会矛盾，增加财政收入，康熙十四年（1675 年），清政府遂调整采矿政策，下令道：

> 各省产铜及白黑铅处所，有民具呈愿采，该督抚选委能员监管采取。若地方官不准，愿采之民赴部控告。查果采得铅铜者，将不准采地方之官革职。[③]

清廷破天荒允许采矿者控告阻挠采矿的地方官员，如果属实即将该官员革职，严惩不贷。此举对采矿者来讲，无疑是很大的鼓励。但是，清廷允许采矿的范围仍然很小，仅局限于铅和铜，这对发展矿业来说，是远远不够的。清朝比较完整的铜铅矿业政策，是在康熙十八年（1679 年）形成的。[④] 此时平定“三藩之乱”的战事，清廷已取得决定性胜利，稳操胜券。因此，如何尽快恢复长期饱受战乱摧残的南方社会经济，就成为清廷面临的主要任务，而铸造钱币是发展社会经济的重要一环。康熙十八年（1679

---

① （民国）赵尔巽等：《清史稿》卷一二四《食货志五 · 矿政》，北京：中华书局，1976 年版，第 3664 页。

② 《清世祖实录》卷七〇，“顺治九年十二月辛酉”条，《清实录》第 3 册，北京：中华书局，1985 年影印本，第 556 页。

③ 乾隆《江南通志》卷八二《食货志 · 采铜条例》，影印文渊阁《四库全书》第 509 册，台北：台湾商务印书馆，1986 年版，第 361 页。

④ 杨余练：《康雍时期矿业政策的演变》，《社会科学辑刊》1983 年第 2 期。

年)，康熙帝策试全国贡士马教思等人于太和殿前，所出试题就涉及如何解决铸币用铜不足的问题，他对考生如是说：

农务兴而野无旷土，国计裕而泉货流通，豫大丰亨，洵郅隆之理也。……国家藏富于民，必使人无游惰，然后田野辟而生聚蕃。比年以来，劝农垦荒之令屡下，乃地利未尽，污莱尚多，抑有司奉行弗力耶？将督课者循名而未责其实也？自昔九府圜法，所以便民利用。鼓铸之设，其来旧矣。迩以铜不足用，铸造未敷，有以开采议者，有以禁民耗铜议者，果行之可永利乎？或二者之外别有良策欤？尔多士留心经济，其详切敷陈，勿泛勿隐，朕将亲览焉。①

康熙帝以科举试题的方式征求解决铸币用铜不足问题的方法，此举在历史上似乎是首创，之前还没有哪位帝王这样做过，这足见他对这一问题的高度重视。为解铜少不敷铸造钱币的燃眉之急，清廷已到饥不择食的地步。康熙十八年（1679 年），康熙帝要求将部院衙门的废铜器皿、毁坏铜钟、废红衣大小铜炮，以及各省所存废红衣大小铜炮，一律解部鼓铸铜钱。② 但是这并不能从根本上解决铜、铅极度匮乏的问题。清廷遂制定《钱法十二条》，除严令相关官员加大购铜的力度，限制百姓日常用铜外，允许民间开采铜矿和铅矿，“凡一切有铜及白黑铅处所，有民具呈愿采，该地方督抚即选委能员监管采取”。③ 同年，清廷修改征矿课办法，鼓励官民开采铜矿和铅矿道：

各省采铜、铅处，令道员、总理、府佐分管，州县官专司，任民采取。八分听民发卖，二分纳官，造册季报。近坟墓处，不许采取，事有未便，该督抚题明停止。道厅官如得税铜、铅，每十万斤记录一次，四十万斤加一级；州县官得税，每五万斤记录一次，二十万斤加一级；所得多者，照数议叙；上司诛求逼勒者，从重议处。其采取铜、铅，先听地主报

① 《清圣祖实录》卷八〇，“康熙十八年三月乙卯”条，《清实录》第 4 册，北京：中华书局，1985 年版，第 1020—1021 页。

② 《清圣祖实录》卷八四，“康熙十八年九月乙巳”条，《清实录》第 4 册，北京：中华书局，1985 年版，第 1072 页。

③ 《清圣祖实录》卷八五，“康熙十八年十月丙寅”条。《清实录》第 4 册，北京：中华书局，1985 年版，第 1078 页。

名采取；如地主无力，听本州县人报采，许雇邻近州县匠役；如有越境采取，并衙役扰民，照光棍例治罪。①

此制度明确了“任民采取”的开矿政策，内容涉及采矿的分成比例、保护坟墓风水、奖励地方官征矿税、采矿限于本地及其采矿权的顺序等方面，这是税后余矿由商人处分的自由发卖制度。这一制度确定的分成比例给予开采者较大优惠，毫无疑问可以调动他们的采矿积极性，征税的加级议叙也调动了管理官员征税的积极性，官民各得其所。后来，铁、锡等矿也基本上照此规定办理，只有金矿银矿的办理有所不同。康熙十九年（1680 年），清政府规定“各省开采所得金银，四分解部，六分抵还工本，按月报核”。② 康熙二十一年（1682 年），为推动矿业发展，云贵总督蔡毓荣向清廷建议：

凡有司招商开矿得税一万两者，准其优升。开矿商民上税三千至五千两者，酌量给与顶带，使知鼓励。又严禁别开官硐，严禁势豪霸夺民硐，斯商民乐于趋事，而成效速矣。盖官开则必派取，民开则自顾觅。矿夫、民夫各有本业，或力不能深入，矿硐往往半途而废。且恐派夫扰民，朝廷未见其利，而地方先见其害也。若矿夫多系游手无籍，有膂力而无衣食之人，彼知利不专于官而与民共之，未有不趋赴如市者。矿夫既集，矿税自盈，且予此辈以逐利之途，而渐息其为非之念，是以理财而兼弭盗之一法也。③

蔡氏的采矿可以“理财弥盗”说，从崭新的角度抨击了以往的采矿有害无益论，这是对传统采矿理念的一大发展。可惜清政府不为所动，康熙帝对采矿的态度也日趋保守。康熙二十二年（1683 年），他下令“停止山东、山西、陕西等省开采”，④ 中止开采山西应州、陕西临潼和山东莱阳的

① 乾隆《江南通志》卷八二《食货志·采铜条例》，影印文渊阁《四库全书》第 509 册，台北：台湾商务印书馆，1986 年版，第 361—362 页。

② 乾隆《大清会典则例》卷四九《户部·杂赋上·引式》，影印文渊阁《四库全书》第 621 册，台北：台湾商务印书馆，1986 年版，第 535—536 页。

③ （清）钱仪吉：《碑传集》卷六六《蔡毓荣传》，清道光年间刻本。

④ 乾隆《大清会典则例》卷四九《户部·杂赋上·引式》，影印文渊阁《四库全书》第 621 册，台北：台湾商务印书馆，1986 年版，第 535—536 页。

银矿，并下谕旨说："开矿无益地方，嗣后有请开采者，均不准行。"① 康熙四十二年（1703 年），他再次强调禁止开矿。在他的影响下，一些官员对采矿的态度也趋于消极。康熙四十三年（1704 年），安徽巡抚刘光美在奏报中即批评开采矿产一般会出现的弊端：

山场出产铜铅，为天地自然之利，人所共晓。但利之所在，每有冒称山主，招引外来豪棍充商，募带丁徒，遍搭篷场，十百成群，分布山谷，藉口矿砂，到处发掘。民间或因田舍坟墓所关，或因禾稼树木所系，讦讼争殴，无所不至。迨后矿尽商散，而所招厂丁矿徒，多系赤身游手无籍之辈，一时无所归著，易生事端。充商者则言其利，居民则陈其害，此从来开采山场之大略也。②

康熙帝看过奏折后，深表赞许，批示道："开采山场多弊无益，断然行不得，不必多议。"③ 遂发布谕旨说："闻开矿事情甚无益于地方，嗣后有请开采者，俱著不准行。"④ 决定不再开采新矿。

晚年，康熙帝对采矿的态度再次发生微妙变化，不再一概禁止。康熙五十二年（1713 年），四川提督康泰奏报，已差人尽力驱逐一碗水地方的开矿者。闻报后，康熙帝指示说：

提督康泰奏称，蜀省一碗水地方聚集万余人开矿，随逐随聚，现在差官力行驱逐等语。朕念此等偷开矿厂之徒，皆系无室可居、无田可耕乏产贫民，每日所得锱铢，以为养生之计。若将此等乏产贫民尽行禁止，则伊等何以为生？果如滇省矿厂所出颇多，亦可资助兵饷。此处所出无多，该地方文武官员作何设法，使穷民获有微利，养赡生命，但不得聚众生事，

① （民国）赵尔巽等：《清史稿》卷一二四《食货志五·矿政》，北京：中华书局，1976 年版，第 3664 页。

② 康熙四十三年四月十九日安徽巡抚刘光美：《奏为据实奏闻开采山场利弊事折》，中国第一历史档案馆编《康熙朝汉文朱批奏折汇编》第 1 册，第 75 号，北京：档案出版社，1984 年版，第 113—115 页。

③ 康熙四十三年四月十九日安徽巡抚刘光美：《奏为据实奏闻开采山场利弊事折》，中国第一历史档案馆编《康熙朝汉文朱批奏折汇编》第 1 册，第 75 号，北京：档案出版社，1984 年版，第 115 页。

④ 雍正《大清会典》卷五三《户部·矿课》，《近代中国史料丛刊三编》第 77 辑第 769 册，台北：文海出版社，1993 年版，第 3196 页。

妄行不法，似属可行。尔等与九卿会同速议具奏。①

康熙帝主张允许贫民采矿，以为生计，不可全部驱逐，并让大臣讨论此事。第二天，大学士们遵旨会同九卿商议后提出处理意见：

开矿一事，除云南督抚雇本地人开矿，及商人王纲明等于湖广、山西地方各雇本地人开矿不议外，他省所有之矿，向未经开采者，仍严行禁止；其本地穷民现在开采者，姑免禁止，地方官查明姓名记册，听其自开。若别省之人往开及本处殷实之民有霸占者，即行重处。②

这种意见寓禁于开，以禁为主，符合康熙帝的意图。于是康熙帝基本采纳了此意见，并进一步补充：

有矿地方初开时，即行禁止乃可，若久经开采，贫民勉办赀本，争趋觅利，藉为衣食之计，而忽然禁止，则已聚之民毫无所得，恐生事端。总之，天地间自然之利，当与民共之，不当以无用弃之。要在地方官处置得宜，不致生事耳。③

通过这件事，康熙帝改变了以前对采矿的看法，允许贫民开采当地的矿产以维持生计，但是其基本政策仍是继续严禁采矿，只不过稍微变通而已。尽管此后一些大臣不断向他灌输“银矿乃天地自然之利，以之采取，固可上充国课，下便商民”④ 等思想，康熙帝却始终未再调整此种矿业政策。后来，这一政策为雍正帝所继承，并有所加强。这一点可以从他对两广总督孔毓珣请求采矿的态度中得到体现。两广总督孔毓珣曾经奏请准予开矿，雍正二年（1724 年），雍正帝批评他说：

朕发廷臣会议，知昔年粤省开矿聚集多人，以致盗贼渐起，邻郡戒

① 《清圣祖实录》卷二五五，“康熙五十二年五月庚辰”条，《清实录》第 6 册，北京：中华书局，1985 年版，第 520 页。

② 《清圣祖实录》卷二五五，“康熙五十二年五月辛巳”条，《清实录》第 6 册，北京：中华书局，1985 年版，第 521 页。

③ 《清圣祖实录》卷二五五，“康熙五十二年五月辛巳”条，《清实录》第 6 册，北京：中华书局，1985 年版，第 521 页。

④ 康熙五十八年十二月二十五日山东巡抚李树德：《奏报淄川临朐发现银铅矿脉事折》，中国第一历史档案馆编《康熙朝汉文朱批奏折汇编》第 8 册，第 2813 号，北京：档案出版社，1984 年版，第 615 页。

严，是以永行封闭。夫养民之道，惟在劝农务本。若皆舍本逐末，争趋目前之利，不肯尽力畎亩，殊非经常之道。且各省游手无赖之徒望风而至，岂能辨其奸良而去留之？势必至众聚难容。况矿砂乃天地自然之利，非人力种植可得，焉保其生生不息？今日有利，聚之甚易，他日利绝，则散之甚难，曷可不彻始终而计其利害耶？至于课税，朕富有四海，何藉于此？原因悯念穷黎起见，谕尔酌量令其开采。盖为一二实在无产之民，许于深山穷谷，觅微利以糊口资生耳。尔等揆情度势，必不致聚众生事，庶或可行。若招商开厂，设官征税，传闻远近，以致聚众藏奸，则断不可行也。①

这份谕旨通篇充满重本抑末思想，在雍正帝看来，课矿税于国库之盈绌无足轻重，关系不大，因此，开矿不得与农业冲突，更不得危害社会秩序。否则，必须严加禁止，以免聚众藏奸，滋生事端。这说明他对采矿仍持禁止的态度。此后，雍正帝对各省所请开矿事宜，均“严旨切责”，概不批准。②

河南巡抚田文镜是雍正帝最为宠信的心腹大臣之一，也是其矿业政策的积极拥护者和认真推行者。雍正三年（1725 年），秉承雍正帝严禁采矿的旨意，田文镜要求属下官吏严禁百姓采矿：

照得山多峪密之处，间产矿砂，奸民每多盗挖，久经禁止在案。凡有山之府州县官，自应设法稽查，务期绝迹。倘巡察偶疏，必致匪类潜聚，贻害地方莫此为甚。故当严加禁逐，即小民偶犯，亦必按法严惩，防微杜渐之道无过于此。讵有身为地方官，并不实力奉行，而反阳奉阴违，差委家人书役经理其事，招集多人入山开挖，从中分肥。如陕州知州范时绪者，利欲熏心，愍不畏死，诚恐上司知觉，乃巧将各省流民递解几人，以为吾已逐夫，或买出山中无赖枷号两人，以为吾已责惩。今日一禀，明日一文，欺瞒上司耳目，而暗地通同矿夫贿嘱防弁，搭盖窝铺，供给饭食，取矿煎银，三七分受。业经本都院访实纠参，请旨革职，与本内有名人犯

① 《清世宗实录》卷二四，“雍正二年九月戊申”条，《清实录》第 7 册，北京：中华书局，1985 年版，第 380 页。

② （民国）赵尔巽等：《清史稿》卷一二四《食货志五 · 矿政》，北京：中华书局，1976 年版，第 3664 页。

严提究拟在案。诚恐奸民闻声四散，复流至别处，潜聚偷挖亦未可定，除密访查拿外，合行饬禁。为此牌仰该司府州县官吏照牌事理，即便转饬确查。该管县境内如有产矿山洞，立即填塞，即在附近山洞村庄遴选诚实老人数名，责令轮流巡察。倘有奸民私自开挖，协同乡地巡兵拘拿送官。除该犯枷责外，其老人查照所获名数，酌量给赏。如一年之内果能勤谨巡查，矿贼绝迹，该地方官详请奖励。苟怠玩偷安，即行革退另换。印捕汛弁等官亦应不时查捕，毋得通同开挖，见利忘命。陕州范牧即系前车之鉴，各宜慎之。文到即便出示遍贴晓谕，仍将设立老人花名造册报查，毋违。①

田文镜一会儿声色俱厉，一会儿又和颜悦色地用切身利害对地方官员动之以情，晓之以理，以调动其积极性，苦口婆心地督促他们认真执行自己发布的严禁采矿命令，并以陕州知州范时绪为例，提醒他们切莫阳奉阴违，步其后尘，否则，严惩不贷。但是由下文可以推知，地方官员似乎并未充分重视以上禁令，敷衍塞责的现象很严重，执行禁令的效果并不理想。这令田氏大为光火。雍正四年（1726 年），他再次发布禁令，要求地方官员严厉禁止私开矿洞，否则，严惩不贷：

照得山多峪密之处，间生矿砂，奸民每多偷挖，久经禁止在案。本都院恐有山之州县官巡查偶疏，匪类潜聚，贻害地方，业经檄饬该府州县确查。该管境内如有产矿山洞，立刻填塞，并令附近山洞村庄遴选诚实老人数名，责令轮流巡察。倘有奸民私自开挖，协同乡地巡兵拘拿送官在案。第恐日久怠玩，奉行不力，以致奸徒复行潜聚，私自偷挖。如镇平县居民王璨招集匪类盗挖矿砂，该县漫无觉察。及至汛弁缉获移送该县，又匿不申报，殊属溺职。除行布、按二司严查揭参外，合再饬行严禁。为此牌仰该司府州官吏照牌事理，即行转饬确查。该管县境内如有矿洞之处，细加搜查，尽行闭塞，并将附近山洞村庄遴选诚实老人，责令不时巡察。倘有奸民私自开挖，协同乡地巡兵拘拿送官。除该犯枷责外，其老人酌量给赏。如一年之内果能勤谨巡查，矿贼绝迹，该地方官详请奖励。苟怠玩偷

① （清）田文镜：《抚豫宣化录》卷三（上）《文移·严禁私开矿硐以靖地方事（饬禁奸民私开矿硐）》，郑州：中州古籍出版社，1995 年张民服点校本，第 126—127 页。

安，即行革退另换。印捕汛弁等官亦应不时查捕。若不实力奉行，或徇纵容隐，通同开挖，从中分肥，该司即将该府州县立即揭报参处，毋违。[①]

从这道禁令中我们不难看出，田文镜严禁采矿仅是担心矿徒聚集惹是生非，不利于社会秩序稳定，却忽视了采矿攸关一部分百姓的生计和日常生活所需的实际情况。同时，我们也可以看出，这道禁令实际上是上年他发布的禁令之翻版，老调重弹，并无多少新意。雍正十年（1732 年），已升任河东总督的田文镜又联合山西巡抚石麟，查禁山东和山西两省的私开私贩硫黄和硝石活动，仍竭力推行禁矿政策，但效果似乎也很不理想。[②] 这表明清政府的禁止采矿政策已陷入困境，对其进行调整已是必然。

（二）清代中期矿禁的松弛

康熙中期以降，社会秩序日渐稳定，经济开始恢复发展。经过半个多世纪的发展，至乾隆时，社会经济繁荣起来，货币需求量猛增。为铸造银钱，清政府在从国外大量进口铜和银的同时，一定程度上也放松了对采铜的限制。乾隆二年（1737 年），乾隆帝下令“凡产铜山场，实有裨鼓铸，准报开采，其金银矿悉行封闭”。[③] 一些官员也请求乾隆帝允许采矿。乾隆五年（1740 年），大学士赵国麟即奏请放松对采煤的限制：

请敕下直省督抚，凡产煤之处，无关城池、龙脉及古昔帝王、圣贤陵墓，并无碍堤岸、通衢处所，悉听民间自行开采，以供炊爨，照例完税。地方官严加稽查，如有豪强霸占，地棍阻挠，悉置于法。[④]

随后，针对赵国麟的建议，乾隆帝集思广益，“著各省督抚酌量情形，详议具奏”，让他们发表自己的意见。不久，顺天、奉天、直隶、山西、

① （清）田文镜：《抚豫宣化录》卷三（下）《文移·再行严禁私开矿洞以靖地方事（不许私开矿硐）》，郑州：中州古籍出版社，1995 年张民服点校本，第 172—173 页。

② 《军机处副录奏折》，雍正十年八月初三日山西巡抚石麟题，引自中国人民大学清史研究所等：《清代的矿业》下册，北京：中华书局，1983 年版，第 636—637 页。

③ （民国）赵尔巽等：《清史稿》卷一二四《食货志五·矿政》，北京：中华书局，1976 年版，第 3665 页。

④ 《清高宗实录》卷一一〇，“乾隆五年二月丁丑”条，《清实录》第 10 册，北京：中华书局，1985 年影印本，第 632—633 页。

山东、陕西和甘肃等绝大多数省份的督抚纷纷表态，赞同赵国麟的建议。[①] 在赵国麟上奏之前，新任河南巡抚雅尔图针对河南的“盗贼”繁多，秘密宗教成员异常活跃，严重影响当地社会稳定的情况，大力捕拿“盗贼”和秘密教门人员，成绩斐然，得到乾隆帝的充分肯定。乾隆五年（1740 年），乾隆帝褒奖他说：

据河南巡抚雅尔图奏称，豫省盗贼繁多，莅任以来，遵旨访拿，不惜重赏，以奖勤劳，并立严罚，以惩积顽。现获裕州卦子贼刘子成等男妇多人，又拿获山东桃源镇积盗田小猪子、郭二狗贩子等，俱系历年行劫害民之大盗。又，梁朝凤案内逸犯孙牛儿等，及邪教案内玉兰老母郝成儿等，亦已就擒，现在饬审等语。雅尔图到任不过两月，即将豫省积盗多人设法捕缉，不使漏网，具见经理有方，实心任事。从前尹会一之因循玩愒，于此益见。雅尔图著交部议叙，以示嘉奖。[②]

河南巡抚雅尔图维护社会稳定之举得到了乾隆帝的充分肯定，因此，为保证这一努力不付之东流，更为了保住自己的官位，刚受到乾隆帝褒奖的他对赵国麟扩大采煤的建议提出不同意见。乾隆五年（1740 年），他回奏道：

伏查开采煤窑，定在山野。利之所在，人必争趋，不但聚众藏奸，且一切争夺、打降、刨人坟墓诸事，势所难免。虽竭力稽查禁约，而人众难防，必致滋扰地方。况河南民情愚悍，虽数百文钱尚且起心剽夺，从前盗劫之案大概如此。若开煤窑，则趋者如骛，难保无积盗巨奸混迹其内。深山旷野之中，倘州县一时照料不到，将见命盗之案益复繁多，殊非妥便。[③]

在奏折中，雅氏以河南民风“愚悍”，偏僻山野中的煤窑易于聚众藏奸，影响社会稳定为由，委婉地表示反对放开煤禁。随即他又动作不断。

① 《清高宗实录》卷一一〇，“乾隆五年二月丁丑”条，《清实录》第 10 册，北京：中华书局，1985 年影印本，第 633 页。

② 《清高宗实录》卷一一〇，“乾隆五年二月壬申”条，《清实录》第 10 册，北京：中华书局，1985 年影印本，第 630 页。

③ 《朱批奏折》，引自中国人民大学清史研究所等：《清代的矿业》下册，北京：中华书局，1983 年版，第 9 页。

乾隆三四年间，河南省安阳县水冶镇煤窑主程涵芬、薛宣等人，为开采当地的煤窑，曾经多次到京城用重金贿赂官吏，以求批准。乾隆五年（1740年），河南巡抚雅尔图在京将程涵芬、薛宣、王彝和尚四等人逮捕，押解回河南。[①] 不仅如此，他又上奏明确反对放开煤禁：

臣查豫省民情，愚而且悍，现在采煤之处相安已久，煤已足用。其从前封禁及向不开采者，非以地处深山，稽查难密，即系有关泉脉，利少害多，自应仍循其旧。若再行添设，恐射利之徒混行开挖，非以地界相争，即以风水讦讼，甚至互相斗殴，纠众抄抢，投托势要，钻营滋弊，为害无穷。所有豫省添设开挖煤窑及照例完税之处，似可无庸置议。相应具题，伏乞皇上敕部议覆施行。[②]

雅尔图反对扩大采煤区域，认为若扩大采煤的范围，则利少害多，“为害无穷”，应该维持现状，显然，这是他受到前面乾隆肯定他稳定社会秩序努力的影响，唯恐开采煤炭时矿夫聚集发生不测，有损自己业已取得的稳定社会秩序政绩，遂重弹以前的老调，忽视了社会形势的变化。

乾隆以降，我国的人口增长加速，人地关系日益紧张。封建官僚地主却大肆兼并土地，使大量自耕农失去土地。土地进一步集中，虽然更加剧了人多地少的矛盾，但是大量失去土地的农民，却为发展矿业提供了必要的劳动力。再者，矿业是封建经济的重要组成部分，采矿不仅有利于社会经济发展，而且还是人们谋生和致富的重要途径之一，因此，各阶层要求政府放开限制采矿的呼声日高。在此形势下，河南巡抚雅尔图主张禁矿显然不合时宜，也使河南的采矿活动受到很大压制。

尽管受到雅尔图等人反对，但赵国麟的建议却打动了乾隆帝。此年，他下令“各省产煤之处，无关城池、龙脉、古昔陵墓、堤岸、通衢者，悉弛其禁，该督抚酌量情形开采”，[③] 采纳了赵氏的意见。这得到许多督抚的

① 《清高宗实录》卷一一七，“乾隆五年五月（下）”，《清实录》第10册，北京：中华书局，1985年影印本，第717页。

② （清）雅尔图：《雅公心政录》卷二《奏疏・题为请广天地自然之利以裕民用事》，清乾隆六年刻本。

③ 乾隆《钦定大清会典则例》卷一三七《工部・薪炭》，影印文渊阁《四库全书》第624册，台北：台湾商务印书馆，1986年版，第330页。

积极响应。当年八月六日，甘肃巡抚元展成把全省煤炭产地及开采方案报到朝廷，他认为内阁大学士赵国麟的《请广天地自然之利以裕民用事》奏折，“于民生大有裨益”，“小民愈加鼓舞矣”。当年十一月，两广总督马尔泰和署广东巡抚王謇在奏折中也说，大学士赵国麟“请广天地自然之利，开采煤山以佐柴薪之不足，诚属便民之举”，“于民生实有裨益矣”。西安巡抚张楷于当年六月就落实赵国麟的建议向朝廷报告说，经各府详查，陕西共有 20 余县产煤。[①] 显而易见，赵氏此份奏折推动了许多地方的矿业发展。但是，河南巡抚雅尔图和继任硕色却消极执行这一弛煤禁政策，使当地的矿业并无起色。

乾隆八年（1743 年），乾隆帝进一步放松矿禁，下令“凡各省有可开采之山场”，除金银外，“俱听百姓于地方官给照开采”。[②] 云南和贵州例外，贵州的金银矿、云南的银矿，“相继开采”。[③]

乾隆九年（1744 年），为促进河南的矿产开采，河南布政使赵诚在奏折中强烈呼吁朝廷进一步放松矿禁：

矿煤之产概宜弛禁也。查矿石、煤炭乃天地自然之利，即以豫省言之，河南南阳及陕州、汝州等属近山之地，所在多有煤窑，现在开采，然尚有未开之处。其银、铅等矿，以属例禁，不许开采，故亦不便刨试。而一二穷民往往偷刨，有司执而刑之，以其犯禁也。其所以禁开采者，何也？虑人多耗食也，虑丛集匪类也，又虑易聚难散也。凡此深计远虑，未始非持重之道，惟是地不爱宝矣。乃以防匪之故，使民有余力，地有余利，毋乃弃宝于地乎？不几因噎废食乎？查滇省极边之地，自开厂以来，不闻存聚匪之事，何于腹内之地，转多顾虑？请将有矿有煤之地，无碍城池、风脉、堤岸、通衢及田园庐墓者，令附近居民先为试采，果有利益，具详巡抚，题请开采。其煤窑仍循往例，免抽课税，听民自行挖取。银铅等矿，委员管理，按其成数，照例抽课。均饬取开采之户，互结保状，止

---

① 吴晓煜：《名人与煤炭》，北京：中国矿业大学出版社，2003 年版，第 117 页。

② 《朱批奏折》，引自中国人民大学清史研究所等：《清代的矿业》上册，北京：中华书局，1983 年版，第 32 页。

③ （民国）赵尔巽等：《清史稿》卷一二四《食货志五 · 矿政》，北京：中华书局，1976 年版，第 3664—3665 页。

许本境人民源源赴采，一切外来之人严禁，不许入厂。既无匪类，何虑丛集；既无外聚，何虑难散。驱境内无业之民，俾皆有力作之事，不但无耗食之患，且可为糊口之资。此又宝藏之利，似可因地以利民者也。①

在奏折中，为打消朝廷对采矿会引起社会不安定的顾虑，赵诚以云南为例，说明采矿不会使匪徒聚集。为防止发生意外和不测，他又提出采矿者须向政府保证，不许外地人插手开采事宜，以杜其源。最后，他进一步指出采矿是百姓谋生的一条重要途径，强调采矿的重要性。对于赵诚的建议，清廷征求河南巡抚硕色的意见。乾隆十年（1745 年），硕色回复：

臣查煤炭为民间日用所必需，其搬运脚价即关成本，入山采取，不能甚深，易于稽查，自无聚众藏奸之患。现在各府州县产煤之处，听民开采，由来已久，安然无事，不费之惠，自应仍循其旧。至各属虽有银铅等矿，或有关风脉，或刨采无获，俱系封禁多年，无论其矿砂之衰旺，茫无确见。且豫省地处中天，附近畿辅乃腹心重地，而又西联秦晋，南接楚省，风俗强悍，恒以盖藏不足为虑。若以茫无确见之矿砂出示开采，则各省游手好闲之徒闻见趋利，自必成群而入，不惟本省出产有限之米粮，难供各省贪利无厌之游民，且恐聚之甚易，散之甚难，于地方大有不便，俱仍照旧封禁，不便轻议刨试。应将该布政使赵诚所请开采银铅之处，毋庸议。②

我们细察硕色所言，不难发现他持多一事不如少一事，不求有功，但求无过的消极态度，生怕扩大采矿会出乱子，给自己带来麻烦，其思想非常保守。对此，乾隆帝洞若观火。他看过硕色的奏折后，颇为不满与无奈地批示说："汝本一惟愿无事之人，且亦不能担任此事，只可姑且止耳。"③ 赵诚的建议遂不实行。后来，一些官员出于采矿不利于稳定社会秩序的考虑，仍然要求厉行矿禁。如乾隆中期任河南嵩县知县的康基渊即如

---

① 《朱批奏折》，乾隆九年十月二十八日河南布政使赵诚奏，引自中国人民大学清史研究所等:《清代的矿业》上册，北京：中华书局，1983 年版，第 12 页。

② 《军机处副录奏折》，乾隆十年正月二十八日河南巡抚硕色奏，引自中国人民大学清史研究所等:《清代的矿业》上册，北京：中华书局，1983 年版，第 14 页。

③ 《军机处副录奏折》，乾隆十年正月二十八日河南巡抚硕色奏，引自中国人民大学清史研究所等:《清代的矿业》上册，北京：中华书局，1983 年版，第 14 页。

此，他曾主张：

国朝银矿久封，设兵防守，其采铅、锡亦以无利而止。开采之说自昔迄今，止见其害，未见其利。今惟封洞口，严保甲，查流移，为未雨之防，靖盗源而已。①

在康氏看来，采矿不利于社会稳定，有害无利。他反对采矿的主要目的是，如此可以“靖盗源”。康氏虽然官低位卑，其观点却代表了相当一部分官僚对采矿的看法，与前揭河南巡抚雅尔图反对采矿的理由如出一辙，遥相呼应。

嘉庆年间，经过有大量矿徒参加的白莲教起义的沉重打击，心有余悸的清政府认为“国家经费自有正供”，并不依靠矿业，请求开矿者实属不安本分，对开矿的态度很消极。② 嘉庆四年（1799 年），嘉庆帝谕示臣下：

朕恭阅世宗宪皇帝硃批谕旨，于开矿一事，深以言利扰民为戒。圣训煌煌，可为万世法守。朕每绎思庄诵，志之于心。因无人以此陈请，未经明谕。今有宛平民潘世恩、汲县民苏廷禄，呈请在直隶邢台等县境内开采银矿，给事中明绳辄据以入告，故特降旨宣示，使知朕意。夫矿藏于山，非数人所能采取，亦非数月所能毕事，必且千百为群，经年累月，设立棚厂，凿砂煎炼。以谋利之事，聚游手之民，生衅滋事，势所必然。纵使官为经理，尚难约束多人。若听一二商民集众自行开采，其弊将无所不至。此在边省犹不可行，而况近依畿辅？他府犹不可行，而况地近大名？各该处向有私习邪教之人，此时方禁约之不暇，顾可听其纠聚耶？且国家经费自有正供常赋，川陕余匪指日即可殄平，国用本无虞不足，安可穷搜山泽，计及锱铢？潘世恩、苏廷禄自因现在开捐，揣摩迎合，觊觎矿苗，思擅其利，乃敢藉纳课为词，以小民而议及帑项，实属不安本分，俱著押递本籍，交地方官严行管束，毋许出境滋事。至给事中明绳……并非巡城，且系宗室，今以开矿事冒昧转奏，明系商人嘱托，冀幸事成分肥而已，殊属卑鄙。朕广开言路，非开言利之路也。聚敛之臣，朕断不用。明绳折著

① 乾隆《嵩县志》卷一五《食货》，清乾隆三十二年刊本。

② （民国）赵尔巽等：《清史稿》卷一二四《食货志五・矿政》，北京：中华书局，1976 年版，第 3665 页。

掷还，并著交部议处。①

在嘉庆帝看来，请求采矿者实为不安本分的刁民，必须严惩，主张采矿的官员则是聚敛之臣，也必须惩处。虽然清统治者内部对采矿的态度不一，不时出现反复，但是，放松矿禁的趋势是不可扭转的。

（三）晚清矿禁的逐渐解除

道光初年，“岁入有常，不轻言利”，② 清廷仍沿用限制采矿的政策。后来迫于形势发生巨变，它才改变这一政策。鸦片战争以后，内忧外患不断，时势维艰。因财政日趋紧张，为广辟财源，清政府逐渐放松矿禁。诚如《清史稿》所言：

道咸以降，海禁大开，国家多故，耗财之途广，而生财之道滞。当轴者昧于中外大势，召祸兴戎，天府太仓之蓄一旦荡然，赔偿兵费至四百余兆。以中国所有财产抵借外债，积数十年不能清偿。摊派加捐，上下交困。乃改海运以节漕费，变圜法以行国币，讲盐政以增岁入，开矿产以扩财源，以及创铁路，改邮传，设电局，通海舶。新政繁兴，孳孳谋利，而于古先圣王生众食寡、为疾用舒之道，昧焉不讲。③

因兵连祸结，尤其是连续对外巨额赔款，使清朝的国库为之一空。囊中羞涩的清政府为筹措钱财，无奈才将开矿作为生财之一途。在此情况下，放松矿禁乃势之必然。道光二十四年（1844 年），清政府大幅度调整矿业政策，允许云南、贵州、四川和广东等省“除现在开采外，如尚有他矿愿开采者，准照现开各厂一律办理”。④ 此年四月，道光帝又下令：

自古足国之道，首在足民，未有民足而国不足者。天地自然之利，原

---

① 《清仁宗实录》卷四三，“嘉庆四年四月（下）丁未”条，《清实录》第 28 册，北京：中华书局，1986 年影印本，第 519—520 页。

② （民国）赵尔巽等：《清史稿》卷一二四《食货志五・矿政》，北京：中华书局，1976 年版，第 3665 页。

③ （民国）赵尔巽等：《清史稿》卷一二〇《食货志一》，北京：中华书局，1976 年版，第 3479 页。

④ （民国）赵尔巽等：《清史稿》卷一二四《食货志五・矿政》，北京：中华书局，1976 年版，第 3666 页。

以供万民之用，惟经理得宜，方可推行无弊。即如开矿一事，前朝屡行，而官吏因缘为奸，久之而国与民俱受其累。我朝云南、贵州、四川、广西等处，向有银厂，每岁抽收课银。历年以来，照常输纳，并无丝毫扰累于民。可见，官为经理不如任民自为开采，是亦藏富于民之一道。因思云南等省，除现在开采外，尚多可采之处。著宝兴、桂良、吴其浚、贺长龄、周之琦，体察地方情形，相度山场，民间情愿开采者，准照现开各厂一律办理。断不可假手吏胥，致有侵蚀滋扰阻挠诸弊。该督抚等必能仰体朕意，妥为筹办。固不可畏难苟安，亦不得抑勒从事，总期于民生国计两有裨益，方为妥善。各省情形不同，不准彼此观望。①

为充盈国库，道光帝认为云南、贵州、四川和广西等省的银厂“官为经理，不如任民自为开采，是亦藏富于民之一道”，允许民间开采银矿，这是清政府对采矿态度的一大变化。道光二十四年（1844 年），清政府废除对矿业的部分苛捐杂税，禁止胥吏勒索，以使人们乐于采矿，并允许“各山场如本非旧厂，而有可开采之处，并酌量情形，一律招办”。② 不仅如此，道光二十八年（1848 年），道光帝还下谕旨给各省督抚，鼓励他们开矿：

至开矿之举，以天地自然之利还之天下，仍是藏富于民。如果地方官办理得宜，何至藉口于人众易聚难散，因噎而废食？著四川、云贵、两广、江西各督抚，于所属境内确切查勘，广为晓谕。其余各省督抚，亦著留心访查。如有苗旺之区，酌量开采，断不准畏难苟安，托词观望。傥游移不办，朕不难派员前往履勘。如果不便于民，或开采之后，弊多利少，亦准奏明停止。至于官办、民办、商办，其应如何统辖、弹治、稽查之处，朕亦不为遥制。惟在该督抚等各就地方情形，熟商妥议，定立章程具奏。总之有治人，无治法，穷变通久，全在因时制宜。③

---

① 《清宣宗实录》卷四〇四，“道光二十四年四月乙巳”条，《清实录》第 39 册，北京：中华书局，1986 年影印本，第 57—58 页。

② 《清宣宗实录》卷四〇六，“道光二十四年六月戊午”条，《清实录》第 39 册，北京：中华书局，1986 年影印本，第 88 页。

③ 《清宣宗实录》卷四六一，“道光二十八年十一月乙酉”条，《清实录》第 39 册，北京：中华书局，1986 年影印本，第 823 页。

道光帝认为，开矿是藏富于民之举，借口采矿冲击社会秩序而加以禁止是因噎废食，批驳了以往的开矿致使“人众易聚难散”的论调，并放手让各省督抚采矿，自己“不为遥制”。与以往的帝王相比，他对采矿的态度明显开明得多。这标志着清统治者对矿业的认识已达到一个新的水平，一时矿禁大为松弛。

当然，道光朝之所以鼓励民间开矿冶炼，除开辟财源缓解财政困难外，另一个重要原因是官营矿冶弊端很多，而民办矿冶既不用政府事先预付巨额的工本银两，无须担心矿厂倒闭自己赔累亏本，又可以减轻官吏中饱私囊所造成的财政损失，可以坐收相当可观的矿税，缓解财政压力，可谓左右逢源。因此，道光年间清廷才不断放松矿禁。

咸丰至同治年间（1851—1874 年），清王朝内忧外患交作，军兴饷匮，为筹措军饷，其矿禁愈加松弛。咸丰帝登基之日，正值太平天国起义之时。为充裕国库，咸丰三年（1853 年），他对军机大臣说：

> 朕闻四川等省向产有金银矿，自雍正以后百余年来，未尝开采。地脉休养日久，所产自必畅旺。上年大学士等会议筹备军饷章程内，请开采以裕军需，已依议行矣。……朕思开采矿厂，以天地自然之利还之天下，较之一切权宜弊政，尚属无伤体制，有裨民生。惟在地方官经理得宜，自不致别滋流弊。即如现在各省旧有矿厂，按年开采抽课，官民日久相安，岂非明验。当此军饷浩繁，左藏支绌。各省督抚务宜权衡缓急，于矿苗丰旺之区，督派干员悉心履勘，各就地方情形奏明试办，毋得狃于积习，任听不肖官吏名为封禁，暗取陋规，但以有碍风水、聚众滋事等语，一奏塞责。将此各谕令知之。①

咸丰帝认为采矿“无伤国体，有裨民生”，要求各级官员不得以妨碍风水为由阻挠采矿，其思想比道光帝又前进了一大步。这表明，在军需孔亟、国库空虚之情况下，清政府大幅度调整了采矿政策，变得更为务实。

19 世纪七八十年代，随着民族危机的加深，以郑观应、马建忠等为代表的早期维新派，主张将开发矿产作为与外国进行商战和振兴民族经济的

---

① 《清文宗实录》卷八九，“咸丰三年三月（下）壬申”条，《清实录》第 41 册，北京：中华书局，1986 年影印本，第 201—202 页。

重要手段。郑观应认为：

五金之产，天地自然之利。居今日而策富强，开矿诚为急务矣。夫金银所以利财用，铅铁所以造军械，铜锡所以备器用，硫矿所以制火药，石炭所以运轮轴，皆宇宙间不可一日或少之物。初不能雨之于天，要必采之于地，则矿务之兴有益于公私上下者非浅鲜也。……我中土地大物丰，万彙之菁华所萃，五金之盘薄郁积于深山穷谷者，更仆数之未易终也。如云南出铜、锡，山西、贵州出煤、铁，湖广、江西出铜、铁、铅、锡、煤，齐鲁、荆襄出铅，台湾出硝，川蜀出铜、铅、煤、铁，人皆知之矣。特以地产之多寡，体质之纯杂，矿脉之厚薄，矿洞之深浅，人不得而尽知，大半封禁未开，良为可惜。推原其故，由于明时矿税内监恣横，借开采之名，为搜括之实，海内流毒，天下骚然，故天下人谈虎色变，因噎而废食，非一日矣。国朝鉴明覆辙，乃一切封禁，以安民心，此一说也。又或任用非人，办理不善，激成变故，以致查封，此一说也。又以风水之说深入人心，动以伤残龙脉为辞，环请封禁。不知地形之凶吉，本无关于地宝之蕴藏，而庸师俗人辄生疑阻，此又一说也。……方今各口通商垂六十载，西人之游历者遍于内地，内地之矿产彼族无不周知。……近间泰西各处矿苗开采殆尽，惟我中国如川藏，如滇黔，如台湾，如东三省，矿产饶富，莫不欣义而垂涎，故英之入缅通藏，法之吞越逼暹，俄不惜千万帑金以开西伯利亚之铁道，阴谋秘计，行道皆知。与其拘泥因循，慢藏诲盗，何如变通办理，取之宫中，以济军国之要需，即以绝外人之窥伺哉！①

郑观应论述了开矿关系国运之盛衰的重要性，深入分析了阻挠中国开矿的深层原因，即“鉴明覆辙”“任用非人”和“风水之说”。在此基础上他认为，中国富饶的矿藏自己若不开采，会滋长西方列强窥伺垂涎之念，于国家有害无益。因此，与其听任列强染指自己的宝藏，不如国人自己主动采矿，“以济军国之要需，即以绝外人之窥伺”，一举两得。这是非常有见地的建议。继而他进一步分析中国矿务不兴的深层原因，并猛烈抨击深入国人内心的风水观念：

① （清）郑观应：《盛世危言新编》卷四《富国四·开矿上》，清光绪二十三年刻本。

中国矿务不兴，利源未辟，其故有二：一由于官吏之需索，苟苞苴未至，必先托辞以拒，或谓舆情未洽，或谓势多窒碍，恐致扰民，由是事卒难行，每多中止；一由谬谈风水者妄言休咎，指为不便于民以耸众听，于是因循推诿，动多掣肘，而有志于开矿者不禁废然返矣。夫开矿为中国一大利源，奈何任其蕴而不宣，坐致穷困，此犹富者积粟满仓，而反嗟无食也。……故欲图富强，必先开矿。奈何徇俗流之见，而甘于自域也哉？中国既不能自开，徒增外人之垂涎。于以叹信风水而阻止开掘者，乃外人之功狗而中国之蠹贼也。[①]

在郑观应看来，贪官需索，人们迷信风水，都会严重阻碍中国矿业发展，妨碍“国富民强”，尤其是风水论，更会羁绊中国通过开矿谋求富强的步伐，必须加以破除。在当时中国因国弱民贫而屡受西方列强欺凌的情况下，发展民族工业以增强国力无疑是国人的首要任务，而发展矿业即为中国实现强国梦的重要一环。郑观应的主张代表了中国一部分有识之士的要求，是符合时代潮流的。

为适应时代发展的需要，清廷也加快了调整矿业政策的步伐。同治十三年（1874 年），清廷下令云贵总督岑毓英开办云南的矿产，又采纳直隶总督李鸿章和船政大臣沈葆桢的建议，“开采煤铁以济军需”。[②] 光绪九年（1883 年），清廷“诏各省煤矿招商集股举办”。光绪二十二年（1896 年），又下令各省开办金银矿厂。“而铜、锡、铅、锑、石油、硫磺、雄磺等矿，亦接踵而起。”光绪二十四年（1898 年），清政府在北京设立矿务铁路总局，以推动矿业发展。[③] 光绪二十八年（1902 年），清廷强调优先开采金银矿，下令“开采矿务以金银矿地为先”，各省“凡有金银矿地，准听民间开采”。[④] 此年，外务部又“改定矿章，凡华洋商人得一体承办矿

① （清）郑观应：《盛世危言新编》卷四《富国四·开矿下》，清光绪二十三年刻本。

② （民国）赵尔巽等：《清史稿》卷一二四《食货志五·矿政》，北京：中华书局，1976 年版，第 3667 页。

③ （民国）赵尔巽等：《清史稿》卷一二四《食货志五·矿政》，北京：中华书局，1976 年版，第 3668—3669 页。

④ 光绪二十八年十一月十八日河南廪生李茂业：《绅富合集银股拟请于河南汝州鲁山县地方试开银矿事》。台湾近代史研究所：《矿务档》，档案号：884，台北：台湾近代史研究所，1985 年版，第 1619 页。

务，惟必禀部批准，乃为允行之据”。[①] 长期以来，金银矿是民间采矿的禁区，对商人参与采矿有种种限制。此时清廷却鼓励百姓优先开采金银矿产，取消对商人投资矿业的限制，而且允许中外商人皆可以承办矿务。这一切标志封建官府长期奉行的矿禁政策业已走到尽头，清政府完全放开了矿禁。

由上可见，明清时期，无论是力主开矿者，还是力主禁矿者，其目的都是维护封建王朝的统治。他们所持观点不同，使朝廷在制定和实施矿业政策时，往往会因时势变化而摇摆不定，缺乏一致性和连贯性。这一过程的演变，除受社会经济发展的客观要求影响外，还与明清两代封建王朝政局稳定与否、统治力量的强弱变化、财政状况的绌盈、战乱等因素，存在直接或间接的关系。封建国家矿业政策演化的根本出发点，是如何有利于巩固统治。一言以蔽之，明清时期的采矿政策演变漫长而曲折，其间虽有反复，但总趋势是矿禁逐渐松弛，最终完全解禁。中原的采矿活动，基本上与此期矿业政策的演变相一致，日趋活跃。

第四节　人们谋生谋利与日常生产生活的需要

矿产在人们的日常生活中不可或缺，用途很广，这决定了采矿不可能因统治者实行禁矿政策而完全停止。以铁矿而言，明代，中原铁矿不断被发现，铁冶场所也纷纷设置。诸如河南新安县、登封县、巩县、宜阳县、内乡县、鲁山县和武安县（今属河北省）等地区，都发现有铁矿，朝廷还在新安县设置铁冶所管理炼铁。这些地区也是煤炭的重要产地，而煤炭和铁矿分布在一处，使冶铁容易就近获得燃料，也使冶铁业中大量使用煤炭作为燃料成为可能。再以煤炭而论，它的用途很广，除供人们日常做饭取暖外，还广泛应用于手工业生产，“供锻炼金石之用”。[②] 人们冶铁时，炉

---

① （民国）赵尔巽等：《清史稿》卷一二四《食货志五・矿政》，北京：中华书局，1976 年版，第 3671 页。

② （明）宋应星：《天工开物》卷中《燔石第十一卷・煤炭》，明崇祯十年刻本。

中之炭，“煤炭居十七，木炭居十三”。[①] 在烧制陶器、砖瓦和石灰等时，也大量使用煤炭作为燃料。如人们烧砖时，“有柴薪窑，有煤炭窑”；[②] 烧制石灰时，“燔灰火料，煤炭居十九，薪炭居十一。先取煤炭泥和做成饼，每煤饼一层，叠石一层，铺薪其底，灼火燔之”。[③] 煤炭已经成为手工业生产的重要燃料。矿产用途广泛，为人们通过采矿冶炼来谋生谋利提供了可能。

一、为生计所迫而采矿冶炼

明清时期，中原人民采矿的动机很多，其中一个主要原因是为生计所迫，才置严厉的矿禁于不顾，冒着被封建政府严惩甚至杀头的风险采矿，将其作为谋生的一条重要途径。尤其是在灾荒岁月，更是如此。如成化时，为生活所迫，中原流民纷纷涌入西南山中采矿，河南卢氏、嵩县、永宁、内乡、淅川和镇平等县的山区，“流民以窃矿聚”。[④] 成化十四年（1478年），北直隶永年县民冀祥和吕子良险些被处决，即因二人私自采矿铸造铜钱：

直隶永年县民冀祥、吕子良犯私铸铜钱，问拟斩罪。其亲邻俱言，二人父母年老，无他兄弟侍养，特以艰窘之故误罹刑宪，求免死。巡按御史为奏上。都察院议，人缘艰窘犯法，以为情有可矜，则人争相视效，何所不为？但罪非常赦所不原，而父母年老无人侍养，此律所载者，宜取旨裁决。上竟怜之，特命二人戍边卫。[⑤]

冀祥和吕子良因为生活艰窘而采矿铸钱，按照明朝的法律规定他们将被处死。多亏明宪宗考虑到二人的父母年迈，如将二人处决，其父母无人侍养，遂对二人法外施恩，网开一面，使其逃过一劫。隆庆年间，地处万

① （明）宋应星：《天工开物》卷中《锤锻第十卷·治铁》，明崇祯十年刻本。

② （明）宋应星：《天工开物》卷中《陶埏第七卷·砖》，明崇祯十年刻本。

③ （明）宋应星：《天工开物》卷中《燔石第十一卷·石灰》，明崇祯十年刻本。

④ （明）陈子龙：《明经世文编》卷四六《项襄毅公集·善后十事疏》，北京：中华书局，1962年版。

⑤ 《明宪宗实录》卷一八一，“成化十四年八月壬辰”条，台北：台湾历史语言研究所，1962年校勘本，第3251页。

山中且不通商贾的河南府伊阳县，“民多窘迫逃，污莱遍野。……伊山多矿洞，游食云集”，[①] 当地百姓为谋生多采矿。地处中原东部的山东淄博孝乡，百姓采矿也是为生计所迫：

孝乡山多田少，而生齿日益繁。生齿繁则食粟多，山多田少则得粟难，若是而不疾作也，则饥甚。故其民力力焉凿山煮石，履水蹈火，数犯难而不息，凡为饥驱也。此虽不耕不织，犹夫自食其力也。顾烧琉璃者，多目灾；掘山炭者，遭压溺；造石矾者，有喑疾；炒丹铅者，畏内重。纵谋而获，亦孔劳矣。[②]

孝乡百姓之所以置种种风险于不顾，“凿山煮石”，从事矿业，无非因为当地山多田少，得粮不易，为生计所迫。

中原百姓除为谋生计而采矿冶炼外，另一个重要原因是为不良社会风气所累。长期以来，中原百姓每遇婚嫁丧葬、唱戏赛神，向来有大事铺张讲排场的不良社会风气，使原本并不宽裕的生活雪上加霜。为扭转这一不良社会风气，雍正三年（1725 年），河南巡抚田文境曾经专门发布告示，苦口婆心地劝说河南百姓要崇尚节俭，不事靡费，[③] 但效果并不明显。乾隆以降，社会承平日久，此种奢靡之风愈演愈烈，甚至许多人因之举债，勉为其难。诚如乾隆五年（1740 年）河南布政使朱定元所说：“豫省俗情不知撙节，有急宜查禁二条：丧葬过奢，棺柩久停；滥借西债，重利滚剥。”[④] 加之乾隆中后期中原的人口剧增，人地关系更为紧张，许多无地少地者遂为生活所迫而采矿。此种事例所在多有。乾隆年间，巩县的煤窑煤井“千百为群，受雇者皆四方贫瘠”。[⑤] 采煤不仅是窑主的利源，而且为贫民提供了谋生的机会。嘉庆年间，密县的“山氓无田，每借开凿糊

① （明）刘衍祚：《邑侯武公生祠碑记》，道光《重修伊阳县志》卷五《艺文志》，清道光十八年刻本。

② （清）孙廷铨：《颜山杂记》卷四《物产》，清康熙五年刻本。

③ （清）田文镜：《抚豫宣化录》卷三（上）《文移·为劝谕各崇节俭以裕民财事（饬尊颁发告示）》，郑州：中州古籍出版社，1995 年张民服点校本，第 149—150 页。

④ 《清高宗实录》卷一二〇，“乾隆五年闰六月壬子”条，《清实录》第 10 册，北京：中华书局，1985 年影印本，第 749 页。

⑤ 乾隆《巩县志》卷七《物产志》，清乾隆五十四年刻本。

口”，[1] 无田山民以开矿维持生计。河南巩县百姓亦然。清末民初，该县山民因“山地硗确，几等不毛”，务农艰难。当地多煤，他们遂借采煤维持家中生计，“有此利源，庶瘠黑者有所效力，亦山居生活之一助也”，[2] 采矿为巩县百姓的生活提供了些许保障。此种事例不胜枚举。

二、为谋利而从事矿业

需要指出，中原百姓从事矿业并非皆为生计所迫，还有相当一部分人采矿冶炼是为了谋取丰厚的矿利。此种事例很多。明宪宗成化年间，“河南许州民亦多私铸”，他们采铜铸钱，以谋暴利。[3] 明世宗嘉靖年间，许多矿徒在河南府嵩县东 90 里的山中采黑铅，“计日所采矿，或少或多，约多补少，为日计直，可得匹布，视力田者得利速且倍，故傍近慵耕者争趋之”。每日采铅所得相当于一匹布，较之从事农业和蚕桑业得利多而快。开矿有如此厚利，难怪人们趋之若鹜。[4] 道光六年（1826 年）冬天，修武县庙河村百姓在老君庙北山中“创打煤桶十数只，吾乡近颇利之”，[5] 村民获煤利颇丰，受益匪浅。晚清，人们的思想观念逐渐从重本轻末的思维定式中解放出来，更多的人认识到生财有多种途径，采矿即是其一。诚如时人俞樾所说：“开矿自昔有禁，而今则以为生财之大道。”[6] 晚清人孙椿荣也认识到，河南灵宝县“南山煤矿亦富，若能提倡纱厂，开采煤斤，工业既兴，布商煤商源源而来，则地方之富源开，农村之经济亦裕”。[7] 项城山中煤层甚厚，煤质较好，“实灵邑之一大利也”。[8] 他将采煤与办工业等量齐观，皆视为灵宝县人民的致富之源。晚清，河南归德府鄢陵县百姓所用

---

① 嘉庆《密县志》卷一一《风土志·物产》，清嘉庆二十二年刻本。

② 民国《巩县志》卷七《民政志·物产·草属》及《煤炭》，民国二十六年刊本。

③ 《明宪宗实录》卷一八一，“成化十四年八月丁未”条，台北：台湾历史语言研究所，1962 年校勘本，第 3269 页。

④ （明）孙瑀：《岁寒集》卷上《采铅者说》，明嘉靖七年刻本。

⑤ 道光七年河南修武县庙河村立《创建拜殿碑记》，此碑现存河南焦作市白涧房乡庙河村，吴晓煜：《中国煤炭史志资料钩沉》，第 314 页。

⑥ （清）葛士浚：《皇朝经世文续编》之《俞樾序》，上海：上海书局，清光绪二十四年石印本。

⑦ 民国《灵宝县志》卷二《人民·工商情形》，民国二十四年重修铅印本。

⑧ 民国《灵宝县志》卷四《土产·矿物》，民国二十四年重修铅印本。

铁器多由怀庆府清化镇供应，“铁器自河内清化镇来”，[①] 这既说明清化镇的采铁冶铁业规模不小，又说明当地百姓采铁铸器主要是为了销售谋利。总之，人们为谋利而从事矿业的事例俯拾即是。

三、人们日常生产生活需要的推动

矿产为日常生产生活所必需，用途广，需求量大，这既使中原人民从事矿业获利成为可能，又是其采矿冶铸的主要动力。如嘉靖年间，河南鲁山县青条岭东南山中产铁，人们开采铸各种器皿，“民大利焉”，[②] 极大地方便了百姓的生产生活。清代，山东孝乡的百姓采黑山之铁矿石冶炼，“一石石得二斗铁，孝乡之釜、鬵、镃、犁是取资焉”，[③] 极大地方便了当地农业生产和人们的日常生活。清末民初，河南巩县百姓则在老庙山孤堆坡等处采铁，铸造犁舌、犁面以供农民之需，[④] 既方便了农业生产，又获利不少。日常生活的需要更是人们采矿的强劲动力。灵宝县朱阳涧所产虢石，“自生花草，可为屏风，琢之成砚颇佳”，[⑤] 既可以加工成屏风，又可以加工成砚台，虢石在日常生活中有这么大的用途，势必吸引人们大量开采。而较之木炭和柴草，煤炭的火力强而持久，是人们日常取暖、做饭和冶炼的理想燃料，特别是用于“煎矿煮石，殊为省力”，[⑥] 故而人们冶铁时，炉中“煤炭居十七，木炭居十三”，[⑦] 煤炭所占比重很大。再者，中原百姓烧瓷制陶者众多。如明嘉靖时，河南鲁山县东北桃花店以西，“因土宜陶，故立窑数座，烧石，冶瓮、罂、瓶、缶等器，以利民用”。[⑧] 清乾隆时，彰德府林县的龙头山、木影山、风宁山，“其民稼穑兼陶窑”[⑨]；汤阴

---

① 民国《鄢陵县志》卷五《地理志·风俗·室物》，台北：成文出版社，民国二十五年铅印本。

② 嘉靖《鲁山县志》卷八《古迹·炉沟》，明嘉靖年间刻本。

③ （清）孙廷铨：《颜山杂记》卷一《山谷》，清康熙五年刻本。

④ 民国《巩县志》卷七《民政志·煤炭》，民国二十六年刊本。

⑤ 光绪《灵宝县志》卷三《土产志》，清光绪二年刊本。

⑥ （清）方以智：《物理小识》卷七《金石类·石炭》，影印文渊阁《四库全书》第 867 册，台北：台湾商务印书馆，1986 年版，第 894 页。

⑦ （明）宋应星：《天工开物》卷中《锤锻第十卷·治铁》，明崇祯十年刻本。

⑧ 嘉靖《鲁山县志》卷八《古迹·缸窑》，明嘉靖年间刻本。

⑨ 乾隆《林县志》卷五《风土志·汲炊记》，清乾隆十七年刻本。

县鹤壁镇西的百姓以烧瓷为生者，“不啻数万家”[①]。清末民初，密县也有众多缸窑、碗窑、砖瓦窑、盆窑、砂锅窑和石灰窑等窑。[②] 中原的煤炭资源丰富，以上这些地方的冶炼、制陶和烧瓷者，无疑会就近取材，以煤炭为燃料。密县的石灰窑即是如此，“石灰系以煤煅石灰石而成，密县产煤且多，此项石质制造尚易，业此者甚多”。[③] 这无疑会促进中原的采煤活动更加活跃。

综上可知，明清时期，迫于生计和为丰厚的矿利所诱，更主要的是矿产在日常生活中须臾不可或缺，许多中原百姓对采矿趋之若鹜，这是中原采矿日趋频繁的重要驱动力。

第五节　反掠夺护矿权刺激

需要指出，这特指晚清。鸦片战争以降，列强不断加深对中国的经济掠夺，对中原富饶的矿藏亦垂涎三尺。同治九年（1870 年），德国地质学家费迪南·李希霍芬曾到中原调查矿产和地质，[④] 为德国掠夺其矿产做准备。光绪年间，对南阳府和汝州富饶的矿产，“洋人不时周历踏勘，觊觎尤切”。[⑤] 英商福公司则以卑鄙手段，攫取了怀庆府一带的采煤权，疯狂采煤，并染指当地的铁矿，“拟在怀庆府境内开办铁矿制铁”，擅自在修武和河内两县划出广阔的矿区。[⑥] 禹州丰富的煤炭也“素为外人垂涎”。[⑦] 光绪

---

① 乾隆三十七年汤阴县鹤壁集窑立《重修柏灵桥碑记》，参见《文物参考资料》1957 年第 10 期。

② 民国《密县志》卷一三《实业》，民国十三年刻本。

③ 民国《密县志》卷一三《实业》，民国十三年刻本。

④ 【德】李希霍芬：《旅华日记》，彭泽益：《中国近代手工业史资料（1840—1949 年）》第 2 卷，北京：生活·读书·新知三联书店，1957 年版，第 162 页。

⑤ 台湾近代史研究所：《矿务档》，档案号：885，台北：台湾近代史研究所，1985 年版，第 1620 页。

⑥ 台湾近代史研究所：《矿务档》，档案号：979，台北：台湾近代史研究所，1985 年版，第 1711—1712 页。

⑦ 台湾近代史研究所：《矿务档》，档案号：1094，台北：台湾近代史研究所，1985 年版，第 1915 页。

二十八年（1902 年），铁路监工外国人锡乐土，“亦曾禀请开办禹州煤矿”。[①] 可见，中原的矿产资源面临着一场浩劫。

列强在中原疯狂掠夺矿产资源，严重影响了当地民生。[②] 如在怀庆府老流河两岸，众多百姓借开煤窑谋生，福公司在此采矿后，不仅将土煤窑挤垮殆尽，令数十万百姓无以为生，而且对许多祖墓“不无窒碍”，祸及枯骨，[③] 伤害百姓对先人的感情，民愤极大。

列强疯狂掠夺中原矿产激起当地官民愤怒，他们除尽力抵制，甚至破坏其采矿设施外，还积极地开采中原的矿藏，维护矿权，以免其落入侵略者之手。这不乏其例。光绪二十八年（1902 年），河南候选知府吴炳南即担心，本省南阳府和汝州的富饶矿产“华人若不开办，必为洋人占据”，遂发动当地“绅富”集资采矿。这些“绅富”保护矿权的热情很高，“均恐权归洋人，诸多不便。议经百金为一份，以一百份为额，先集成本一万两，次第开办”。[④] 因为禹州“煤苗颇旺，素为外人垂涎”，此年四月，在集股试办三峰山煤矿的基础上，当地绅商也集股成立了“豫南矿务公司分局”，开采禹州全境的矿产。[⑤] 光绪三十三年（1907 年），在怀庆府修武县流传的《特别广告》也说明，为抵制列强掠夺矿产，中原人民的开矿热情很高：

今日我修有一件要事，能大家好好办理则生，不能则死，吾邑父老子弟都知道么？这事是什么？就是矿务事，白作英人开煤矿。知道者说洋人夺我们煤利，不知者说咱不管他。岂知洋人得了煤矿，就要夺我们太行山了，金银各矿待取净了，我河北人都要死了。当下又不敢与洋人糊（当为

① 台湾近代史研究所：《矿务档》，档案号：1095，台北：台湾近代史研究所，1985 年版，第 1917—1920 页。

② 光绪二十八年四月初三日外务部：《遵议河南矿务派员接办并饬查河北矿产情形恭折复陈仰祈圣鉴事》，台湾近代史研究所：《矿务档》，档案号：935，台北：台湾近代史研究所，1985 年版，第 1665 页。

③ 台湾近代史研究所：《矿务档》，档案号：930，台北：台湾近代史研究所，1985 年版，第 1662 页。

④ 台湾近代史研究所：《矿务档》，档案号：885，台北：台湾近代史研究所，1985 年版，第 1620 页。

⑤ 台湾近代史研究所：《矿务档》，档案号：1094，台北：台湾近代史研究所，1985 年版，第 1915 页。

“胡”）闹，大家想一个好法子。洋人开，总不能不教（当为“叫”）咱开，所以约定本月十六日，一同到东关教场商量这件事。……都明白了这件事，然后再办，好办了。[①]

当地百姓清醒认识到，侵略者贪得无厌，对各种矿藏都不会放过，这将严重威胁自己的生计，与其任人宰割，不如自己开采，釜底抽薪，断了其不良念头。再者，一些官员也认为，列强在中原采矿，“必致有妨民业，虽矿丁多用豫人，而计工授食，究不若自行开采足赡身家”，[②] 对民间采矿也多予支持。中原官民维护矿权的行为，推动了当地采矿活动的高涨。

当然，除上述因素外，明清时期中原采矿冶炼活跃的原因还有很多，诸如明代中期以降白银货币化，传统的重农轻工商观念日趋淡化，采矿技术不断进步，清代中原的人地关系日益紧张，以及近代金融、通信、交通运输发展等因素，也影响着中原矿业的发展。

① 台湾近代史研究所：《矿务档》，档案号：984，台北：台湾近代史研究所，1985 年版，第 1722 页。

② 光绪二十八年三月初四日河南巡抚锡良：《奏为开办豫矿遴勇接充豫丰公司暨饬查地方情形恭折仰祈圣鉴事》，台湾近代史研究所：《矿务档》，档案号：930，台北：台湾近代史研究所，1985 年，第 1662 页。

第五章

明清时期中原矿业的特点

明清时期，中原采矿冶炼和矿产贸易日渐活跃。虽然表面上看，这些活动此起彼伏，杂乱无章，但是，我们深入考察后可以发现，中原矿业并非无章可循，而是呈现或明或暗的规律性，具体而言，它具有如下几个方面的特点。

第一节　矿冶的组织性与无序性

明清时期，中原的采矿冶炼活动情况复杂，既有官方的，又有民间的。晚清，大量外国人也加入这一带的采矿冶炼行列。一般而言，官方和外国采矿冶炼具有一定的组织性，而民间采矿冶炼却比较混乱，呈现无序性。二者同时并存于中原的采矿冶炼活动之中。

官方在中原的采矿冶炼活动大多具有明显的组织性。如前揭明正德、嘉靖年间，河南南阳府邓州采煤即是很好的说明。邓州四任知州前离后继，孜孜以求，坚持不懈地贯彻采煤政策长达 50 年。嘉靖四十一年（1562 年）潘庭楠任邓州知州后，他在前三任知州开煤受挫的情况下，并未知难而退，安于现状，而是“必期于获而后已”。他总结经验教训，将当地百姓动员起来，利用团体的力量找煤、挖煤。功夫不负有心人，第二年，他率领百姓终于在邓州洞儿山和内乡县花墓山采出煤炭。对于此事的经过，前任知州张仙详细记道：

先是，民相传州西百二十里洞儿山有煤产焉，前州守正德间咸宁于公（正德八年任邓州知州的于宽）觅工凿之。嘉靖间，太原王公（嘉靖三十年任邓州知州的王道行）及予（嘉靖三十三年任邓州知州的张仙）相继取之，然举之无焰，间有可者，又微藏于石隙之中，获少而费倍，事每中辍。比君（嘉靖四十一年任邓州知州的潘庭楠）至，偶阴雨为祲，民益沉灶。遂深思以山有宝藏，既见端绪而不为世用，非坤厚之体本然也，人力之未至耳！乃毅主斯役，征匠于南召，得善煤者数人，又择勤事之乡耆刘有庆董之，给之工直，颁之犒赏，越三月而罔有功。君不敢少懈，益严勅耆匠，必期于获而后已。继而二越月又犹是。君惶惶如有所失，日夕虔惕，默祷于天，而耆匠之承役者亦殚力遍搜。忽于山之西三里许若有挟之以行者，得煤穴一道。试燃，其焰灼灼然，与前之煤迥异。于是率吏民诣山祭告，仍凿深广，以便运输。已，又于山之近内乡之西二十五里花墓山访获一洞，又命乡耆张廷群往凿之，三月而既告成功，殆易于前山也。①

由上可见，为开采邓州的煤炭，知州潘庭楠在深入调查的基础上，采取了如下一些有效的组织措施：

其一，他从距邓州数百里的南召县招募一些善于找煤、挖煤的技术工匠，使勘探煤炭有了技术保障。

其二，他任用勤恳、干练的当地人刘有庆负责筹划其事。刘氏有丰富的管理经验，使勘探得以有条不紊地展开。同时，他选用有丰富勘探经验的“耆匠”找矿，提高了成功概率。

其三，他想方设法鼓舞民气。一方面，出高价雇工，并犒赏工作出色者。这一经济激励措施极大地调动了工匠们的勘探积极性，使他们全力以赴，出现“耆匠之承役者殚力遍搜”的可喜局面。另一方面，在勘探煤炭遭受多次挫折后，为鼓舞民气，他绞尽脑汁，甚至撰写一篇言辞恳切的《凿煤祭文》：

于惟真煤，利用不匮。
谷粟齐美，千金媿贵。
是曰至宝，获之罕艰。
竭心我求，乃在兹山。
泰运滋至，真煤出济。
庙堂洪休，闾阎永利。
凿工虔始，成务冀终。

① 嘉靖《邓州志》卷二《郡纪》，《天一阁藏明代方志选刊》第48册，上海：上海古籍书店，1963年据天一阁藏明嘉靖四十三年刻本影印。

潜相予治，允资神功。[①]

这篇祭文向百姓宣传了开采煤炭的必要性和重要性。文中指出，煤炭可以“利用不匮”，能与粮食比肩，堪和金子媲美，而开采煤炭这个“至宝”，实为邓州官民必办的一件大事。为使大家坚定采煤必获成功的信心，他还率领吏民赴施工现场“日夕虔惕，默祷于天”，虔诚地祈求神灵降福于民，保佑邓州百姓采煤成功。虽然今天看来这一祭神活动非常滑稽，但是在当时封建迷信思想盛行和生产力水平比较低下的明代，藩氏此番动作不失为一种鼓舞民气，组织百姓积极参与勘探煤炭的有效手段。

其四，潘庭楠“毅主斯役”，亲自部署协调，现场解决勘探煤炭中的各种难题，避免当事者推诿扯皮，提高了勘探效率。

由上我们不难发现，正是知州潘庭楠精心组织，才保证了邓州百姓采煤能够成功，这次采煤活动具有很强的组织性。

外国公司在中原采矿也表现出明显的组织性，这与它们使用机器采矿，产量大，分工细，非少数人所能胜任，必须进行分工协作有很大的关系。如前揭福公司在中原采矿，矿产的开采、运输和销售有条不紊，并设有矿路总工程师居间协调。甚至为了方便运销，还专门修建供运输矿产的铁路，为矿产的远销打下了基础，呈现出很强的组织性。

民间采矿虽然总体上杂乱无章，但有时也表现出一定的组织性。如明宪宗成化年间，河南等地的采矿者“往往聚集凶徒，少者二三百人，多者七八百人，强采银矿，甚者凭据险拒敌官军，搔扰地方”。[②] 这些强采银矿者人多势众，甚至敢于抗拒官军，显然有人组织领导。否则，一盘散沙般的乌合之众，或者单凭个人的力量，绝不可能挑战官军的镇压。再如明神宗万历年间，河南南阳府内乡县、南召县和河南府卢氏县诸县之间多有矿徒，他们“专以凿山为业”，千百为群，由头目“角脑”管束，采矿于人迹罕至的深山大谷之中，[③] 表现出很强的组织性。不难想象，因僻远的采

① 嘉靖《邓州志》卷八《舆地志》，《天一阁藏明代方志选刊》第 48 册，上海：上海古籍书店，1963 年据天一阁藏明嘉靖四十三年刻本影印。

② （明）何乔新：《椒邱文集》卷三二《奏议集略》，影印文渊阁《四库全书》第 1249 册，台北：台湾商务印书馆，1986 年版，第 515 页。

③ （明）王士性：《广志绎》卷三《江北四省 · 河南》，清康熙十五年刻本。

矿场所距离矿夫们的住处非常遥远，山路崎岖，沿途猛兽出没，道路不靖，惮于路途遥远危险，加之交通条件的局限，他们不可能每日往返于开采地与居所之间，其食宿必有专人负责就地解决，矿徒间出现矛盾也要由头目“角脑”调解。自不待言，倘若没有较强的组织性，这些采矿活动很难坚持下去。崇祯末年，河南府嵩县与卢氏县、永宁县和南阳府南召县各县交界处，“有矿洞产铅、锡，间产银砂”，四方矿徒云集，多者千余人，少者也不下数百人，他们“率自尊一人为渠帅，号令皆用军法”，[①] 也具有明显的组织性。

更多时候，民间采矿并无人组织管理，呈现无序状态。如河南卢氏、嵩县、永宁、内乡、淅水和镇平诸县山区，矿产很多。成化年间，“流民以窃矿聚，巡矿官吏莫敢谁何”。[②] 弘治年间，“河南永宁、卢氏等县一带山场，各有封闭矿洞，往往各处人民聚众盗取”。[③] 既然是流民“以窃矿聚”，“聚众盗矿”，蜂拥开采，当然无组织性可言。再如万历时，中原民间开矿，“矿盗哨聚”，“民皆开矿”，“矿洞遍开”，[④] 也是一哄而上，混乱异常，根本无人组织。清代，密县和禹州的采煤者往往“醵资伙采，获利公分，如遇开采无煤，徒糜资本，不特无利可获，且须按股派赔”。有时他们还和“外邑民人合伙共事……勘其所开窑垌，多在民间屋角坟旁，甚至纵容窑上工人聚财逞凶，抑或勒逼跳窑剁指”，[⑤] 无序开采也很明显。据薛毅研究，清代河南采煤过程中，存在一种称为饭罐窑的自发群体，多则十几人，少则八九人，以人入股。“他们既不开资，也不起伙，干到吃饭时间，每个人由自己的家属提着饭罐送饭，吃罢继续干。组织管理采取集体领导，入股的人既是窑工，也是股东，又是管理人员”。[⑥] 这种煤窑即使

---

① 乾隆《嵩县志》卷一五《食货》，清乾隆三十二年刊本。

② （明）项忠：《善后十事疏》，陈子龙：《明经世文编》卷四六《项襄毅公集》，北京：中华书局，1962年版。

③ （明）何乔新：《椒邱文集》卷三二《奏议集略》，影印文渊阁《四库全书》第1249册，台北：台湾商务印书馆，1986年版，第514页。

④ （明）姚思仁：《中原困疲请停开采疏》，（明）吴亮：《万历疏钞》卷二九《矿税类》，明万历三十七年刻本。

⑤ （清）杨炳堃：《中议公自订年谱》卷二《三十七岁·示禁外邑绅民合伙开窑以符旧制而除积弊》，清光绪十一年刻本，第23页。

⑥ 薛毅：《清代河南的采煤业》，《中州煤炭》1987年第4期。

有一定组织性，也非常松散。

第二节　矿冶的间断性和季节性

明清时期，中原采矿往往时断时续，很少持续进行，呈现出明显的间断性。嘉靖时，豫西河南府嵩县的采黑铅活动即如此，时断时续。诚如明人孙瑀所说：

> 嵩县东去九十里，有山曰“筛子朵山”，产黑铅。……人裹糇粮入山采之。铅矿产山石内，凿穴以入，随矿所生，脉分理析，高下纵横，曲折回合，穿凿以取。……视力田者，得利速且倍，故傍近慵耕者争趋之。然穴内深杳险峻，至有凿空，或石裂土崩，死生莫保。且铅气毒人，若贪得久采，连月不出山，则皮肤痿黄，腹膨闷不能食，致疾而毙。故采者率十数日即归家，稍休复往，如是不止。①

采黑铅时“铅气毒人”，严重损害开采者的身体健康，险恶的采矿环境不容许他们连续开采，因此，每开采十多天，开采者即必须停工归家休息，过一段时间再继续采铅，表现出明显的不连续性。

更多时候，中原的采矿活动深受农业生产活动影响，呈现明显的季节性。这是因为矿工大多同时又是农民，采矿活动受农业生产的季节性影响。在农业器具尚不发达的明清时期，采矿者一般是家中从事传统农业生产的主要劳动者和管理者，农忙时繁重的体力劳动需要他们这些壮劳力承担，甚至有些家庭繁杂的农事活动也需要他们安排。因此，中原采矿往往在农闲时开工，农忙时即停止，忙过之后又复工，如此周而复始，具有明显的季节性。以河南巩县为例，该县东南老庙山孤堆坡等处富含铁矿，“每当秋冬之暇，土人开采，鼓铸犁舌、犁面以供农夫之需”，② 当地百姓在秋冬闲暇之时才采铁冶铸农具。修武县庙河村村民采煤，也始自道光六年（1826 年）冬季农闲之时，“丙戌冬，廷杨、广业等，因山势以度利，

---

① （明）孙瑀：《岁寒集》卷上《采铅者说》，明嘉靖七年刻本。

② 民国《巩县志》卷七《民政志·煤炭》，民国二十六年刊本。

在庙北里许，创打煤桶十数只”。[①] 河南密县和禹州百姓采煤亦时断时续，“每于三冬农隙之时，该窑户等纠工开采，以备来岁炊烧”。他们“自初冬试采，至春间雷震即行停歇，为时甚暂”。加之试采之处多不得煤，因此旋采旋歇。[②] 可以说，密县和禹州百姓采煤兼具明显的季节性和间断性。

第三节　以采煤为主和采矿冶炼区域的不均衡性

我们通过深入考察明清时期中原的矿冶活动可知，这些活动带有明显的不均衡性。这种不均衡性主要表现在两个方面：一是采矿区域的不均衡，二是采矿种类的不均衡。中原矿产种类多，品位高，非常富饶，这些矿产主要分布于南部、北部和西部。中原的矿产资源又以煤炭为主，煤炭不仅储量大，分布广，而且比较集中，它们主要分布于中原北部、西部、东部和中部。中原矿产资源的这种分布特点决定了其采矿冶炼活动分布的区域很不均衡，而且以采煤为主。所谓“中州足以为赖者，惟煤为最”[③]。

从整体上看，明清时期中原的采矿冶炼活动主要集中于南部、北部和西部地区，其他地区相对较少。从局部上看，山地丘陵地区的采矿冶炼活动多，平原地区的采矿冶炼活动较少，采矿冶炼活动主要分布于中原西部和南部的山地以及北部的太行山附近地区，太行山一带的采矿冶炼活动尤其多。东部的广大平原地区很少有采矿冶炼活动，许多州县根本没有采矿冶炼的记载。这种采矿以采煤为主和采矿冶炼分布具有地域性的特点，主要受远古的造山运动和地质构造条件的影响，同时，其他诸如对矿产的社会需求、交通运输条件等许多因素，也会影响采矿冶炼活动的地域分布。

另外，受冶炼金属矿产需要大量燃料影响，煤炭开采分布区在某种程度上与金属矿产分布区具有一致性。如明代，河南新安、登封、巩县、宜

---

① 道光七年河南修武县庙河村立《创建拜殿碑记》，现存河南焦作市白涧房乡庙河村。吴晓煜：《中国煤炭史志资料钩沉》，北京：煤炭工业出版社，2002 年版，第 314 页。

② （清）杨炳堃：《中议公自订年谱》卷二《三十七岁 · 敬稟者》，清光绪十一年刻本。

③ 道光七年河南修武县庙河村立《创建拜殿碑记》，现存河南省焦作市白涧房乡庙河村。吴晓煜：《中国煤炭史志资料钩沉》，北京：煤炭工业出版社，2002 年版，第 314 页。

阳、内乡、武安、汝州和鲁山等州县，都是重要的煤炭开采区，而这些地区在当时也是铁矿产地，并且在新安县设置铁冶所管理炼铁，[①] 这使冶铁很容易获得煤炭，解决了冶炼过程中的燃料问题。

第四节 采矿的盲目性和高风险性

明清时期，中原的采矿者多急功近利，采矿带有很大的盲目性。加之当时的采矿技术比较落后、地质条件复杂等因素，致使开采矿产时险情不断，矿难多发，破产者有之，伤亡者有之，又呈现明显的高风险性。采矿者通常遇到的风险是，耗费大量人力物力后，最终却所获无多，甚至一无所获。所谓“盖矿脉一线入地，断续无常，倘遇泉涌脉绝，则万苦徒劳。幸而遇沙，又美恶难定”。[②] “开凿非至数十丈不得，往往有工费数月而顿弃者。贫者或借以富，而富者亦因以致败”。[③] 前揭明隆庆以降，山东峄县制磨者日多，而“石之美恶系乎地，而石之成毁则系乎天。以故纯石所结有含砂锅者，有杂土垅者”，如此，则整个磨石皆废弃不可用。经过长期开采，至清光绪年间，“采取已遍，新塘绝少，不得已取旧塘治之，搜寻披剥，或竟数月无所得，往往以折阅而败”，[④] 制磨成败带有很大的偶然性。从嘉庆至道光年间，因为运送漕粮的船只过境时，“多挟南货以易邑煤、米，关津不敢诘，运费甚轻而炭价极昂”，峄县的经营煤窑者“皆积赀巨万”。至晚清，因为“粮运不行，关税日重，故煤运出境者皆以厘课多，不足以更费”，加之奸商故意压低煤价，致使该县经营煤窑的商贾大都亏赔，“往往致折阅，甚或至于破家”，[⑤] 面临巨大的风险。清末，河南林县东横水区管家庄、郭家窑、凌集、达连池、翟曲、马店、乔家屯和土

① （明）宋应星：《天工开物》卷中《燔石第十一卷·煤炭》，明崇祯十年刻本。

② （明）程绍：《直陈开矿利害恳乞圣明勑部酌议以杜乱萌事》，（明）董其昌：《神庙留中奏疏汇要》（第9册）《户部类》卷一，《续修四库全书》第470册，上海：上海古籍出版社，2002年版，第267页。

③ 嘉庆《密县志》卷一一《风土志·物产》，清嘉庆二十二年刻本。

④ 光绪《峄县志》卷七《物产略》，清光绪三十年刻本。

⑤ 光绪《峄县志》卷七《物产略》，清光绪三十年刻本。

寨沟等处，皆出产煤炭，采煤者“获利者固多，折阅者亦复不少”,① 也冒着巨大的亏本风险。

采矿过程中发生事故更司空见惯，种种不测之祸时刻会降临。采矿时矿洞深邃，阴冷潮湿，地形复杂，采矿者时刻面临不测之祸，乃至悲惨丧命。以明神宗万历年间中原采矿为例，明人陈继儒如此记载说：

万历间，河南采矿，泌阳县南三十里高家洞、邵家洞、杨家洞，前犹出砂些须，忽于二十五年四月十二日，矿砂俱化为青泥，又有白泥叠出，如人脑浆。矿夫王得贵手握，觉有油脂。忽闻沿洞中有猪声吼叫，黑、白二气熏蒸而出，入人鼻窍，臭不可当。众夫股栗，一拥跑走。

又，矿夫张守元、周世禄打洞，偶有巨石擂下，塞闭洞口，随即水出，将守元淹死。仍若有人扯住周世禄右腿，当有一石擂下，砍断其腿，强挣扒出洞口，即死。②

矿夫王得贵等人很幸运，有惊无险，而张守元和周世禄却因矿洞骤塌，一个被淹死，一个腿被砸断惨死，令人不寒而栗。万历年间，河南南阳府境内的矿洞中也经常发生此类惨祸，“矿夫深入洞中，为土石所压，破脑折骨而毙者，若干人矣”。③

清代，中原采矿过程中矿工死者也很多。譬如乾隆年间，河南府巩县的煤窑煤井中，矿工众多，“其间病死、压死者，间有之”。④ 晚清，福公司在怀庆府采煤，“井内取煤甚远，危险特甚，数年来压毙工人，殆难偻指”,⑤ 遇难矿工不计其数。此类矿难，举不胜举。

此外，许多矿物毒性很大，严重损害采矿者的健康，甚至有长期采矿而慢性中毒毙命者。如河南府嵩县东面的山中富含黑铅矿，嘉靖年间，人们冒着巨大的风险采黑铅谋利，许多人贪多得矿利长期开采，在浑然不觉

---

① 民国《林县志》卷一〇《风土·矿》，民国二十一年石印本。

② （明）陈继儒：《见闻录》卷八，上海：上海文明书局，民国十一年石印本。

③ （明）马鸣銮：《采矿利薄民困难堪恳恩停止以光圣治疏》，（明）吴亮：《万历疏钞》卷二九《矿税类》，明万历三十七年刻本。

④ 乾隆《巩县志》卷七《物产志》，清乾隆五十四年刻本。

⑤ 台湾近代史研究所：《矿务档》，档案号：1082，台北：台湾近代史研究所，1985 年版，第 1870 页。

中丧命。

显然，这些采铅矿者身亡是慢性铅中毒所致，为贪多得矿利而死。黑铅往往被制成胡粉，在日常生活中用作妇女的化妆品，“查妇人颊能使本色转青”。[①] 但用黑铅制胡粉却有很大的风险，甚至有生命危险之虞。嵩县的制作胡粉者即如此，诚如时人孙瑀所言：

嵩县山中产黑铅，县之（此二字衍）故县人有以铅制粉为业者。造酒于缸，以铅块悬于缸内，而封闭其口，四十九日始开，则铅化为粉矣。其化弗白者，炒为黄丹，黄丹之查（疑为“碴”）为蜜陀僧，商贾远致金帛以易之，为利甚博，不数年而家富不赀。其铅在缸，启闭之际，气甚毒，必食大肉，饮酒而御之。若虚腹，则中其毒病以死。然其家长幼冒其毒气，面多痿黄，久之，患风挛瘫软之疾，不得其寿而殁，至无遗者。然人见其利，不恤其害，继之者，自昔至今不绝也。噫！何其巧于谋利，而拙于谋身，以及其家如此。[②]

这些制作胡粉者虽然获得厚利，短短数年即可致富，“家富不赀”，但是他们却要冒着巨大的慢性铅中毒风险，轻者面色痿黄，重者毙命，甚至有全家老幼无一幸存而绝户者，闻之令人不寒而栗。此外，采矿时伤人之事更是时有发生。如清代密县百姓在采煤过程中，“时而遇水遇火，伤人亦多”。[③] 尽管采矿有如上诸多风险，但中原百姓或为衣食所迫，或为重利所诱，仍然对采矿趋之若鹜。

第五节　矿冶急功近利的掠夺性和破坏性

矿脉往往鱼目混珠，真假难辨，俗语云：“一山有矿，千山有苗，真

① （明）宋应星：《天工开物》卷下《五金第十四卷·铅》，明崇祯十年刻本。
② （明）孙瑀：《岁寒集》卷上《铅粉说》，明嘉靖七年刻本。
③ 嘉庆《密县志》卷一一《风土志·物产》，清嘉庆二十二年刻本。

苗难遇。”[①] 因此，人们找矿往往要费不少周折，需要多方勘探才能辨伪识真，找到真正的矿脉。寻找矿脉具有一定的偶然性，幸运者能够在短时间内或者不经意间找到优质矿脉，而更多的时候则需要较长时间才能找到矿脉。如前揭南阳府邓州官民从明正德八年至嘉靖四十二年（1513—1563年），历时50年才找到真正的煤苗，成功采出煤炭。[②] 找矿如此艰难，因此找到矿苗后，开采者往往急功近利，大肆掠夺性开采冶炼，带有很大的破坏性。如河南嵩县与卢氏县、永宁县和南召县各县交界处，多有矿洞，出产铅矿和锡矿，间产银砂。明崇祯末年，这一带矿徒云集，多者千余人，少者也不下数百人。他们“往往争洞杀伤，官府不能问”，经常为争夺矿洞混战不休，官府奈何不得。而矿徒人多食繁，“时或荒歉乏食，变可立致”，[③] 严重威胁着当地的社会秩序，其破坏性和掠夺性自不待言。

中原采矿冶炼的破坏性和掠夺性，尤以明神宗万历年间最为明显。当时中原采矿冶炼普遍展开，“矿盗哨聚”，“民皆开矿”，“矿洞遍开”。[④] 河南府和南阳府尤甚，二府矿徒四集，不下数万，[⑤] 南阳府“但称有矿去处，掘挖无遗”。[⑥] 该府内乡、南召和河南府卢氏诸县之间，众多矿徒“专以凿山为业”，他们千百为群，开采于人迹罕至的深山大谷；而官府采矿“咸近市井道路处”。[⑦] 矿夫乱挖滥采，事故频发。万历二十五年（1597年），巡按河南监察御史姚思仁即批评官府在中原采矿之弊：

> 矿在重渊之下，浅则须凿二三十丈，深则五六十丈，方始见砂。矿夫深入洞中，不分日夜打掘凿挖，砂石虚浮，忽然崩压，有破头烂额者，有

① 康熙五十八年七月二十五日山东巡抚李树德：《奏报淄川临朐发现银铅矿脉事折》，中国第一历史档案馆编《康熙朝汉文朱批奏折汇编》第8册，第2813号，北京：档案出版社，1984年版，586页。

② 嘉靖《邓州志》卷二《郡纪》，《天一阁藏明代方志选刊》第48册，上海：上海古籍书店，1963年据天一阁藏明嘉靖四十三年刻本影印。

③ 乾隆《嵩县志》卷一五《食货》，清乾隆三十二年刊本。

④ （明）姚思仁：《中原困疲请停开采疏》，（明）吴亮：《万历疏钞》卷二九《矿税类》，明万历三十七年刻本。

⑤ （明）孙继皋：《宗伯集》卷二《催发河南巡抚疏》，影印文渊阁《四库全书》第1291册，台北：台湾商务印书馆，1986年版，第221页。

⑥ （明）马鸣銮：《采矿利薄民困难堪恳恩停止以光圣治疏》，（明）吴亮：《万历疏钞》卷二九《矿税类》，明万历三十九年刻本。

⑦ （明）王士性：《广志绎》卷三《江北四省·河南》，清康熙十五年刻本。

粉骨碎身者，有尽十余人而压死者。……南阳一府奉旨开采者，文家等洞。河南一府奉旨开采者，嵩、卢等县止耳！奈何日增月益，今日开一洞不见砂，明日复开一洞；不见砂，后日又开一洞。奉旨者开，不奉旨者亦开；有砂者开，无砂者亦开。……此矿洞遍开，浪费之可虑者。①

矿洞崩塌往往压死矿工，塌陷地层，改变地貌。“矿洞遍开”，乱挖滥采，既浪费宝贵的矿产资源，也破坏地表植被，为水土流失埋下祸根，后患无穷。同年，抚治郧阳右佥都御史马鸣銮也说：

今南阳所属州县，但称有矿去处，掘挖无遗。矿夫深入洞中，为土石所压，破脑折骨而毙者，若干人矣。②

马氏所言虽有所夸张，却表明在中原采矿冶炼的过程中，乱挖滥采的现象确实很严重，致使矿洞塌陷时有发生。万历三十三年（1605 年），面对事实，明神宗也承认这次采矿破坏“地脉灵气”。③ 这次大规模采矿一直持续到万历四十八年（1620 年）他去世才停止，历时 24 年之久。长期乱挖滥采不仅浪费了中原大量矿产资源，而且矿难频发，对社会秩序和生态环境都产生了巨大的破坏。

清代，中原采矿冶炼的破坏性也很明显，矿洞经常“至有凿空，石裂土崩”。④ 以采煤而言，采煤之处“或在行粮地内，或系完纳山粮，脉微土浅”，⑤ 开采者常“自窑底横穿取煤”。随着开采深入，洞穴愈挖愈深广。如此进行下去，地层不免会塌陷，“打窑损地，以后不便耕种”。⑥ 晚清，列强在中原采矿的掠夺性和破坏性也很明显，英商福公司尤甚。光绪二十四年（1898 年），福公司与中国豫丰公司签订《豫丰公司与福公司议订河南开矿

① （明）姚思仁：《中原困疲乞停开采疏》，（明）吴亮：《万历疏钞》，卷二九《矿税类》，明万历三十七年刻本。

② （明）马鸣銮：《采矿利薄民困难堪恳恩停止以光圣治疏》，（明）吴亮：《万历疏钞》卷二九《矿税类》，明万历三十七年刻本。

③ 《明神宗实录》卷四一六，“万历三十三年十二月壬寅”条，台北：台湾近代史研究所，1962 年版，第 7814 页。

④ （清）刘岳云：《格物中法》卷五（下）《金部・铅》，清同治年间刻本。

⑤ （清）雅尔图：《雅公心政录》卷二《奏疏・题为请广天地自然之利以裕民用事》，清乾隆六年刻本。

⑥ （清）李钧：《判语录存》卷四《争窑地事》，清道光十三年刻本。

制铁以及转运各色矿产章程》二十条，其中第一、第五、第十六条规定：

一、豫丰公司禀奉河南巡抚批准，专办怀庆左右黄河以北诸山各矿。今将批准各事转请福公司办理，限六十年为期。应先由矿师勘定何乡何山何种矿产，绘图贴说，禀请河南巡抚查明，果与地方情形无碍，一面咨明总理衙门备案，一面发给凭单，准其开采矿地，勿稍耽延。如系民产，向业主议明，或租或买，公平给价。如系官产，应照该处田则加倍纳赋。

……

五、勘验矿地，或应打钻掘井，探视矿苗，应先与地主商明，踏损田禾，酌量赔偿。至开矿以后，或因矿塌陷，损伤民命房产，应归福公司抚恤赔偿。若定办一矿有占民地，必须会同地方官，或向地主租用，或备价购买，秉公定价，务使两不受亏，方昭公允。所开矿地，无论或租或买，但遇有坟茔祠墓，必须设法绕越，毋得发掘。

……

十六、凡于所准矿地，遇有民人先经开采者，不得侵占，如原主自愿租卖，应由豫丰公司会同福公司秉公给价，不得稍有抑勒。①

这几项条款，涉及福公司采矿时应设法保护百姓的生命、田地、庄稼和房产，出人命福公司要抚恤，损坏了要赔偿，遇到坟茔祠堂必须设法绕开，对保护百姓利益考虑得不可谓不周详，规定得也比较具体、公允，并得到福公司的首肯。孰料福公司却食言而肥，视此合同为具文，采矿时大肆掠夺破坏，拒不履行合同约定的义务，缺少起码的诚信。对此，民国《修武县志》揭露说：

历年以来，福公司蔑视合同，于人民土地，所有并不明向地主议价租买，往往迫令矿工肆意吞侵。如所占刘丰年等田地，竟多至五百余亩，擅穴地底，盗采煤觔，以致地面损伤，纵横折裂，妨害耕种，已与原合同第一、第五条之规定不符。地主不愿卖绝之地，或利用廉价明租地，而实则觊觎地底，密布工程。如宣统元年，租用刘丰年地面四十七亩。于租定

① 台湾近代史研究所：《矿务档》，档案号：900，台北：台湾近代史研究所，1985 年版，第 1630、1631、1633 页。

后，忽向地底大施工作，穿洞取煤，若并不知地底、地面为应有分别者，亦与专条第六条（当为第十六条）之规定不符。至于人民坟墓所在必须绕越者，并不避让丝毫，竟在地底开采发掘。如王、李、崔三姓坟墓，因被牵动塌陷，暴骨露棺，至令死者含冤，生者抱痛，又与原合同第五条之规定不符。①

英商福公司在中原采矿时，公然违背合同，大肆掠夺与破坏，严重损害当地民生，影响社会安定，侵略者的掠夺与破坏本性暴露无遗。对于这一点，下文还要详细说明，此不赘言。

第六节 矿工劳动条件和待遇的恶劣性

明清时期，中原采矿时之所以矿难多发，其中一个主要原因是，囿于当时的生产力水平，更因矿主追求利润最大化的短视，不注重改善采矿条件，加之工头也对矿工滥施淫威，刻意盘剥。这些因素交织在一起，决定了多数矿工的劳动条件恶劣，待遇极差。如前揭明神宗万历年间的大规模采矿过程中，山西大同府灵丘县矿工的劳动条件和待遇达到惊人的程度：

计一日力，公家额给工资五分，为炉头、中涓、内外人役朋扣差半。在山洞力役者，终岁腰斤锤凿，首戴火炬，足踏流泉，不知天日阴晴寒燠，其人竟同罗刹鬼蜮。惟日给食米黄虀充腹而已，并半扣工资，杳然不闻。……凡山中矿道，纡回数十里，非顽石不可攻，即水泉滮发，动深尺许，人裸行穴间，日夜锤挖不休。②

这些矿工在地狱般的恶劣环境中辛劳地开采，而待遇却极差，国家规定每日五分的工钱被炉头等人层层克扣后，到矿工手中时已所剩无几。

清代，中原矿工的劳动条件也不容乐观。以煤窑为例，中原煤窑生产一般分日夜两班，矿工“下井鸡鸣叫，上井月亮照”，每天至少要工作 12

---

① 民国《修武县志》卷一一《交涉·第七章·地方人民与福公司在红黄界之交涉》，民国二十年铅印本。

② （清）宋起凤：《大茂山房合稿》卷六《表·矿害议》，清康熙年间刻本。

个小时。矿工下井时就站在提升煤、水等货物的桶内，两手紧抓住吊桶的绳子，稍有不慎就会落入幽深的矿井粉身碎骨，① 劳动条件非常差。

另外，明清时期，中原采矿过程中奴役矿工的现象也层出不穷，甚至有良民被拐骗后被迫充当矿工者，他们受尽虐待，过着牛马不如的悲惨生活，沦为名副其实的矿奴。这不乏其例。嘉庆元年（1796 年），河南汝州鲁山县知县董作栋因“梁洼一带煤窑工头诓人作工，久羁不放，或地方无赖诱卖贫民，屡有鸣怨之案”，于是他亲自带兵到这一带，从煤窑中解救出约 300 名被拐骗的异乡采煤工人，使他们重见天日。遂后他严令“窑户工头公平雇人开采，不许设立‘拨房’强拉诓买，违者重法绳之”。② 嘉庆、道光年间，河南密县和禹州一带的煤窑奴役矿工的现象也比较普遍。窑主往往“在幽阴沟壑设立厂局，圈禁工人，名曰‘窝铺’，实为圈所”。③ 窑主和工头等明知所雇被诓诱的外地贫民均非自愿，唯恐他们乘机散去，遂设立“人圈”，严加防范，不许擅自出入，形同囚禁。他们还强迫“不谙窑务之人”下窑，轮班采挖，如不听从，大肆殴逼。窑主工头“甚至设法哄骗局赌输钱，因而预支工价，日久难归，不能他去。兼之扣住工价，不得回家，以致贫民苦累难堪，轻则剁指自残，重则轻生自尽，酿成巨案”。④ 道光二年（1822 年），河南密县知县杨炳堃赴砂石坡煤窑调查，目睹“出水之筒，仍令工人下窑筑煤，以致做工人等手足浸淹，俱成疮疖，蹒跚跛躄，情实堪怜”，不禁感叹“窑户等只知贪利罔得，并不稍存怜恤……而视工人如草芥”。⑤ 平顶山一带有些煤窑主则将窑工分为“死驳子”和“活驳子”两类，前者不发工资，不准升井，直至累死，填入老塘；后者数十日升一次井，言行受监视，晚上挤在土洞里睡觉，大小便俱不许出洞，犹如死囚一般。官府曾荡平一处黑煤窑，救出多名被圈禁的矿

---

① 薛毅：《清代河南的采煤业》，《中州煤炭》1987 年第 4 期。

② （清）董作栋：《清理煤窑碑记》，嘉庆《巩县志》卷一〇《地理志·物产》，清嘉庆元年刻本。

③ （清）杨炳堃：《中议公自订年谱》卷二《三十七岁·谕窑户工头简明条规》，清光绪十一年刻本。

④ （清）杨炳堃：《中议公自订年谱》卷二《三十七岁·示禁窑户设立人圈以杜民害》，清光绪十一年刻本。

⑤ （清）杨炳堃：《中议公自订年谱》卷二《三十七岁·谕砂石坡窑户工头人等知悉》，清光绪十一年刻本。

工。这些获救的窑工，许多人已经屁股湿烂，脚掌磨破，趾骨外露，其状惨不忍睹。[①] 清代，河南巩县有些煤窑主为防止窑工逃亡，竟然在其鼻子上扎洞，系上锁链，把几个人连在一起，视窑工为牛马。[②] 矿工们形同奴隶，其工作条件之恶劣，待遇之差，令人瞠目结舌。

晚清，福公司在中原采矿时也百般盘剥虐待矿工。按照光绪年间福公司与河南地方政府签订的采矿合同第十二条规定，福公司的“矿丁宜多用豫人，工价应从优酌定”。多年以来，福公司的矿工终岁辛苦劳作，“不惟工作倍于他项之职，而倾跌死亡或且朝不保夕”。矿工们含辛茹苦，工作繁重且危险，而福公司却对他们“非直生吞活剥，克减工资，甚且倒行逆施，勒罚巨款，自数十两或百数十两不等”。此种违约苛工行为，“显背人道，不顾公理”。[③] 矿工的待遇之差可想而知。

以上诸多事例充分说明，明清时期，在中原采矿过程中，矿工的工作条件大多非常恶劣，待遇极差，非常不公平。许多矿工倍受奴役，形同牛马。这一特点一方面是采矿技术落后造成的，另一方面则是当时政府和民间对矿业监管不力所致。而后者则是更主要的原因。

当然，明清中原矿业除以上这些主要特点外，还有其他一些特点，诸如低效性、分散性、落后性、晚清列强在中原采矿的侵略性和中原人民采矿的反侵略性等，在此就不一一展开论述了。

---

① 任荣国：《平顶山历史上小煤窑资料拾零》，《平顶山史志通讯》1984 年第 2 期。

② 薛毅：《清代河南的采煤业》，《中州煤炭》1987 年第 4 期。

③ 民国《修武县志》卷一一《交涉·第七章·地方人民与福公司在红黄界之交涉》，民国二十年铅印本。

第六章

明清时期中原矿业的影响

明清时期，频繁的采矿冶炼活动既促进了我国社会经济发展，又带来了各种社会问题和生态问题。这已引起当时一些有识之士的关注。康熙初年，湖广郴州举人喻国人即提出著名的坑冶“十害论”，详述了采矿冶炼对粮食、农业生产、民间禁忌即风水龙脉、社会稳定、自然环境和身体健康等方面的危害，其中，有六害关乎矿区的自然环境。[①] 尽管此“十害论”明显失于偏颇，却是目前已知论述采矿冶炼破坏环境的最详细资料。以上虽是彬州采矿过程中出现的问题，但这些问题带有很大的普遍性，中原也概莫能外。明清时期，中原的矿冶活动日渐频繁，既促进了中原社会经济发展，改善了百姓生活，又引起诸多社会问题和环境问题，深深地影响着中原社会。学界除对此期间的采煤活动特别是福公司采煤的影响有初步研究外，[②] 系统探讨中原矿业影响的专论尚付阙如。因此，笔者试探讨此问题，期以抛砖引玉，有裨于明清时期中原矿业的研究。

第一节　矿业惠及百姓生活

明清时期，中原日渐频繁的采矿冶炼和矿产贸易活动给当地人们带来的影响是多方面的，在众多的影响中，最直接的影响是它方便了百姓，改善着他们的生活。

首先，采煤方便人们获取燃料，缓解中原人多薪少的矛盾。中原向来是人口聚集的主要地区，明清时期，这一带柴薪燃料不足的问题非常突

---

① 康熙《郴州总志》卷七《风土志·坑冶》，清康熙二十四年刻本。

② 薛毅：《清代河南的采煤业》，《中州煤炭》1987 年第 4 期；薛毅：《英商福公司在中国》，武汉：武汉大学出版社，1992 年版；王兴亚：《明清时期河南煤炭的开采与利用》，《殷都学刊》1996 年第 4 期；王守谦：《煤炭与政治：晚清民国福公司矿案研究》，北京：社会科学文献出版社，2009 年版，等等。

出。如地处中原南部的河南南阳府邓州，日用燃料极其匮乏，给当地百姓生活造成很大的困难。对此，嘉靖《邓州志》记载：

邓地多沃壤，四望平旷，其菽粟之所出可他州比，独无山谷以繁林木，洲渚以产蒲苇，民之樵采无所给，而资之以炊爨者，惟黍秆焉耳，麻稭焉耳。其为物既微，苟遇旱涝，则所出益寡，价愈腾贵，虽中人之家犹难致之，而况其贫者？室无升斗之积，而又病举火之难，其几何不嗷嗷转而为莩（同殍）也。①

邓州的富裕之家还为燃料不足而发愁，贫困之家燃料不足的窘状可想而知。对于中原燃料的缺乏，万历时人王士性也说，“中州山皆土垅，不生草木”，而豫南的汝宁府尤甚，“汝宁称殷，然烟火稠，薪桂是急，雨雪连朝，既富室皆裂门壁以炊”。② 虽然王氏所言中原之山皆不生草木，显然并不符合实际，乃夸大之词，但却反映了中原柴薪匮乏的实情。在此情况下，采煤对中原百姓生活的重要性不言而喻。

为解决中原柴薪不足的问题，许多人将目光投向煤炭。如前揭为改变豫南邓州百姓燃料匮乏的局面，此州四任知州率领百姓竭力勘探煤炭，经过50年的不懈努力，至明世宗嘉靖四十二年（1563年），终于在邓州洞儿山和内乡县花墓山挖出煤炭。此后，“民朝夕咸赖以爨”，黍秆、麻秸减价十分之三四，“老幼欢呼，各得其养矣③！”采挖煤炭既可以使人们摆脱对秸秆、木柴的严重依赖，方便日常生活，减轻经济负担，又可以将节省的秸秆或饲养牲畜，或作为肥料还田，促进农业生产。

明末，河南开封城每天“五门所进，柴、草、灰、煤、石炭、木炭、诸色菜蔬、大小米、绿豆等担，大小水车、土车、胶泥”。④“石炭”是煤炭的一种，而“胶泥”即和煤时用作黏结剂的煤土，这表明此时开封百姓

① 嘉靖《邓州志》卷二《郡纪》，《天一阁藏明代方志选刊》第48册，上海：上海古籍书店，1963年据天一阁藏明嘉靖四十三年刻本影印。

② （明）王士性：《广志绎》卷三《江北四省》，北京：中华书局，2006年版，第223、230页。

③ 嘉靖《邓州志》卷二《郡纪》，《天一阁藏明代方志选刊》第48册，上海：上海古籍书店，1963年据天一阁藏明嘉靖四十三年刻本影印。

④ （清）常茂徕：《如梦录·小市记第八》，郑州：中州古籍出版社，1984年孔宪易校注本，第80页。

的日常生活中煤的用量也很大。这仅是中原百姓用煤的缩影之一。此期间意大利传教士利玛窦来华，对当时中国北方地区使用煤炭的情况印象也非常深刻，他记道：

木头、芦苇和稻草等等用于烧炉火，还用一种和比利时的利奥第安斯主教区采掘出来的煤相似的东西，他们叫它煤（Mui）。凡是我们用煤的地方他们都用它，烧起来并不发生带臭味的烟。老天对北方人更宽厚一些，北方的这种煤藏很多，质量也好。人们把煤从地下采掘出来后，广泛运往全国各地，价钱很低，这表明煤很充足，即使最穷的人也可能用它做饭和烧洗澡水。……除了那些富有而无需节约的人以外，这里经常缺乏薪火，但这种匮乏可由一种沥青物质补充，它缺乏一个更好的名称，我们称它为沥青或矿物胶脂。这是一种从地下挖出来的化石焦，像列日（Liege，比利时地名）附近的比利时人所用的那种一样。中国人用它来烧饭和在几乎达到北极区域温度的冬季最寒冷时候室内取暖。这种物质的丰富很好地弥补了薪火的不足。①

利玛窦所说的沥青或矿物胶脂——化石焦，实际上也是一种煤炭，它弥补了北方柴薪的不足，在人们做饭和取暖方面发挥着重要作用。

清代，中原百姓用煤更加普遍，豫北一带更是家家用煤。诚如顺治、康熙时人汪价所说：

昔人言，夷陵黑土为劫灰，即石炭之疏散者也。今怀、孟间，家家用之。黑坚如石，以斧捶碎，拌以黄土同烧则燃，过则竟成土矣，最为省费，且视煤无毒。②

“怀”即河南怀庆府，“孟”指河南府孟津县，这一带的百姓普遍使用此种优质煤炭，既经济又安全，极大地方便了他们的生活。中原其他地方的百姓用煤者也很多。乾隆五年（1740 年），河南布政使朱定元即说，当

① ［意］利玛窦、［比］金尼阁著，何高济、王遵仲、李申译：《利玛窦中国札记》，北京：中华书局，1983 年版，第 16、330 页。

② （清）汪价：《中州杂俎》卷二〇《物类十四物考・石炭》，民国十年三怡堂丛书本。

地“民间火食大概资于秫、秸等薪，间有借煤以为炊爨者”。[①] 此种事例所在多有，乾隆年间，林县人民即多以煤炭为燃料。诚如乾隆《林县志》所载：

县属虽地处山林，薪樵不易，凡供炊之需，其别有四：一曰煤，境内惟东乡有煤窑，止供近用。南乡无煤，资于汲县。西乡无煤，资于山西。北乡无煤，资于安阳。一曰柴，劈大木为片柴，摘树梢为干柴。一曰炭，烧树枝为条炭，烧木根为疙瘩炭。[②]

林县“薪樵不易”，多亏周边地区产煤炭才使当地百姓解除了做饭缺薪之忧，不再为燃料发愁，同时也大大缓解了人们日常生活对草木植被的压力。豫北汲县也如此，煤炭在人们的日常生活中发挥着很大作用，该县人们所用煤炭多运自怀庆府清化镇。对此，乾隆《汲县志》记载：

供炊之具有四：一曰草，凡高粱秆、脂麻秆、豆秸、荞麦秸及野草之类，皆可炊。一曰木，多采自山中。一曰煤，运自怀庆清化镇地方者，盛于近邑。一曰炭，出西北山中。[③]

煤炭的使用无疑既方便了汲县人民的生活，又使汲县的许多高粱秆、脂麻秆、豆秸、荞麦秸及野草免于炊火之灾，有利于当地的植被保护。嘉庆时，河南鲁山县梁家洼一带的百姓采煤，“用以代薪，亦自然之利”，[④] 获益匪浅。密县和禹州的百姓也以煤炭来弥补当地柴薪的不足。对于此种情况，道光二年（1822 年），密县知县杨炳堃即说：

禹、密本系接壤，密县四面环山，石厚土薄，少产柴薪，民间全赖土煤炊爨。禹州西北两乡毗连密境处所，情形亦属相同。每于三冬农隙之时，该窑户等纠工开采，以备来岁炊烧。[⑤]

密县和禹州的百姓因当地少柴薪，也以煤炭为燃料做饭。同治时，南

① （清）雅尔图：《雅公心政录》卷二《奏疏・题为请广天地自然之利以裕民用事》，清乾隆六年刻本。

② 乾隆《林县志》卷五《风土记・汲爨记》，清乾隆十七年刻本。

③ 乾隆《汲县志》卷六《风土志・食货》，清乾隆二十年刻本。

④ 嘉庆《巩县志》卷一〇《地理志・物产》，清嘉庆元年刻本。

⑤ （清）杨炳堃：《中议公自订年谱》卷二《三十七岁・敬禀者》，清光绪十一年刻本。

阳府叶县平顶山所产煤炭，“东南郡邑多赖此而炊”。[1] 清末，河南巩县的“冈阜陂陀，皆垦而蓺谷，草之被征诛者殆尽，地非不毛，山皆成童”。[2] 在植被稀少的情况下，该县丰富的煤炭资源无疑缓解了百姓日常生活燃料的匮乏。总之，煤炭方便中原百姓燃料之需的例子举不胜举。

其次，采矿冶炼方便人们的生产生活。矿产尤其是金属矿产在人们的生产生活中须臾不可或缺，中原采矿冶炼极大地方便了当地人民的生产生活。如河南直隶州汝州鲁山县青条岭东南山中有铁矿石，嘉靖年间，“时有山西善冶者郎龙等立炉百十余座，铸各色器皿，民大利焉”，[3] 极大地方便了人们的日常生活。巩县东南老庙山孤堆坡等处富含铁矿，清末，“每当秋冬之暇，土人开采，鼓铸犁舌、犁面以供农夫之需”，[4] 极有利于农业生产。灵宝县亦然，“铁工有炉园两处，尚可铸各样铁货，但无大机器，所铸货物亦仅粗笨农器居多”。[5] 开采铁矿冶铸农具既给矿冶者带来了丰厚的利润，又方便了农民，促进了农业生产。林县的矿产富饶，采矿也令当地人民受益良多：

> 县东横水区管家庄、郭家窑、凌集、达连池、翟曲、马店、乔家屯、土寨沟等处皆产煤，屡经开采，成效颇著，一邑炊爨半仰给于此。……此外，任村西有砺山，产砺石，黄华谷中产玉石，谼峪山壑深处产砚石，土人开取以制物备用，无专业者。[6]

以上显示，煤炭是林县人们一日三炊的主要燃料，而砺石、玉石和砚石也被人们采出“制物备用”。由此可见，采矿方便了林县百姓生活并非虚言。

最后，采矿冶炼还是中原百姓谋生的一种手段。明清时期，中原许多贫民以采矿为生。如河南南阳府南阳县的“豫山产玉，蒲山产石”，“县北

---

① 同治《叶县志》卷一《舆地志·山川》，清同治十一年刻本。
② 民国《巩县志》卷七《民政志·物产·草属》，民国二十六年刊本。
③ 嘉靖《鲁山县志》卷八《古迹·炉沟》，明嘉靖年间刻本。
④ 民国《巩县志》卷七《民政志·煤炭》，民国二十六年刊本。
⑤ 民国《灵宝县志》卷二《人民·工商情形》，民国二十四年重修铅印本。
⑥ 民国《林县志》卷一〇《风土·矿》，民国二十一年石印本。

居氓多治玉石为生”。[①] 明朝前期，大量流民涌入中原西南部，许多人即以采矿为生。明宪宗成化年间，他们还受到明政府的血腥镇压。进入清代，特别是乾隆以降，中原的人地关系日趋紧张，许多无地少地者和贫困者为生活所迫，纷纷采矿。乾隆年间，河南巩县的煤窑煤井众多，矿工“开窑凿井，千百为群，受雇者皆四方贫瘠”。[②] 采煤不仅是窑主的利源，而且为贫民提供了谋生的机会。嘉庆年间，密县许多山民因无田可耕，纷纷以开矿为生，“每借开凿糊口”。[③] 嘉庆、道光年间，柴薪匮乏的禹州和密县，“每于三冬农隙之时，该窑户等纠工开采，以备来岁炊烧，附近贫民亦得在窑负贩佣趁，藉赡身家，利益民生，所关匪细”。[④] 对于采煤给密县百姓带来的益处，道光四年（1824 年），密县知县杨炳堃说：

> 卑县地方四面环山，地多砂石，所产柴草不敷日用，向听居民在于无碍田庐坟墓之处开采土煤，以利炊爨。兼之无地乏食贫民，往往肩挑驴驮，藉煤贩运，以资糊口。是有关乎地利民生，未便遽行禁止，惟煤窑雇觅工人，土著者居其半，外来者居其半。[⑤]

在杨氏看来，采煤不仅是密县百姓的谋生之途，也惠及外地贫民。中原百姓以采矿冶炼为生的事例多如牛毛，难以悉数枚举。

此外，许多采矿冶炼者在进行生产的同时，还从事社会公益活动。如乾隆三十八年（1773 年）初，河南宝丰县张八桥村的宝兴、顺兴两座煤窑专门捐款修公善桥，既便利了煤炭运输，又方便了百姓往来。[⑥] 乾隆四十八年（1783 年），开封府密县高沟煤窑、杨坟坡煤窑、三和盛煤窑、人和煤窑、中和煤窑 5 座煤窑，在发财后也曾经出资捐助修建老君庙。[⑦] 此种事例还有很多，兹不赘举。

---

① 光绪《南阳县志》卷二《疆域》，清光绪三十年刊本。

② 乾隆《巩县志》卷七《物产志》，清乾隆五十四年刻本。

③ 嘉庆《密县志》卷一一《风土志·物产》，清嘉庆二十二年刻本。

④ （清）杨炳堃：《中议公自订年谱》卷二《三十七岁·敬禀者》，清光绪十一年刻本。

⑤ （清）杨炳堃：《中议公自订年谱》卷二《三十九岁》，清光绪十一年刻本。

⑥ 乾隆三十八年宝丰县张八桥立《公善桥碑记》，吴晓煜：《中国煤炭史志资料钩沉》，北京：煤炭工业出版社，2002 年版，第 291 页。

⑦ 乾隆四十八年二月密县立《重修老君庙碑记》，道光《汝州全志》卷五《食货·物产》，道光二十年刻本。汴书田：《豫煤古今谈》，北京：煤炭工业出版社，2000 年版，第 120 页。

第二节　矿业促进中原社会经济发展

采矿冶炼除方便中原百姓生活外，还是他们致富的主要途径，也促进了中原社会经济的发展。对于矿产资源与经济之间的关系，程民生在《宋代地域经济》一书中指出，虽然矿产分布从根本上讲受地质构造的制约，但是在同等条件下，资源优势能否转化为经济优势，却要受生产力和生产关系的制约，可决定能否勘探到矿藏、有无开发能力、生产效率如何，等等。[①] 明清时期，我国的采矿冶炼技术有所发展，个别领域已达到一定水平，加之矿业政策日渐松弛等原因，使中原的矿藏资源优势一定程度上转化为经济优势，促进了当地经济发展。譬如明嘉靖年间，矿徒在河南府嵩县东 90 里的山中采黑铅，"为日计直，可得匹布。视力田者，得利速且倍，故傍近慵耕者争趋之"。每日采铅所得相当于一匹布的价值，较之从事农业和蚕桑业，得利多而快，土著趋之若鹜，[②] 不少人富裕起来。道光六年（1826 年）冬天，豫北修武县庙河村百姓在老君庙北面山中"创打煤桶十数只，吾乡近颇利之"，[③] 十几个煤窑所出之煤既保证了当地居民的日用燃料所需，又使村民大获其利，受益匪浅。同时，采出的大量矿产无疑对发展当地经济起着积极作用。

受地质构造影响，一般情况下，矿产大多储藏于山区。中原的矿产亦然，许多地方的山区矿产资源丰富。而中原许多地方尤其是山区田地很少，发展农业经济受到很大制约，百姓生活非常辛苦。在此情况下，若当地的矿产资源比较富饶，无疑会对这一带社会经济的发展和百姓生活的改善带来积极的影响。地处中原西部的河南灵宝县即如此，据民国《灵宝县志》记载：

灵宝全境面积虽有八千四百方里，其中可以耕种者，不过十分之三。

---

① 程民生：《宋代地域经济》，开封：河南大学出版社，1992 年版，第 149—150 页。

② （明）孙瑀：《岁寒集》卷上《采铅者说》，明嘉靖七年刻本。

③ 道光七年河南修武县庙河村立《创建拜殿碑记》，此碑现存河南焦作市白涧房乡庙河村。吴晓煜：《中国煤炭史志资料钩沉》，北京：煤炭工业出版社，2002 年版，第 314 页。

盖秦山、乾山占地最广，石山陡峭，不可耕耘。宏、农诸河每值山水暴涨，淹没无涯。太河阴岸一带黄沙，虢镇南乡尽属坡岭，其可称为田地，东西五十余里，南北五十余里而已。统全县计之，山居十分之五，川占十分之一，坡岭占十分之一，平地占十分之三，是可以兴农作纳赋征税之地，不过二千五百方里而已。其中犹肥瘠各半，水旱不时，故农村岌岌破产，田作利息日微，此中情形，危险万状焉。①

豫西灵宝县山多田少，又水旱不常，发展农业根本无优势可言。在此“危险万状”的恶劣条件下，当地百姓生活困苦乃是必然：

灵邑百姓最耐劳苦，城市之人勤负贩，终日奔忙，业农者多无牲口，其送粪纳稼多以人力，汗流浃背，气喘吁吁，实堪怜悯。四乡之户，山野之民，终年作苦，不肯稍休。冬春余暇，一人一驴，送城市之货于山中，转山中之粟于城市，俗语谓之“盘山”。直至东作届期，“盘山”方休。终岁之间，无一逸日，情亦苦矣！……灵邑百姓安贫乐贱，终年作苦，不以为劳若。令其营商作官，则群视为畏途。盖有视离乡为莫大之苦，视官商如登天之难。是以中人之家，有三五十辈足迹不出一村者。其安分固可取，其拘滞亦堪怜焉。②

豫西灵宝县山多田少，人们务农辛苦万状。受传统的重本抑末思想禁锢，他们多不愿离乡经商或为宦，视此为畏途，反而拘泥于务农“盘山”，生活困苦。幸运的是，该县虽然多山少田，不利于农业发展，但是其矿产资源丰富，县境与陕西华阴县交界处皆有矿洞，出产铜、铁、铅和锡等矿产，朱阳涧则产虢石，“自生花草，可为屏风，琢之成砚颇佳”。③ 境内的“项城山中煤质甚厚，下层煤好”，④“南山煤矿亦富”。⑤ 在发展农业条件不佳的情况下，许多人转而采矿，希冀致富。以采铁矿冶炼而言，清末民初，灵宝县城有两处炼铁炉，可以铸造各种铁器，“所铸货物亦仅粗笨农

---

① 民国《灵宝县志》卷一《疆域·田地情形》，民国二十四年重修铅印本。
② 民国《灵宝县志》卷二《人民·性情》，民国二十四年重修铅印本。
③ 光绪《灵宝县志》卷三《土产志》，清光绪二年刊本。
④ 民国《灵宝县志》卷四《土产·矿物》，民国二十四年重修铅印本。
⑤ 民国《灵宝县志》卷二《人民·工商情形》，民国二十四年重修铅印本。

器居多”。[①] 这无疑有利于当地农业经济发展。

另外，采矿冶炼是中原百姓的一大利源，充裕着其生活，同时，这也促进了当地经济发展。如清朝前期，地处中原西部的山西泽州府，百姓开采铁矿和煤炭，源源不断销往河南，“其输市中州者，惟铁与煤，日不绝于途”。[②] 这不仅密切了两省的经济联系，而且促进了当地的经济发展。乾隆年间，河南宝丰县张八桥村有宝兴、顺兴等煤窑，“煤出如山，西南更广”。[③] 密县有高沟煤窑、杨坟坡煤窑、三和盛煤窑、人和煤窑、中和煤窑等，“宝光流露，利益无穷”，[④] 采煤既使当地人们受益颇多，又促进了社会经济发展。豫北彰德府林县的龙头山、木影山和风宁山，“其民稼穑兼陶窑，其山有黑煤之利”，[⑤] 采煤是当地百姓的一大副业，充裕着他们的生活。地处中原东部的山东兖州府峄县，“惟煤矿最盛，岭阜处处有之”。乾隆、嘉庆年间，这一带的煤窑时有增置，而漕运之船数千艘连樯北上，载煤动辄数百万石，销往他方，矿业因之兴盛起来。县中大族梁氏、崔氏、宋氏等，“以炭故皆起家，与王侯埒富”。仅他们每年不时送给诸官吏的“窑规”费，即耗金钱无数，数量相当可观。[⑥] 显然，采煤不仅使峄县许多人富裕起来，而且促进了当地经济发展。道光年间，河南怀庆府河内县（今沁阳县）百姓开采煤炭，“以济民用，所获资利，与地产相仿”，[⑦] 采煤所得可与农业收入比肩。光绪年间，在今天的平顶山一带，李家村附近除有大渣窑、五窑和六窑外，还有其他许多座煤窑。对此，任荣国在《平顶山历史上小煤窑资料拾零》一文中介绍说：

丁家村的丁啣爪在磨全头，郏县张店村张进义在陈家西，丁洞村白景荣在李敬家房后，南召县张永西在桐树底，先后做成新窑。吴寨村刘同发

---

① 民国《灵宝县志》卷二《人民·工商情形》，民国二十四年重修铅印本。

② 雍正《泽州府志》卷一二《物产》，清雍正十三年刻本。

③ 乾隆三十八年宝丰县张八桥立《公善桥碑记》，吴晓煜：《中国煤炭史志资料钩沉》，北京：煤炭工业出版社，2002 年版，第 291 页。

④ 汴书田：《豫煤古今谈》，北京：煤炭工业出版社，2000 年版，第 120 页。又见卞书田、胡克义、黄殿盈：《清代河南煤炭开采业的发展》，《中州煤炭》1995 年第 2 期。

⑤ 乾隆《林县志》卷五《风土志·汲炊记》，清乾隆十七年刻本。

⑥ 光绪《峄县志》卷七《物产略·峄县炭窑创设官局记》，清光绪三十年刻本。

⑦ （清）王凤生：《河北采风录》卷四《河内县水道图说》，清道光六年刻本，第 14 页。

修复了六窑。还有棠梨树窑、沟里窑、盖上窑和两盘二挤窑等，雨后春笋般相继出现。两盘二挤窑……煤似羊屎蛋儿，碎而坚，但质优，久烧焰不衰，酒馆、作坊和粉坊争相抢购。规模最大者，系叶县人称胡老总的在丁洞南地开办的竖井窑。……产煤数量大，质地好，远销叶县、舞阳、漯河、方城、南阳、邓县等地。①

可以说，采煤在很大程度上推动着这一带的社会经济发展。清末民初，河南巩县丰富的煤炭和铁矿也给中原百姓尤其是该县百姓带来了巨大的收益：

县中产煤地颇多，约分为两大部，曰南山，曰东山。南山如涉村、曹河、圣水、应山川等处，东山如黑龙潭、楼子沟、老君庙等处。开采昉自何时，茫无可考。近世业此者众，但用土法，无力购置机器。山地硗确，几等不毛，有此利源，庶瘠黑者有所效力，亦山居生活之一助也。……至藉此营商者，分言之，约有数种。一是矿山煤客设场于矿区之旁，与窑主同力合作。及出煤得享优先权，廉价收买，习以为常。二是本县煤厂复分为二：一设置适中村镇，买自矿山，转售四方居民。一设置沿河，或火车站，以供舟车之运，远售外埠。三是外埠煤厂，系零星销售，与其他商店相同。昔年仅汴洛两地，自火车交通后，京汉、陇海旁午四达，东抵山东，南至湖北，北达直隶。第就开封一埠论，清季，煤业近百廛，而非巩人者仅三数家。今则南关煤厂林立，城内煤廛较曩倍蓰。他埠之增广率类是。事业虽小，巩民之沾其润者，不其多欤！

铁矿产于县东南老庙山孤堆坡等处，每当秋冬之暇，土人开采，鼓铸犁舌、犁面以供农夫之需。②

巩县许多百姓因地制宜，通过多种途径售煤盈利，又采铁冶炼，打制农具出售，煤铁之利是他们的两项重要经济来源。采煤冶铁以及贩卖煤炭不仅促进了当地农业和商业发展，而且从业者也富裕起来。一言以蔽之，采矿冶炼促进中原社会经济发展的事例不可殚述。

① 任荣国：《平顶山历史上小煤窑资料拾零》，《平顶山史志通讯》1984 年第 2 期。
② 民国《巩县志》卷七《民政志 · 煤炭》，民国二十六年刊本。

再者，中原采矿冶炼也使国家经济获益匪浅。如河南密县境内的煤炭资源丰富，光绪二十一年（1895 年），地方政府遂在密县设局派官，征收煤炭厘金，“每煤一笼，缴纳制钱四文，历年逐渐增加”，[①] 大获其利。按照光绪二十四年《豫丰公司与福公司议订河南开矿制铁以及转运各色矿产章程》第六条规定，福公司在中原采矿，不仅所出矿产按照出井价“值百抽五”，作为落地税报效中国，而且“所余净利提二十五分归中国国家”。第八条规定，福公司出口矿产时，“仍照关章纳税”。[②] 这无疑可以增加国家的财政收入。

由上可见，采矿不仅使中原不少人富裕起来，促进了当地社会经济发展，而且有利于国家财政收入的增长，于国于民都是有益的。

再者，中原采矿冶炼也使国家经济获益匪浅。如河南密县境内的煤炭资源丰富，光绪二十一年（1895 年），地方政府遂在密县设局派官，征收煤炭厘金，“每煤一笼，缴纳制钱四文，历年逐渐增加”，[③] 大获其利。按照光绪二十四年《豫丰公司与福公司议订河南开矿制铁以及转运各色矿产章程》第六条规定，福公司在中原采矿，不仅所出矿产按照出井价“值百抽五”，作为落地税报效中国，而且“所余净利提二十五分归中国国家”。第八条规定，福公司出口矿产时，“仍照关章纳税”。[④] 这无疑可以增加国家的财政收入。

由上可见，采矿不仅使中原不少人富裕起来，促进了当地社会经济发展，而且有利于国家财政收入的增长，于国于民都是有益的。

第三节　矿业引发社会问题

毋庸讳言，明清时期，中原的采矿冶炼活动虽然促进了当地社会经济

① 民国《密县志》卷一一《财赋·煤厘》，民国十三年刻本。

② 台湾近代史研究所：《矿务档》，档案号：900，台北：台湾近代史研究所，1985 年版，第 1631、1632 页。

③ 民国《密县志》卷一一《财赋·煤厘》，民国十三年刻本。

④ 台湾近代史研究所：《矿务档》，档案号：900，台北：台湾近代史研究所，1985 年版，第 1631、1632 页。

发展，为当地人们带来诸多益处，有利于国计民生，但同时也引发了诸多社会问题，冲击着中原的社会秩序，令人担忧。

一、采矿冶炼风险大事故多

明清时期，我国的采矿冶炼技术虽然有一定程度的发展，但是仍然比较落后。在采矿冶炼过程中，容易发生事故，破产者有之，伤亡者有之。中原亦然。采矿者通常遇到的风险是，耗费大量人力物力，最终却一无所获。险情更司空见惯，种种不测之祸时刻会降临。诚如嘉庆《密县志》所载：

开凿（煤炭）非至数十丈不得，往往有工费数月而顿弃者。贫者或藉以富，而富者亦因以致败，固非王孙程郑铁冶比矣。山氓无田，每借开凿糊口，然时而遇水遇火，伤人亦多。①

幸运的采矿者可以一夜暴富，不幸者或费工数月却一无所获，甚至倾家荡产，血本无归，或遇到透水、失火、伤人等事故。不独密县如此，中原其他地方的百姓采矿时亦然，演绎着几家欢乐几家愁的故事。

再者，矿洞深邃，地形复杂，阴冷潮湿，采矿者时刻会面临不测之祸，乃至悲惨丧命。如万历年间，河南掀起采矿高潮，事故和矿难也频频发生。清代，中原采矿过程中发生事故和矿难也很多。乾隆年间，河南府巩县的采煤业发展起来，矿难也时常发生。矿工“深挖浅掏，日无宁晷，其间病死、压死者，间有之。有尸亲则妄行挟诈，狱讼之繁其一端也”。② 矿难成为该县诉讼案件繁多的一个主要原因。晚清，福公司在怀庆府开采煤炭，“井内取煤甚远，危险特甚，数年来压毙工人，殆难偻指”，③ 遇难矿工不计其数。

简言之，明清时期中原采矿过程中出现的事故、矿难举不胜举，现以此期河南的采矿事故、矿难为例择要列表，见表6-1。

---

① 嘉庆《密县志》卷一一《风土志·物产》，清嘉庆二十二年刻本。

② 乾隆《巩县志》卷七《物产志》，清乾隆五十四年刻本。

③ 台湾近代史研究所：《矿务档》，档案号：1082，台北：台湾近代史研究所，1985年版，第1870页。

表 6-1　明清时期河南主要采矿事故、矿难一览表

时间	地点	窑主	概况	资料来源
万历二十五年（1597 年）	河南南阳府泌阳县南三十里高家洞、邵家洞和杨家洞		“矿砂俱化为青泥，又有白泥叠出，如人脑浆。矿夫王得贵手握，觉有油脂。忽闻沿洞中有猪声吼叫，黑、白二气熏蒸而出，入人鼻窍，臭不可当。众夫股栗，一拥跑走”	（明）陈继儒：《见闻录》卷八，上海：文明书局，民国十一年石印本
万历年间	河南南阳府泌阳县南三十里高家洞、邵家洞和杨家洞		“矿夫张守元、周世禄打洞，偶有巨石擂下，塞闭洞口，随即水出，将守元淹死。仍若有人扯住周世禄右腿，当有一石擂下，砍断其腿，强挣扒出洞口，即死”	（明）陈继儒：《见闻录》卷八，上海：文明书局，民国十一年石印本
万历年间	南阳府境内矿洞		“矿夫深入洞中，为土石所压，破脑折骨而毙者，若干人矣。”矿洞中经常发生惨祸	马鸣銮：《采矿利薄民困难堪恳恩停止以光圣治疏》，吴亮：《万历疏钞》卷二九《矿税类》，万历三十七年刻本
乾隆年间	河南府巩县的煤窑煤井中		河南府巩县的煤窑煤井中，矿工众多，“其间病死、压死者，间有之”，矿难经常发生	乾隆《巩县志》卷七《物产志》，乾隆五十四年刻本
乾隆五十九年（1794 年）	宝丰县大营镇清凉寺大坡头擂鼓台煤窑		煤窑老空透水，井下 129 人淹死 128 人，仅有 1 人幸免于难	汴书田：《豫煤古今谈》，北京：煤炭工业出版社，2000 年版，第 129 页
同治七年（1868 年）	登封县上龙窝村东菜园地煤窑	王敬之	煤窑发生透水事故，窑主坐视不救，当班下井 80 人，仅四五人生还	汴书田：《豫煤古今谈》，第 129 页
同治九年（1870 年）	登封县缸窑村煤窑	“十大号”	煤窑透水，窑主当即封闭井口，井下近百人全部遇难	汴书田：《豫煤古今谈》，第 129 页
光绪二十八年（1902 年）	洛阳龙门街河西煤窑沟南沟	王先胜等	王先胜等在河西煤窑沟南沟叉开凿斜井，掘进 20 多公尺时发生冒顶事故，伤亡 18 人	汴书田：《豫煤古今谈》，第 129 页
光绪三十三年（1907 年）	汤阴时利和煤矿	汤阴时利和煤矿	汤阴时利和煤矿井下水灾淹死矿工 70 名，矿方仅给每人发丧葬费 20 吊钱了事	汴书田：《豫煤古今谈》，第 129 页

续表

时间	地点	窑主	概况	资料来源
晚清	怀庆府	福公司	煤“井内取煤甚远，危险特甚，数年来压毙工人，殆难偻指”，遇难矿工很多	台湾近代史研究所：《矿务档》，档案号：1082，台北：台湾近代史研究所，1985年版，第1870页

此外，许多矿物毒性很大，严重损害采矿冶炼者的健康，甚至有长期从事矿冶活动而慢性中毒毙命者。

二、采矿冶炼冲击社会秩序

明清时期，官府的矿禁张弛不定，而中原的矿产丰富，百姓盗采强冶之事在所难免，极大地冲击着当地的社会秩序。如成化元年（1465年），明政府在河南府内乡县金斗山设巡检司，即因“其地产银砂，兵民盗采构患故也”。[①] 对于中原的采矿冶炼活动之弊，明宪宗成化年间，巡视河南的户部左侍郎原杰说：

> 近年以来，河南、浙江、福建有等奸顽之徒，嗜利玩法，往往聚集凶徒，少者二三百人，多者七八百人，强采银矿，甚者凭据险拒敌官军，搔扰地方。访得先年处州叶宗留亦因聚众采矿，驯至攻劫府县。况河南等处连年饥馑，人民流亡者多，诚恐屯聚山谷，采矿图利，渐生厉阶。[②]

“渐生厉阶”4个字，入木三分地道出了采矿对社会秩序的巨大影响。以上所言表明，中原百姓采矿日渐活跃，趋于规模化、暴力化，冲击着社会秩序，令官府处理时颇感棘手。此后，民间采矿日渐活跃，对社会秩序的冲击也很明显。如河南府永宁、卢氏等县，“各有封闭矿洞，往往各处

① 《明宪宗实录》卷一五，“成化元年三月庚戌”条，台北：台湾历史语言研究所，1962年版，第332页。

② （明）何乔新：《椒邱文集》卷三二《奏议集略》，影印文渊阁《四库全书》第1249册，台北：台湾商务印书馆，1986年版，第515页。

人民聚众盗取”,[①] 令官府防不胜防。需要注意的是，中原的矿冶活动还波及一些与世无争的寺院。明世宗嘉靖年间，豫西伏牛山一带的寺院即深受当地的矿冶活动扰害，迫使僧人们习武以自卫。诚如时人郑若曾所说：“今之武艺，天下莫不让少林焉，其次为伏牛。要之，伏牛诸僧亦因御矿徒而学于少林者耳。”[②] 地处山区的河南府伊阳县境内多矿洞，隆庆年间，“游食云集，恒酿为巨寇，殃及善良”,[③] 冲击着社会秩序。

万历年间，中原的采矿活动严重冲击社会秩序。采矿时矿脉断续无常，倘遇泉涌脉绝，则万苦徒劳。所采矿砂又优劣不定，往往千人采矿，日得不满百金。费用不足，为养家糊口，矿徒“不得不劫掠以为苟活之计”，其资身之策，“半资于开采，而半资于劫掠”。[④] 在众多不稳定因素中，因矿盗行动灵活且分散，官府不易扑灭，其对社会秩序的威胁尤大。万历六年（1578 年），兵部即奏言，河南、山西交界处，“矿徒贻害地方，盖繇河南、山西二省奸民彼此结连”。[⑤] 万历十四年（1586 年），中原发生灾荒，两千多名“河南亡命又渡河盗砂为乱”，在山西平阳府夏县盗采银矿。明政府遂添设平阳卫兵 800 名“布守河口，护防山谷”，搞得平陆、芮城和垣曲等县人民不得安宁，苦不堪言。[⑥] 万历十八年（1590 年）春，河南卢氏县矿徒群起盗矿，官兵剿杀 24 人，俘获 21 名，其余散去，一时全县震动。[⑦] 万历二十一年（1593 年），湖广、河南、山东饥荒，“河南矿

---

① （明）何乔新：《椒邱文集》卷三二《奏议集略》，影印文渊阁《四库全书》第 1249 册，台北：台湾商务印书馆，1986 年版，第 514 页。

② （明）郑若曾：《江南经略》卷八（下），影印文渊阁《四库全书》第 728 册，台北：台湾商务印书馆，1986 年版，第 460 页。

③ （明）刘延祚：《邑侯武公生祠碑记》，道光《重修伊阳县志》卷五《艺文志》，清道光十八年刻本。

④ （明）程绍：《直陈开矿利害恳乞圣明敕部酌议以杜乱萌事》，（明）董其昌：《神庙留中奏疏汇要》《户部类》卷一，《续修四库全书》第 470 册，上海：上海古籍出版社，2002 年，第 266—267 页。

⑤ 《明神宗实录》卷七二，“万历六年二月甲申”条，台北：台湾历史语言研究所，1962 年校勘本，第 1546 页。

⑥ 雍正《平阳府志》卷三〇《物产》，清乾隆元年刻本。

⑦ 《明神宗实录》卷二二四，“万历十八年六月丙戌”条，台北：台湾历史语言研究所，1962 年校勘本，第 4169 页。

贼大起”,[①] 使社会秩序受到很大冲击。

万历时，河南南阳府和河南府之间多有矿徒，李青店、杜家窑、大关口、文家洞口、仰天池、孤石滩、神林、长岭等处尤多。他们云集数万，“皆强弓劲矢、利刃长杆，走山若飞”，如履平地，官军遇之辄溃逃。万历二十一年至二十二年（1593—1594 年）冬春之际，矿徒因灾荒大肆劫掠，以致村绝烟火，路断行人，“且声言劫库巡城，以图大举”。[②] 中原东部的山东兖州府峄县亦然。万历年间，采煤者多为“府盗薮逃，椎埋劫杀往往见告，缓之则作奸乱法，急之则铤而走险”,[③] 严重威胁社会秩序。此种事例不胜枚举。

万历中后期，官府在中原采矿对社会秩序的冲击尤大。“挖矿煎砂之役”除按工给值外，另有弹压之兵，管理之吏。“计矿所出，尚不足备工食廪饩之用”，上司被迫“任其劫掠以供朝夕”。[④] 这严重冲击着中原社会秩序。万历二十五年（1597 年），巡按河南监察御史姚思仁巡视中原后，即奏称这次采矿会出现矿盗啸聚召乱、矿头累极土崩、矿夫不堪残害逃亡、矿兵缺粮噪呼、遍开矿洞浪费资源、矿砂银少“逼买”、民皆开矿而“失业”、奏官肆横激变，若不立即停采，将祸起萧墙，变生肘腋。[⑤] 此言不虚。以河南南阳府采矿而言，深入洞中的矿夫，多有为土石所压破脑折骨而毙者。“煎砂必须搭配”，矿头窘于无资，多典房卖产鬻子女以充费。煎销亏本卖矿砂时，往往令矿头包纳，无名之取百出，民愈不堪重负，他们赔费数万，哀号可怜。更有开矿累月“杳无一砂，空自赔钱，缢死者相属”。遭蝗灾和雹灾后，叶县、舞阳、裕州、内乡和镇平诸州县二麦如扫，

---

① （清）张廷玉等：《明史》卷二〇《神宗本纪一》，北京：中华书局，1974 年点校本，第 276 页。

② （明）程绍：《直陈开矿利害恳乞圣明敕部酌议以杜乱萌事》，（明）董其昌：《神庙留中奏疏汇要》《户部类》卷一，《续修四库全书》第 470 册，上海：上海古籍出版社，2002 年版，第 266—267 页。

③ 康熙《峄县志》卷二《物产》，清康熙二十四年刻本。

④ （明）程绍：《直陈开矿利害恳乞圣明敕部酌议以杜乱萌事》，（明）董其昌：《神庙留中奏疏汇要》《户部类》卷一，《续修四库全书》第 470 册，上海：上海古籍出版社，2002 年版，第 266—267 页。

⑤ （明）姚思仁：《中原困疲乞停开采疏》，（明）吴亮：《万历疏钞》卷二九《矿税类》，万历三十七年刻本。

朝不保夕的灾民彷徨思乱，又为这次采矿的采办之苦、剥削之害驱迫，啸聚者日众。防守兵粮无法按拟定取于采矿，兵丁枵腹日久，变乱可忧。可见，此次采矿“实无利于官，敛怨于民”，严重冲击了社会秩序，以致抚治郧阳右佥都御史马鸣銮担心腹心之地中原，“将变为戈矛战斗之场，祸患非眇小”。①

这次采矿对山西的影响也颇大。万历二十四年（1596 年），山西巡抚魏允贞即忧虑开矿短则一年，长则二三年即止，差官走后，“习于作奸亡命”的矿徒散于何处？以何为食？他们长期疏于农事，或对务农无兴趣，不可能返乡安心务农，必成影响社会安定的隐患。② 矿兵亦然。如万历二十五年至三十三年（1597—1605 年），宦官张忠在平阳府夏县采矿。“因矿盗益炽，山南百姓益不聊生”才停采，而防护矿洞的军兵“骚扰近矿村落无虚日”，当地人民深受其害。③

矿徒劫掠骚扰对中原社会的震动也很大。如万历年间，河南南阳府内乡、南召和河南府卢氏诸县间，“多有矿徒，长枪大矢，裹足缠头，专以凿山为业，杀人为生，号‘毛葫芦’，其技最悍”，严重冲击了当地的社会秩序。④ 万历四十四年（1616 年），河南府灵宝县“矿贼”入城劫掠；⑤ 次年，该县民高二与赵应令等又纠集矿徒“倡乱”。⑥ 这两次变乱皆震动全县。万历中后期，明廷在河南采矿抽税，则使“四方小民莫必旦夕命，迫而思动，愤而思逞”。⑦ 戍卒李举即以“先取东京，救度生民”相号召，率领矿徒“毛葫芦”在中原西南举事。事后，统治者承认这次变乱缘于官府采矿逼迫，百姓“虎视犹耽耽未已”皆因采矿，停采则安。否则，他们

---

① （明）马鸣銮：《采矿利薄民困难堪恳恩停止以光圣治疏》，（明）吴亮《万历疏钞》卷二九《矿税类》，明万历三十七年刻本。

② （明）王圻：《续文献通考》卷二七《征榷考·坑冶》，明万历三十年刻本。

③ 雍正《平阳府志》卷三〇《物产》，清乾隆元年刻本。

④ （明）王士性：《广志绎》卷三《江北四省·河南》，清康熙十五年刻本。

⑤ 《明神宗实录》卷五四三，“万历四十四年三月丙戌”条，台北：台湾历史语言研究所，1962 年校勘本，第 10318 页。

⑥ 《明神宗实录》卷五五五，“万历四十五年三月庚午”条，台北：台湾历史语言研究所，1962 年校勘本，第 10469—10470 页。

⑦ （明）陈所蕴：《修开封府城楼碑记》，康熙《河南通志》卷四七《艺文十三·碑记》，清康熙三十四年刻本。

“行且复逞”，会卷土重来。[①] 万历三十二年（1604 年），大学士沈鲤也揭露这次采矿对社会的巨大冲击：

盖自矿税兴，而中使遍天下。中使出，而四方无藉之徒随以为爪牙耳目者……其吮人之血，吸人之髓，寡人之妻……或云某宅有矿也，坏其宅，某墓有矿也，掘其墓。其毒恶如枭獍，其吞噬如虎狼，在在不聊其生，人人莫必其命。……大河以南、长江以北方数百里之内，仅六七月之间，已擒获巨寇数十辈。……民间苦征榷久矣……今所虞蠢动者，良民也，非有意欲反也，以逼之朘削也而反，以驱之水火也而反。[②]

沈鲤条分缕析，指出矿使及其爪牙肆意虐民，迫使中原人民揭竿而起，这次采矿对中原社会秩序的冲击是颠覆性的，使明王朝大失人心。

再者，万历中后期，官府在中原采矿虽然一定程度上增加了明廷的收入，却大大加重了当地官民的痛苦。矿使税监“所至横暴，奸人乘机虐民者愈众”；[③]“矿脉微细无所得，勒民偿之”。奸徒也假采矿之名勒索民财。自万历二十五年至三十三年（1597—1605 年），明廷收入矿税银约 300 万两，而“群小借势诛索，不啻倍蓰，民不聊生”。[④] 万历二十五年（1597 年），巡按河南监察御史姚思仁在中原巡视了 5 个月后，即揭露这次采矿带给中原人民的灾难说，百姓被逼当矿头，虽分得少量矿砂，却须备办一切器具、工食，受矿使“百计需索”，不堪者或自刎，或自缢，或弃家削发而逃。矿夫深入洞中日夜采挖，忽然砂石崩压，他们或破头烂额，或粉骨碎身，甚至 1 次 10 余人皆被压毙，“寡妇长号，孤儿痛绝”，闻之令人酸鼻陨涕。煎炼亏本则“卖砂取偿”，逼民购买。百姓鬻田产，卖妻妾子女舍命包赔，妻离子散，破家荡产。矿使仲春横行河南，中饱私囊，逼死人命，骚扰驿递，凌虐官员，官民怨声载道。一时中原“矿头以赔累死，

① 万历三十年五月九卿公疏：《东南反侧可虞中原民变踵至乞罢榷采以收人心以遏乱略疏》，（明）吴亮：《万历疏钞》卷二九《矿税类》，明万历三十七年刻本。

② （明）沈鲤：《亦玉堂稿》卷三《因灾陈言疏》，影印文渊阁《四库全书》第 1288 册，台北：台湾商务印书馆，1986 年版，第 242—243 页。

③ 《明神宗实录》卷三六八，“万历三十年二月己卯”条，台北：台湾历史语言研究所，1962 年校勘本，第 6881—6882 页。

④ （清）张廷玉等：《明史》卷八一《食货志五》，北京：中华书局，1974 年点校本，第 1972 页。

矿夫以倾压死，矿徒以争斗死，贫民以逼买死”，百姓或逃亡，或“溺河缢树”，大量田地荒芜。[1] 此年五月，抚治郧阳右佥都御史马鸣銮也奏陈南阳府采矿之害说，不少矿夫为土石所压，破脑折骨而毙；矿头多典房卖产，鬻子女以充费，“空自赔钱，缢死者相属”。百姓赔费不下数万，哀号可怜，采矿“实无利于官，敛怨于民”。刚遭蝗灾和雹灾的叶县、舞阳、裕州、内乡和镇平诸州县，又蒙“采办之苦、剥削之害”，百姓朝不保夕，困苦更甚。[2] 马氏指出，这次采矿荼毒中原，百姓苦不堪言，怨声载道，社会动荡可虞；朝廷通过采矿虽获些许经济收入，却失去了社稷所系的民心，得不偿失。同月，刑部左侍郎吕坤也抨击这次采矿使中原百姓“半惊逃”，多累死，采矿无利则散派民间按数纳银，民不能支则括地方的库银代解，“朝廷得一金，郡县费千金”，中原官民苦不堪言。[3] 万历二十七年（1599年），河南矿监鲁坤进矿银，称矿砂微盛无常，请“照旧匀派，或再行包课”。神宗命官民均分，[4] 使河南官民的负担愈增。矿使在河南南阳府内乡县、南召县和河南府卢氏县鱼肉百姓，令人发指：

宛、洛之间（“貂珰”），初至，报富室以为硐头，非厚赂不免；维视矿脉，则于富人坟墓掘之，又非厚赂不免；其借歇公差，寄顿官物，必寻富人之庄，又非厚赂不免。贫人则自裹粮而执役，中产则计门摊以赔税。而奏官仲春等踉蹡剥削，擅逞淫刑，亡论贫富人皆坐诸汤火。藩司费万金之出，内帑不能得万金之入。昔人谓内帑之一金，府库之十金，民屋之百金也，良然。……第恐中州祸乱不知所究竟也。[5]

“宛”即南阳，“洛”即洛阳，两者分别代指府治所在的南阳府和河南府。二府间的官民被矿使肆意奴役掠夺，朝不保夕。陕西官民亦然。矿使

① （明）姚思仁：《中原困疲乞停开采疏》，（明）吴亮：《万历疏钞》卷二九《矿税类》，明万历三十七年刻本。

② （明）马鸣銮：《采矿利薄民困难堪恳恩停止以光圣治疏》，（明）吴亮《万历疏钞》卷二九《矿税类》，明万历三十七年刻本。

③ （明）吕坤：《直陈天下安危圣躬祸福以保万年永祚疏》，（明）吴亮：《万历疏钞》卷一《圣治类》，明万历三十七年刻本。

④ 《明神宗实录》卷三三三，“万历二十七年四月丁卯”条，台北：台湾历史语言研究所，1962年校勘本，第6163页。

⑤ （明）王士性：《广志绎》卷三《江北四省·河南》，清康熙十五年刻本。

赵钦在此“掊克无厌”，积数十万两白银。万历三十二年（1604 年）他复命时，所刮资财除牛负马驮外，箱 96 抬，每抬用夫 4 名“尚颠踣不起”。①

万历中后期在中原采矿冶炼时，矿监不断向神宗进献大量金银，充盈内库。据不完全统计，万历二十五午（1597 午），河南矿监鲁坤进献内库银 8450 两。次年二月，山西矿监张忠进献内库银 8040 两，保定矿监王虎进献内库银 1500 两；六月，山西矿监张忠又进献内库金 38 两 8 钱、银 15099 两，河南矿监鲁坤进献内库银 5000 两；八月，河南开矿指挥杨宗吾进献内库银 3658 两，河南矿监鲁坤进献内库银 3719 两，山西矿监张忠进献内库银 75000 两，真保矿监王虎进献内库金 25 两、银 3500 两。② 万历三十四年（1606 年）三月，河南矿税太监胡滨进矿金 28 两、银 4708 两；六月，进税银 35800 余两、矿银 4081 两、黄金 15 两。③ 矿使所献仅是他们在中原搜刮的一小部分，绝大部分则流入其私囊。这次采矿带给中原官民的负担之重由此可见。

学术界有一些学者认为，万历年间，中原采矿对这一带的赈灾、百姓生活的改善，明廷财政收入的增加，征收商税缺陷的匡正，都起了一定的积极作用。仅万历二十五年至三十三年（1597—1605 年），明廷即收入矿税银至少约 300 万两。④ 其中，有相当部分取自中原。尽管如此，我们也应该承认万历年间的采矿冶炼活动对中原社会的消极影响也很明显，特别

---

① 《明神宗实录》卷四一八，“万历三十四年二月丙午”条，台北：台湾历史语言研究所，1962 年校勘本，第 7890 页。

② （明）文秉：《定陵注略》卷四《内库进奉》，北京：北京大学出版社，1984 年版，第 672 页。

③ （清）庄廷鑨：《明史钞略》之《显皇帝本纪三》，《四部丛刊三编》本。

④ （清）张廷玉等：《明史》卷八一《食货志五》，北京：中华书局，1974 年点校本，第 1972 页。按：关于万历二十五年至三十四年（1597—1606 年）明廷矿税收入的数量，学界的分歧很大。杨涛认为，从万历二十五年至三十四年矿监税使进内库约 9952 两黄金、540 余万两白银，这个数字大概是《明史·食货志》所记数字的两倍。南炳文、汤纲认为，这 8 年矿监税使进献宫中约 1.2 万两黄金、569 万两白银，而搜刮的总数 3 倍于此。日本学者田口宏二郎认为，矿使税监被攻击反映了他们办事认真，其指定的税收项目，事实上是地方政府的重要财源。林枫也认为，矿使税监虽弊病较多，但对明朝征收商税的缺陷多有匡正。分别参见杨涛：《明代万历中矿税监进奉内库考》，《云南师范大学学报》1986 年第 6 期；南炳文、汤纲：《明史》下册，上海：上海人民出版社，2003 年版，第 710—774 页；【日】田口宏二郎：《畿辅矿税初探——帝室财政、户部财政、州县财政》，《中国社会经济史研究》2002 年第 1 期；林枫：《万历矿监税使原因再探》，《中国社会经济史研究》2002 年第 1 期。

是万历中后期的采矿，其“毒痡已遍天下”，[①] 中原受害深重。可以说，这次大规模采矿冶炼实际上是明廷对全国百姓特别是中原百姓的一场掠夺，它严重扰乱了当地的社会秩序。

明末，采矿冶炼活动也冲击着中原的社会秩序。崇祯四年（1631 年）秋，河南禹县农民安四季聚众起事，即“结矿盗为窟穴，据吕梁山，劫富污良，戕夺商宦，拒杀官兵，莫敢谁何。环山数十里，人心惶惶”，[②] 使这一带的社会秩序受到极大破坏。崇祯年间，战事频起，为筹集资财，明廷派矿监在河南嵩县和卢氏县采矿。矿监们遂借机大肆掠夺当地人民，中饱私囊，“上所得者十一，下所耗者十九”，闹得这一带鸡犬不宁。崇祯末年，矿徒余大忠等人借机起事，在河南嵩县坚持斗争八九年，当地的社会秩序大受冲击。此期，河南嵩县、卢氏县、永宁县和南召县交界处，因为矿洞很多，出产铅、锡和银砂，吸引矿徒纷至沓来。他们为争夺矿洞经常混战杀伤，荒歉年月也“变可立致”。[③] 此种事例所在多有，不可殚述。

明清鼎革后，全国各地的采矿活动日益活跃，由此带来的负面影响也引起一些有识之士的关注。时人倪蜕即指责采矿带给社会的诸多影响：

> 且近厂之地，食物必贵，盗贼必多，鸡犬不宁，奝盐告匮，此则民之害也。煎炼之炉烟萎黄菽豆，洗矿之溪水削损田苗，此又民之害也。有矿之山，概无草木，开厂之处，例伐邻山，此又民之害也。藏亡纳叛，不问来踪，大慝巨凶因之匿迹，此又民之害也。舍其本业，走厂为非，翦绺赌钱，诈骗无忌，此又民之害也。流亡日集，奸匪日滋，劫杀句连，附彝索保，此又民之害也。至若邮递厂文，供亿厂役，种种虽罄，亦无一而非为民害者。是资于课者无多，而害于民者实甚。而谓百姓乐于地方有厂者，岂其然乎？[④]

虽然倪蜕抨击采矿冶炼一无是处，言辞失之偏颇，却多少反映出采矿

① （清）赵翼：《廿二史札记》卷三五《万历中矿税之害》，北京：中华书局，1985 年版，第 731 页。

② 民国《禹县志》卷二（中）《大事记中》，民国二十年刊本。

③ 乾隆《嵩县志》卷一五《食货》，清乾隆三十二年刊本。

④ （清）倪蜕：《复当事论厂务疏》，（清）贺长龄：《清经世文编》卷五二《户政》，清光绪二十年思补楼重校本。

冶炼对当地社会秩序的不利影响。中原亦然。其中一个主要问题是，在采矿冶炼过程中，矿主和矿头等人剥削奴役矿工的问题很突出，也比较普遍，这成为社会不稳定的重要因素。如河南鲁山县梁家洼一带的煤窑主，往往引诱四方无业者“入窑掏摸，羁累岁月，深为患苦”。他们甚至设立“拨房”，“强拉诓买”良民为矿工。嘉庆元年（1796年），鲁山县知县董作栋曾亲自到这一带的煤窑，解救出300多名被窑主羁押奴役的异乡矿工，“量其去家远近，给与路费放回”。[①] 在禹州、密县和登封等地，也长期存在“圈窑”主圈禁奴役矿工的现象。“不法匪徒诓诱外邑贫民，送入窑内”。窑主和工头等唯恐矿工乘机散去，遂设立“人圈”，严加防范，不许出入，情同囚禁。“其中或有不谙窑务之人，强令下窑，轮班采挖，如不听从，大肆殴逼。甚至设法哄骗局赌输钱，因而预支工价，日久难归，不能他去，轻则剁指自残，重则轻生自尽，酿成巨案”，严重扰乱了当地的社会秩序。道光二年至四年（1822—1824年），密县知县杨炳堃为此曾多次亲临煤窑查处。为避免类似情况发生，道光二年（1822年），颁布《谕窑户工头简明条规》十一条，严禁窑主“在幽阴沟堑设立厂局，圈禁工人。……有犯定提，窑户工头按律究办”。[②]

晚清，列强在中原采矿也冲击着当地的社会秩序，以英商福公司在中原采煤为例，光绪二十八年（1902年），河南巡抚锡良将其危害上奏清廷：

> 兹据署怀庆府知府傅檑禀称，查得老流河左右煤窑鳞次，小民自行开采，藉煤营生。若矿务一开，必致有妨民业。虽矿丁多用豫人，而计工授食，究不若自行开采足赡身家。且附近祖墓甚多，不无窒碍等情。[③]

福公司的采矿活动既影响了许多人的生计，又亵渎了他们的先人，弄得人心汹汹。清末，福公司又竭力谋求就地售煤，以图厚利，威胁着土著

① （清）《知县董作栋清理煤窑碑记》，嘉庆《鲁山县志》卷一〇《物产》，清嘉庆元年刻本。

② （清）杨炳堃：《中议公自订年谱》卷二《三十七岁·谕窑户简明条规》，清光绪十一年刻本。

③ 光绪二十八年三月初四日河南巡抚锡良：《奏为开办豫矿遴勇接充豫丰公司暨饬查地方情形恭折仰祈圣鉴事》，台湾近代史研究所：《矿务档》，档案号：930，台北：台湾近代史研究所，1985年版，第1662页。

煤窑的生存，一时人心惶惶。对此，宣统元年（1909 年）河南巡抚吴重憙说：

福公司在焦作地方开矿，于去年秋间见煤。……惟该公司售煤一层，业经议定载明议单第三条，福公司所出之煤，议定遵照通商条约，不在内地开设行栈卖煤。乃白洋董（福公司总董白来喜）仍以内地销煤为请。查河、修两县煤窑鳞次，小民业此为生，如允该公司所请，一则与通商条约及此次议单显有违背，一则有碍民窑生计。查怀庆一带，矿工窑户不止十余万人。现未准卖已人心惶惶，一经出卖，深虑激成事端。且福公司用机器采煤，工省价廉，运售通商口岸尚可获利，与民窑土法开采，工本较昂，只能行销近地者不同。公司远售，民窑近销，利益分沾，始可相安无事。倘或该公司轻听奸商怂恿，竟在内地出售，不过利归贩运华商，于公司得利有限。从此结怨于民，日后恐多后患，贪小利而受大损，该公司亦未免失算。为该公司计，亦以运销外埠为有利无害。再三筹思，内地卖煤一节，断难照允。①

福公司用机器采煤，成本较低，它意欲违约就近倾销煤炭。如果其图谋得逞，势必会使生产成本较高的当地土窑所产之煤失去市场，引起社会动荡。幸运的是，在河南巡抚吴重憙的坚决反对下，福公司的图谋终未得逞。尽管如此，福公司采矿仍给当地百姓生活带来巨大的影响。宣统二年(1910 年)，对于福公司采矿给当地社会秩序带来的巨大冲击，河内、修武两县王凤萌、韩嘉玉等 39 名乡绅联名向修武知县姚启瑞控诉：

河内、修武沿山一带，石厚土薄，人心依矿为命，依食煤利者数百年。自去岁煤矿利权被福公司攫去后，不及一年，土窑倒闭已尽，数十万人民无以为生，嗷嗷待哺，不保终日，不得已渐渐趋重铁矿，奔走呼号，不遗余力。……乃倏闻福公司又向外部要求划割地方开采铁矿，是欲并人民一线生机而绝之也。传播之余，人心愤愤，势不肯捐弃生命财产，甘于一死。……外人之交涉煤矿也，岂不曰减轻煤价以利烟户，厚给工资以赡

① 台湾近代史研究所：《矿务档》，档案号：995，台北：台湾近代史研究所，1985 年版，第 1730—1731 页。

贫民。不知其所以减轻煤价，厚给工资者，意在拉倒土窑，而后得独操其盈绌。至今仅年余耳，已多方抑勒烟户工人，孰不任其所为。如其初煤价每斤钱数分，今则由一文涨至一文余矣。如下井工人，土窑每工二百文，彼则初为四百，今则由四百落至百二三十文矣。穷民辛苦终日，饥不能一饱。其尤可异者，井内取煤甚远，危险特甚，数年来压毙工人，殆难偻指。其公司人等，时时任意遍山游览，把塌田埂者有之，蹂躏田禾者有之，践踏坟墓丘垄者有之。凡其所经，风声鹤唳，群情为之震骇。夫煤矿根深蒂固，犹被一扫而空。铁矿事方萌芽，焉能胜其摧挫？煤矿最易为力，尤不能不任其低昂，铁矿事体重大，何敢轻言抵制？煤矿聚在一处，闾阎已不堪其扰。铁矿散在各处，若听其开采，人民庸有安居之日？势必悍者制挺相向，弱者尽室以逃耳！……顾瞻将来，毛发悚栗。①

对福公司采矿给中原社会带来的种种负面影响，宣统二年（1910 年），继任河南巡抚宝棻说：

案据河内、修武两县民人王凤兰二百二十四人联名呈称……窃河内、修武采煤为业已数百年，自煤矿被福公司采掘后，土窑倒闭，实无以度日。因死中求生，渐事铁矿。除光豫、宏豫各公司开办外，谋开采者甚多。乃方行着手，忽闻福公司又向外务部要求来河、修两县开采铁矿，是又欲致人民死命于铁。……当福公司来修采煤，原谓减轻煤价，厚给工资，讵意在拉倒土窑，制民死命。如每斤煤价，初数分，今一文有余。每人工资初四百，今扣至百二三十文。且福公司采煤之地名曰租买，实则强占。福公司已买之地不过四五百亩，而陆硐地面、地底及水沟、道路所占之地，不下四五十顷，并未按亩议价。控官不理，寻洋人不见。来辕泣诉，地价未得，而身家已破。尤可恨者，洋人开矿纯用炸药。去岁福公司炸药陡轰，山石飞落数里之外，左右居人大受损害。煤窑聚在一处，闾阎已不堪扰。铁矿散在各处，若燃药开采，人民岂能安居。身等再三思维，洋人来此采铁，若不严行禁止，恐仍用采煤惯技，再制人命一死。居民不

① 台湾近代史研究所：《矿务档》，档案号：1082，台北：台湾近代史研究所，1985 年版，第 1869—1871 页。

忍甘受，必至闹出非常巨祸。[①]

英商福公司违约采矿，损人利己，毫无诚信可言，打破了乡村原本安静的生活，弄得当地百姓胆战心惊，民愤极大。激于义愤，于是有人对福公司进行报复性破坏。如光绪二十八年（1902 年），有人谋用火药将福公司的“机房轰毁”，但未成功。[②] 再如光绪三十一年（1905 年），福公司在清化镇的“存炸药厂被人全行毁坏”，损失惨重，[③] 中原百姓终于出了一口恶气。由此可见，福公司在中原百姓心目中的形象之恶劣。

三、采矿冶炼引起诸多纠纷

采矿冶炼往往影响当地的庄稼生长，“近厂之地……煎炼之炉烟萎黄菽豆，洗矿之溪水削损田苗”。同时，这些活动也使周围的林木罹遭横祸，“有矿之山概无草木，开厂之处例伐邻山”。这成为矿区的两大民害，[④] 势必引起民事纠纷。明清时期，中原矿业发展过程中也引起诸多民事纠纷，影响社会安定。这一点在清代尤为明显。乾隆五年（1740 年），河南巡抚雅尔图就忧虑地说：

兹据布政使司布政使朱定元详称，豫省地方东南平衍，西北高阜……其采煤处所或在行粮地内，或系完纳山粮，脉微土浅，止歇不常，并无输税，历来相安。今似应止循其旧，听其自行采取以资炊爨。其向未开采及历来封闭之处，豫省民情实为愚悍，利之所在，尤必争趋。今煤已足用，若再行添设开采，刁健者非以地界相争，即以风水讦告；觊觎者非占夺纠殴，即投托钻营。甚至煤徒闻风而来，不无奸宄托迹，滋事扰民，殊为未便。就豫省情形不便再行添开煤窑等情，议详前来。臣查豫省民情，愚而

① 台湾近代史研究所：《矿务档》，档案号：1078，台北：台湾近代史研究所，1985 年版，第 1866—1867 页。

② 台湾近代史研究所：《矿务档》，档案号：953，台北：台湾近代史研究所，1985 年版，第 1678 页。

③ 台湾近代史研究所：《矿务档》，档案号：980，台北：台湾近代史研究所，1985 年版，第 1718 页。

④ （清）倪蜕：《复当事论厂务疏》，（清）贺长龄：《清经世文编》卷五二《户政》，清光绪二十年思补楼重校本。

且悍，现在采煤之处相安已久，煤已足用，其从前封禁及向不开采者，非以地处深山，稽查难密，即系有关泉脉，利少害多，自应仍循其旧。若再行添设，恐射利之徒混行开挖，非以地界相争，即以风水讦讼，甚至互相斗殴，纠众抄抢，投托势要，钻营滋弊，为害无穷。所有豫省添设开挖煤窑及照例完税之处，似可无庸置议。相应具题，伏乞皇上勅部议覆施行。①

河南布政使朱定元和巡抚雅尔图以采煤会导致采煤者纠纷不断，诉讼案件因之迭起等为由，力主禁止开挖新煤窑。此种因噎废食之举虽不足取，但反映了采矿对社会秩序的巨大冲击。二人的担心并非多余，许多诉讼案件即因采矿而起。如乾隆年间，河南巩县煤窑众多，矿工皆是四方的贫民，他们“深挖浅掏，日无宁晷……身无完衣，其形如鬼”，日夜劳作，却倍受奴役，得不到应有的待遇，不时有病死、压死者。“有尸亲则妄行挟诈，狱讼之繁，其一端也。”② 矿工身亡之事不时发生，成为巩县诉讼案件繁多的一个重要诱因。乾隆四十二年（1777 年），登封县民梁允升因同张九恩合伙开办煤窑本钱不足，遂向“素好无嫌”的王家骏借钱，“三分起息”。乾隆四十三年（1778 年），王家骏向梁允升讨债，结果“催讨未偿”，梁氏欲将自己未分的剩余煤炭抵债，王家骏应允。二人遂当“面同校准煤筐，每筐作钱四十二文”。王家骏来盘煤，梁允升责怪他装煤太满，二人话不投机，遂吵闹厮打起来。梁允升被王家骏一推，仰面倒地，“痰壅昏迷”，于当夜毙命，引起一桩命案。最后，官府将王家骏“以律拟绞监候”。③ 嘉庆十五年（1810 年），河南某地也发生因采煤而引起的命案：宁良耀劝阻远房族孙宁恒兴勿在官府封禁的山坡下挖煤，遭到后者殴打。他遂纠集张成娃等 8 人，“各持器械往殴泄忿”，群殴宁恒兴致死。④ 道光年间，渑池县百姓董秉礼、上官略与米振世、李如秀为开煤窑对簿公堂，历时 4 年才以后者胜诉结案。⑤ 在传统社会，每遇诉讼案件，为榨取钱财，

① （清）雅尔图：《雅公心政录》卷二《奏疏·题为请广天地自然之利以裕民用事》，清乾隆六年刻本。

② 乾隆《巩县志》卷七《物产志》，清乾隆五十四年刻本。

③ 《刑科题本·乾隆四十三年九月二十五日河南巡抚郑大进题为奏明事》，引自中国人民大学清史研究所等：《清代的矿业》下册，北京：中华书局，1983 年版，第 452 页。

④ （清）祝庆祺：《刑案汇览》卷二九《斗殴及故伤人》，清道光年间棠樾慎思堂刻本。

⑤ （清）李钧：《判语录存》卷四《争窑地事》，清道光十三年刻本。

封建胥吏往往刻意搬弄是非，极尽怂恿敲诈之能事，令涉诉者破财劳神，欲罢不能，倍受诉累之苦。清代更是衙蠹肆虐，与往代相比有过之而无不及，成为社会的一大痼疾。不难想象，在贪官污吏和衙蠹的刻意拨弄下，因采矿而起的诉讼会给原告和被告造成不小的精神压力和物质损失，令双方饱受诉累之苦，双方极可能会因此耿耿于怀，反目成仇，进而酝酿新的矛盾冲突。

总而言之，明清时期中原采矿冶炼过程中风险万种，矛盾重重，由此产生了诸多社会问题，使当地的社会秩序面临着严峻的考验。这充分说明，采矿冶炼并非仅仅是简单的经济活动，它同时还是一项复杂的社会活动，影响着社会的方方面面。

第四节　采矿冶炼影响生态环境

明清时期，囿于当时简陋的采矿冶炼设备和落后的开采冶炼技术，尤其是矿徒盗采偷冶时急功近利，罔顾后果，不可能科学规划，合理安排，如此采矿冶炼极易破坏矿区的生态环境，浪费宝贵的矿产资源。这一问题已引起少数学者的注意，但是他们在探讨明清采矿冶炼引起的生态环境问题时，或未论及中原地区，或虽然涉及，却没有展开深入研究。① 这为本书留下了不小的研究空间。具体而言，采矿冶炼对中原的生态环境产生了以下三个方面的影响。

一、采矿冶炼破坏地貌

中原采矿冶炼破坏地貌古已有之，北宋大兴“坑冶”，“凡金、银、铜、铁、铅、锡监冶场务二百有一冶之”，兴废不常。宋徽宗崇宁年间又增新的矿坑，政和年间数罢数复。山西泽州府是北宋政府举办“坑冶”的

---

① 武奕成、沈玮玮：《试论清代以来的矿业环境保护》，《兰州学刊》2011 年第 1 期；赵长贵：《明清采矿侵袭田园人境》，《中国社会科学报（学术版）》2014 年 5 月 28 日第 A05 版，等等。

重点地区，经过长期采矿冶炼后，当地农田遭到极大破坏。如政和年间，“告发之地多坏民田”。[①] 我们在称道明清时期采矿促进中原社会经济发展，惠及中原人民之时，也应该注意到，囿于当时比较简陋的采矿冶炼设备和落后的开采冶炼技术，尤其是矿徒盗采私冶时急功近利，不可能合理开采冶炼矿产，这种短视行为极易破坏矿区的生态环境，对地貌的影响更为明显。

找矿和采矿对地貌的破坏非常大。采矿前一般需要先凿破山石找矿，继而清除地表不耐开采的“草皮矿”“鸡爪矿”，穴地而入深采，“至有凿空，石裂土崩”。[②] 俗语云：“一山有矿，千山有苗，真苗难遇。”[③]

显然，无论是找矿还是采矿，都会对地貌造成极大破坏。其中采矿挖坑如虫蛀木，或深或浅，穷尽矿藏方休。如此，势必将地面挖得千疮百孔。开采时矿洞顶层经常崩塌，开采后，空虚的矿洞则随时会塌陷。即使开采后表层土暂时没有塌陷，但是随着时间推移，在重力和雨水渗透作用下，它也终究会下陷，破坏地貌。如明万历年间，遍及全国的采矿活动严重破坏了各地的地貌，而中原地区尤为突出。

万历时期，在中原采矿过程中，矿洞崩塌往往压死矿工，塌陷地层，改变地貌。“矿洞遍开”，乱挖滥采不仅浪费宝贵的矿产资源，而且使地貌变得千疮百孔。此种现象在豫南南阳府各州县尤为普遍，后果也更为严重。该府的有矿之处“掘挖无遗”，深入矿洞中的矿夫为土石所压，“破脑折骨而毙者”很多，[④] 矿洞塌陷时有发生。面对事实，万历三十三年（1605 年），明神宗也不得不承认这次采矿破坏地貌，被迫下令“凡有矿洞，悉令各该地方官封闭培筑，不许私自擅开，务完地脉灵气”。[⑤] 当然，他只是故作姿态以缓和矛盾而已。此后，在其贪欲驱使下，官府仍旧在中

---

① 雍正《泽州府志》卷五一《杂志》，清雍正十三年刻本。

② （清）刘岳云：《格物中法》卷五（下）《金部・铅》，清同治年间刻本。

③ 康熙五十八年七月二十五日山东巡抚李树德：《奏报淄川临朐发现银铅矿脉事折》，中国第一历史档案馆编：《康熙朝汉文朱批奏折汇编》第 8 册第 2813 号，北京：档案出版社，1984 年版，第 586 页。

④ （明）马鸣銮：《采矿利薄民困难堪恳恩停止以光圣治疏》，（明）吴亮：《万历疏钞》卷二九《矿税类》，明万历三十七年刻本。

⑤ 《明神宗实录》卷四一六，“万历三十三年十二月壬寅”条，台北：台湾历史语言研究所，1962 年校勘本，第 7814 页。

原大规模采矿，直至其去世才停止。

矿藏是不可再生资源，盲目采矿不仅浪费宝贵的矿产资源，而且会破坏地表植被和农田，为水土流失埋下祸根。以采煤而论，开采处“或在行粮地内，或系完纳山粮，脉微土浅”，① 开采者往往“自窑底横穿取煤”②。随着开采的深入，洞穴愈挖愈深广。如清嘉庆时，河南密县百姓采煤，深挖“非数十丈不得”。③ 开采其他矿物也常有矿洞“至有凿空，石裂土崩”之虞。④ 如此，地层不免塌陷。即使开采过程中地层未塌陷，但是随着时间推移，业已凿空的地层终究会下陷，破坏地表土壤和植被，甚至会变高地为坑穴，化良田为瘠壤。清道光年间，渑池县民董秉礼、李如秀与米振世等采煤，即发生窑地崩裂，“打窑损地，以后不便耕种”之事。⑤

晚清以降，福公司在中原采矿更严重地破坏了当地的地貌。福公司在中原采矿时，藐视与当地政府签下的合同，缺乏起码的契约精神，违约滥采盗采当地的矿藏，严重破坏了当地的地貌，妨碍农民耕种，甚至殃及坟茔，祸及枯骨。⑥ 可以说，采矿损坏地层地貌的现象在中原非常普遍，不可殚述。

二、采矿冶炼吞噬植被

客观地说，采矿冶炼极大地方便了人们的生产生活，有利于社会经济发展。以采煤为例，煤炭的开采，为人们提供了新的生产、生活燃料，在一定程度上减少了他们对柴薪的使用，有利于保护植被。然而在找矿、采矿和冶炼的过程中，又往往使植被遭到破坏。如在人们寻找矿苗过程中，必然要对矿山植被进行清除，以致“有矿之山，概无草木”。⑦ 再者，为保

---

① （清）雅尔图：《雅公心政录》卷二《奏疏·题为请广天地自然之利以裕民用事》，清乾隆六年刻本。

② （清）李钧：《判语录存》卷四《争窑地事》，清道光十三年刻本。

③ 嘉庆《密县志》卷一一《风土志·物产》，清嘉庆二十二年刻本。

④ （清）刘岳云：《格物中法》卷五（下）《金部·铅》，清同治年间刻本。

⑤ （清）李钧：《判语录存》卷四《争窑地事》，清道光十三年刻本。

⑥ 台湾近代史研究所：《矿务档》，档案号：930，台北：台湾近代史研究所，1985 年版，第 1662 页。

⑦ （清）倪蜕：《复当事论厂务疏》，（清）贺长龄：《清经世文编》卷五二《户政》，清光绪二十年思补楼重校本。

证安全和方便采矿，往往需要用大量木材支护矿道，这会消耗大量林木。如采煤，“一井而下，炭纵横广有，则随其左右阔取，其上支板，以防压崩耳”。① 在开采煤炭过程中，用木材支护矿道发挥着重要作用，但支护的不可或缺在某种程度上也造成了林木的破坏。此外，开采其他矿产以及冶炼矿石，也往往耗费大量柴薪和木材。采铜炼铜即如此，诚如明人陆容所言：

采铜法，先用大片柴不计段数，装叠有矿之地，发火烧一夜，令矿脉柔脆。次日火气稍歇，作匠方可入身，动锤尖采打。凡一人一日之力，可得矿二十斤，或二十四五斤。每三十余斤为一小箩。虽矿之出铜多少不等，大率一箩可得铜一斤。每烰铜一料，用矿二百五十箩，炭七百担，柴一千七百段，雇工八百余，用柴炭粧叠，烧两次共六日六夜。烈火亘天，夜则山谷如昼。铜在矿中既经烈火，皆成茱萸头，出于矿面。火愈炽，则镕液成驼，候冷以铁锤击碎，入大旋风炉连烹三日三夜，方见成铜，名曰“生烹”。有生烹亏铜者，必碓磨为末，淘去麁浊，留精英团成大块，再用前项烈火，名曰“烧窖”。次将碎连烧五火，计七日七夜，又依前动大旋风炉连烹一昼夜，是谓“成瓠”。瓠者粗浊既出，渐见铜体矣。次将瓠碎用柴炭连烧八日八夜，依前再入大旋风炉连烹两日两夜，方见生铜。……大率烰铜所费不赀，坑户乐于采银，而惮于采铜。……得铜之艰，视银盖数倍云。②

开采铜矿前，先要在开采处用大片柴烧一夜，令矿脉柔脆。“每烰铜一料”，需用炭 700 担、柴 1700 段，烧六日六夜，而采出铜矿石后，还要放入大旋风炉中连烹三日三夜，方见成铜，采矿耗费柴木之多，由此可见一斑，超乎人们想象。至于“生烹亏铜”，则耗柴更多。据研究，每冶炼 100 斤铜，需用 1000 斤木炭；③ 每冶炼 1 吨生铁，至少需用木炭 4 至 5 吨，

① （明）宋应星：《天工开物》卷中《燔石第十一卷 · 煤炭》，明崇祯十年刻本。

② （明）陆容：《菽园杂记》卷一四《采铜》，影印文渊阁《四库全书》第 1041 册，台北：台湾商务印书馆，1986 年版，第 366 页。

③ 中国科学院成都山地灾害与环境研究所：《中国泥石流》，北京：商务印书馆，2000 年版，第 11 页。

采矿冶炼消耗大量林木。[1] 因此，往往“开厂之处例伐邻山”，[2] 就近伐树烧木炭冶炼矿石。明清时期，中原百姓长期采矿冶炼，不仅严重损害地貌，而且毁掉大量植被，影响生态环境。如明万历年间，中原西部的山西泽州府，“采金伐山以来，林木童秃”，[3] 大量林木毁于采矿冶炼。明末清初人宋应星也记载说，在“礁砂入炉”冶炼前，冶炼者先将“其炉土筑巨墩高五尺许，底铺瓷屑炭灰，每炉受礁砂二石，用栗木炭二百斤，周遭丛架”。[4] 每冶炼一炉矿石就至少用去栗木炭 200 斤，消耗的木炭量令人吃惊，冶炼矿石需要消耗大量柴炭由此可见一斑。另外，矿区及其周边地区在地下被采空后，水分储存大受影响。显而易见，这也非常不利于地表草木生长，间接破坏了植被。

三、采矿冶炼污染水土空气

众所周知，在采矿过程中经常会发生透水现象，妨碍采矿进行。明清时期，在中原采矿过程中也经常会涌出大量矿井水，只有先将这些污水排出才能继续开采。如明嘉靖时，河南彰德府安阳县龙山“出石炭，入穴取之无穷，取深数十百丈，必先见水，水尽，然后炭可取也”。[5] 道光十年（1830 年），河南渑池县民董秉礼在董村采煤，也发生“旧窑进水”之事。[6] 煤窑冒水或进水后，必须将污水排出后方能开采。排出大量矿井水，不仅耗工费时，还会耗费大量人力物力，增加采矿的成本，而且这些排出的矿井水中还含有大量悬浮物和污染物，它们会不同程度地污染矿区周围的水资源和土壤，影响人们的日常生产和生活。

此外，采矿冶炼会留下大量废矿石，而囿于当时落后的废矿处理技术

---

① 北京钢铁学院《中国古代冶金》编写组：《中国古代冶金》，北京：文物出版社，1978 年版，第 61—62 页。

② （清）倪蜕：《复当事论厂务疏》，（清）贺长龄：《清经世文编》卷五二《户政》，清光绪二十年思补楼重校本。

③ 雍正《泽州府志》之《发凡》，清雍正十三年刻本。

④ （明）宋应星：《天工开物》卷下《燔石第十四卷·银》，明崇祯十年刻本。

⑤ 嘉靖《彰德府志》卷八《杂志第九·烸爨》，上海：上海古籍书店，1964 年据明嘉靖元年刻本影印。

⑥ （清）李钧：《判语录存》卷四《争窑地事》，清道光十三年刻本。

和时人的环保意识不高，这些废矿石不可能得到科学处理，往往随意抛弃，成为危害环境的一大隐患。据研究，大量废矿石中含有铁、硫、砷、铅、锌等多种化学元素，在空气、降雨和细菌等自然因素影响下，从废石堆中流出的废水呈酸性并含多种金属离子。如果这些废石、尾矿和矿山废液处理不当，将会对生态环境造成严重破坏。废石、尾矿和矿山废液等未及时处理，甚至倾入河床及其水体中，可造成河道淤塞，河流、湖泊等水体及沉积物的污染。这些“废石和矿山酸性水流入河流，可引起河岸湿地附近生长的植物组织中金属浓度上升。……矿山开采中产生的酸性矿山废水流入河流，将破坏下游的鱼类、浮游生物、水生昆虫等的生态。……严重污染了河流、土地、地下水，使人体健康受到严重危害”。[①] 在采煤的过程中，矿工必须剔除大量煤矸石，这些煤矸石不仅占用许多土地，而且煤矸石自燃会产生大量含有二氧化硫等有毒有害气体，严重污染矿区和周边地区的大气环境。同时，因煤矸石露天堆积，遇到雨水冲淋，可形成酸性水，酸性水及其他有害物质流入地表水系或渗入地下潜水层，将会污染水资源。[②]

大量矿石被开采出来后，必须进行选矿，这对中原水土的影响也很大。选矿即从矿石中提炼有价值的矿物，选矿后的剩余物称为尾矿。对于明代人们的选矿方法，明人陆容介绍说：

矿石不拘多少，采入碓坊舂碓极细，是谓“矿末”。次以大桶盛水，投“矿末”于中，搅数百次，谓之“搅粘”。凡桶中之粘分三等，浮于面者，谓之“细粘”，桶中者，谓之“梅沙”，沈（当为“沉”）于底者，谓之“麄矿肉”。若“细粘”与“梅沙”，用尖底淘盆浮于淘池中，且淘且汰，泛飏去粗，留取其精英者。其“麄矿肉”则用一木盆如小舟然，淘汰亦如前法。大率欲淘去石末，存其真矿，以桶盛贮，璀璨星星可观，是谓“矿肉”。[③]

---

① 郭真：《采矿活动对生态环境的污染及治理》，《世界地质》1996 年第 4 期。

② 王文、桂祥友：《煤炭资源开发与环境保护的关系》，《矿业安全与环保》2003 年第 5 期。

③（明）陆容：《菽园杂记》卷一四《五金》，影印文渊阁《四库全书》第 1041 册，台北：台湾商务印书馆，1986 年版，第 364 页。

如此选矿，必然会产生大量污水，这些污水中含有不少化学成分，若随意排泄，势必会污染土壤和水源。为防止污染环境，这些尾矿需要妥善处置，而不应简单地抛弃。但是由于当时处理尾矿的技术比较落后，加之时人的环保意识淡薄，人们往往将这些尾矿随意堆放，任凭风吹雨打日晒，最终使其成为危害当地环境的一大隐患。即使人们对这些尾矿进行处理，由于明清时期我国的科技水平有限，人们通常用的方法也无外乎掩埋或焚烧这些尾矿，效果也不佳。

明清时期，中原采矿冶炼也使当地的空气质量大受影响。如河南叶县境内的煤炭被大量开采后，煤尘暴不时肆虐。明万历十八年（1590 年），叶县“有黑霾自地起，昼昏黑如夜，行人失迷径路，有坠水死者，翼（通‘翌’）日始霁”。清咸丰七年（1857 年），“是月晦”。同治二年（1863 年），该县“降霜如墨，著菽、麦、草、树皆枯，河鱼死者无数”。[①] 明清时期，叶县百姓普遍采煤，清代尤甚，“黑霾”“晦”“墨霜”等恶劣天气的出现，显然与此有直接或间接的关系。清康熙二十七年（1688 年），中原北部的河南怀庆府也降黑雨，其“色如墨”。[②] 此年所属孟县亦下黑雨，“雨色如墨”。[③] 以上这些地方采矿尤其是采煤活跃，煤窑遍布，出现以上种种恶劣天气，显然与矿石特别是煤炭和煤矸石采出后堆于地表，产生大量矿尘和有害气体，从而严重污染空气不无关系。采矿冶炼产生的有毒气体和废水甚至影响了当地的农业生产，所谓“近厂之地……煎炼之炉烟萎黄菽豆，洗矿之溪水削损田苗”，成为当地的一大民害，[④] 严重影响了当地的生态环境。

第五节　激发爱国热情——以福公司采矿为中心

如前所言，鸦片战争以降，随着中国的国门洞开，列强在中原大肆掠

---

① 同治《叶县志》卷一《舆地志·祥异》，清同治十一年刻本。

② 乾隆《新修怀庆府志》卷三二《杂记·物异》，清乾隆五十四年刻本。

③ 乾隆《孟县志》卷一〇《杂记·祥异》，清乾隆五十五年刻本。

④ （清）倪蜕：《复当事论厂务疏》，（清）贺长龄：《清经世文编》卷五二《户政》，清光绪二十年思补楼重校本。

夺矿产，给当地人们的生活带来巨大冲击。其中，英商福公司在中原采矿的影响是学界关注的重点，薛毅和王守谦等学者对其政治影响进行了较为充分的研究，而对福公司在中原采矿的社会影响却有待进一步探讨。①

一、列强掠夺中原矿产概述

鸦片战争以降，列强不断加深对我国的经济侵略，对我国各地的矿产虎视眈眈，并精心谋划，意欲攫取。中原的矿产富饶易采，也为列强所垂涎。同治十年（1871 年），德国地质学家费迪南·冯李希霍芬（Ferdinand von Richthofen，曾译作聂诃芬）曾到中原调查矿产和地质，写成考察报告《中国》（曾译作《支那》），为德国掠夺这一带的矿产资源做准备；光绪十三年（1887 年），法国里昂商会的探险队一行 10 人，窜入河南怀庆府河内县勘探矿产，而且他们图谋不轨，“勘察甚密”。② 光绪年间，对南阳府和汝州的矿产，“洋人不时周历踏勘，觊觎尤切”，露出贪婪的目光；③ 光绪二十四年（1898 年）以降，英商福公司以欺诈手段在怀庆府大肆采煤；④ 光绪二十八年（1902 年），“铁路监工洋员锡乐士，亦曾禀请开办禹州煤矿”。⑤ 此种事例还有很多，不胜枚举。

列强在中原掠夺矿产，给当地人民带来了深重的灾难。以列强在豫北怀庆府掠夺矿产为例，光绪二十八年（1902 年），河南巡抚锡良痛陈其危害：

兹据署怀庆府知府傅橒禀称，查得老流河左右煤窑鳞次，小民自行开采，借煤营生。若矿务一开，必致有妨民业。虽矿丁多用豫人，而计工授

---

① 薛毅：《英国福公司在中国》，武汉：武汉大学出版社，1992 年版；王守谦：《煤炭与政治：晚清民国福公司矿案研究》，北京：社会科学文献出版社，2009 年版。

② （晚清民国）顾琅、周树人：《中国矿产志》之《导言·地质及矿产之调查者》，上海：文明书局、普及书局、有正书局，清光绪三十二年十二月增订版，第 3—5 页。

③ 台湾近代史研究所：《矿务档》，档案号：885，台北：台湾近代史研究所，1985 年版，第 1620 页。

④ 台湾近代史研究所：《矿务档》，档案号：979，台北：台湾近代史研究所，1985 年版，第 1711—1712 页。

⑤ 台湾近代史研究所：《矿务档》，档案号：1095，台北：台湾近代史研究所，1985 年版，第 1917—1920 页。

食，究不若自行开采足赡身家。且附近祖墓甚多，不无窒碍等情。[1]

列强在怀庆府采矿既影响许多人的生计，又亵渎他们的先人，致使民怨沸腾。其中，福公司在中原采矿的危害尤为严重，它不仅大量掠夺这一带的矿产，而且为图厚利欲违背不在内地售煤的承诺，就地售煤，严重威胁着土著煤窑的生存，搞得人心惶惶。

英商福公司用机器采煤，成本较低，具有明显的价格竞争优势。如果它违约就近倾销煤炭，势必会使生产成本较高的当地土窑所采煤炭失去销售市场而倒闭，大量矿工失业，引起社会动荡。河南巡抚吴重憙深深认识到福公司此举的严重危害，坚决反对。遗憾的是，尽管他严词拒绝了福公司的无理请求，但是此年腐败无能的清政府却允许“华商赴厂购煤，须以一百吨为度……着吴重憙即照此议行，并严饬所属撤销福公司售煤之禁”，[2] 强令吴重憙允许华商可以到福公司大批量购买煤炭，撤销对福公司的售煤禁令。福公司终于如愿以偿，变相达到了就地售煤的目的。这严重危及当地的小煤窑生存和百姓生计。此年十月，附生刘荣棠、考职巡检金涛、候选县丞陈文鹏等 474 人遂控诉福公司：

窃维中外通商，取制限主义。中国各直省非自由商埠，无许外人自由经商之例。乃河南交涉局委员杨敬宸、方镜，署修武知县严良炳三人串通作弊，不俟河南巡抚允准，竟与英商福公司总董白来喜签立内地销售煤觔之约。查福公司之采取怀庆煤矿始于光绪二十四年。……迨本年闰二月之私约成立，遂并河南全省固有之主权，与怀庆左右亿万生灵之命脉，拱手而授诸外人矣。……举此一片干净地，和盘托送外人。……至于贻害生民，更有可以指数者。一曰居奇。……该公司内地销售煤觔，伊将挟其巨大资本减价发售，推倒内地附近各窑户，然后抬高价格。煤为日用必要之品，舍此别无可购之区，势不至吸收膏血净尽不已。竭泽而渔，为世界商

① 光绪二十八年三月四日河南巡抚锡良：《奏为开办豫矿遴勇接充豫丰公司暨饬查地方情形恭折仰祈圣鉴事》，台湾近代史研究所：《矿务档》，档案号：930，台北：台湾近代史研究所，1985 年版，第 1662 页。

② 台湾近代史研究所：《矿务档》，档案号：1036，台北：台湾近代史研究所，1985 年版，第 1798 页。

战最毒手段，兹以施之大河左右。狃于目前者，方忻一时价廉购煤之利，而不知异时取偿，必有什百千万于此者也。二曰失业。河北一带煤矿林立，为数万小民生计所依赖。一旦为福公司攫之而去，居民无所事事，弱者转徙沟壑，强者非散为盗贼，即聚为枭匪，地方因之不靖，势所必至。此不可不深思者也。三曰开衅。……今福公司破坏约章，迳于内地售煤攫取居民利益。其因而受损者，积愤生仇，难保不别生支节，致酿意外交涉。日来全省人民异常愤激，万一酿成国际上之问题，即不易于解决，甚非计之得也。……为此公恳大部鼎力主持，以保利权而全大局，实为德便。①

近500名士绅对福公司肆意妄为的控诉有理有据，并一针见血地指出，福公司以雄厚资本为后盾，先以非常低廉的价格倾销煤炭，待挤垮内地各煤窑之后，势必垄断煤炭市场，高抬煤价，这必将使大量窑户矿工失业，引起社会剧烈震荡。然而对于百姓的急切吁请，清政府却置若罔闻，并未尽到保护自己国民的责任。后来福公司的所作所为证明，以上这些忧虑并非杞人忧天，都一一应验了。

此外，贪得无厌的福公司还故意曲解采煤合同中“采煤制铁”，即采煤用于制铁的条款，硬说自己在怀庆府既有权采煤，又有权开采铁矿制铁，连续三次向清政府申请，“拟在怀庆府境内开办铁矿制铁”。随后，福公司不待清政府回复，擅自在修武、河内两县划出广阔的矿区，所划矿区“东至修武县之待王镇砟子河，西至河内县之丹河，南界如图内所绘，在山根大段田边界处；北由南界起，至北山里十里”，妄图造成既定事实，根本不将清政府放在眼里。如此露骨地掠夺中原的矿产，理所当然被清政府拒绝。② 但是，福公司却置此不顾，贪婪地四处勘探矿产。对此蛮横行径，宣统二年（1910年），河南巡抚吴重憙反对说：

查福公司在河内县焦作地方开矿，虽经画定红、黄线矿界，该公司洋

① 台湾近代史研究所：《矿务档》，档案号：1047，台北：台湾近代史研究所，1985年版，第1816—1820页。

② 台湾近代史研究所：《矿务档》，档案号：979，台北：台湾近代史研究所，1985年版，第1712—1717页。

人交有条款，自应遵守。如欲续请开矿，应于红、黄界以内探勘，不得在界外探取矿石，致违定章。该矿师于现有矿境之北及西北各山绘图探查矿产，实属逾越界限，核与原议不符。似此任意探查，漫无限制，损失利权，后患何所底止?①

吴氏的抵制态度令福公司大伤脑筋，它遂向英国署理公使麻穆勒求助。于是麻氏采取调虎离山的迂回策略，向清政府施加巨大的外交压力，迫使清政府将吴氏调离，改由对外国人采矿态度比较温顺的宝棻任河南巡抚。福公司肆无忌惮地在怀庆府勘探采矿，激起了当地百姓的愤怒和反对。

福公司以征服者的姿态在中原横行霸道，惹是生非，甚至祸及枯骨，弄得当地鸡犬不宁。在用不正当手段挤垮了大量土煤窑后，它又得陇望蜀，染指被当地百姓寄托无限希望的铁矿，意欲竭泽而渔，置他们于绝境，侵略者的贪婪本性于此暴露无遗。听到这些人一字一血的控诉后，修武知县姚启瑞深表同情，立即向河南巡抚宝棻和外务部呼吁保护中原的矿权，给当地人民以生存权，他说：

据此查卑县僻处山陬，民贫地瘠。惟与河内县接壤沿山一带，矿产甚丰，小民藉以谋生，莫不依矿为命。煤矿既为福公司占去，小民大失倚赖，所持者，铁矿未开。现经宏豫等公司组织开办，冀收桑榆。……请外部查明，如果外人要求，务恳坚持，定力争回自办，以保利权。②

此外，对于河内、修武两县王凤兰等224人所揭露的福公司之斑斑劣迹，一向对列强忍气吞声的河南巡抚宝棻听闻后也很愤慨，宣统二年（1910年），他如此说：

案据河内、修武两县民人王凤兰二百二十四人联名呈称……窃河内、修武采煤为业已数百年，自煤矿被福公司采掘后，土窑倒闭，实无以度日。因死中求生，渐事铁矿。除光豫、宏豫各公司开办外，谋开采者甚

① 台湾近代史研究所：《矿务档》，档案号：1047，台北：台湾近代史研究所，1985年版，第1812—1813页。

② 台湾近代史研究所：《矿务档》，档案号：1082，台北：台湾近代史研究所，1985年版，第1870—1871页。

多。乃方行着手，忽闻福公司又向外务部要求来河、修两县开采铁矿，是又欲致人民死命于铁。……当福公司来修采煤，原谓减轻煤价，厚给工资，讵意在拉倒土窑，制民死命。如每斤煤价，初数分，今一文有余。每人工资，初四百，今扣至百二三十文。且福公司采煤之地，名曰租买，实则强占。福公司已买之地不过四五百亩，而陆硐地面、地底及水沟、道路所占之地，不下四五十顷，并未按亩议价，控官不理，寻洋人不见，来辕泣诉，地价未得，而身家已破。尤可恨者，洋人开矿纯用炸药。去岁福公司炸药陡轰，山石飞落数里之外，左右居人大受损害。煤窑聚在一处，闾阎已不堪扰。铁矿散在各处，若燃药开采，人民岂能安居？身等再三思维，洋人来此采铁，若不严行禁止，恐仍用采煤惯技，再制人命一死。居民不忍甘受，必至闹出非常巨祸。①

福公司使用欺骗手段，在中原购买采矿用地时，不仅未按先前答应的价格付款给当地百姓，缺乏起码的诚信，而且少买多占，露出一副蛮不讲理的无赖嘴脸。采矿时它还横行霸道，根本不考虑当地百姓的利益和安全。

由上可见，福公司不仅在中原横行无忌地掠夺矿产，食言而肥，视自己与当地政府签订的采矿合同为具文，“蹂躏人民，侵夺田产，抛露骸骨，苛虐工人”，缺少起码的社会道德，而且对已答应给予当地人民的补偿一再拖延，根本无诚意兑现自己的承诺，严重威胁中原社会安定和人民生计。这仅是列强掠夺中原矿产的一个缩影。

二、中原官民保护矿权的活动

晚清以降，列强大肆掠夺中国矿产，“斧凿丁丁然，震惊吾民族；窟穴渊渊然，蜂房吾土地”。② 面对列强的疯狂掠夺，当时一些有识之士呼吁国人自己采矿，以绝其贪念。所谓“五金之产，天地自然之利……与其拘

① 台湾近代史研究所：《矿务档》，档案号：1078，台北：台湾近代史研究所，1985年版，第1866—1867页。

② （晚清民国）顾琅、周树人：《中国矿产志》之《导言·矿产与矿业》，上海：文明书局、普及书局、有正书局，清光绪三十二年十二月增订版，第3页。

泥因循，慢藏诲盗，何如变通办理，取之宫中，以济军国之要需，即以绝外人之窥伺哉!”[①] 列强大肆掠夺中原的矿产，也使中原官民清醒认识到，当地富饶的矿产国人若不开采，必为列强攫取，危及自己的生计。于是他们同仇敌忾，竭力抵制，纷纷筹资采矿，针锋相对地与外国人争夺中原的采矿权。如对于外国人在豫南的掠夺矿产行为，当地乡绅唯恐矿权旁落，纷纷申请采矿。对此，光绪二十八年（1902 年）三月，候选知府吴炳南说：

伏查南阳、汝州两属，除平原州县地方不计外，其余冈岭起伏，重峦叠巘，各处皆有矿苗。……近年洋人不时周历踏勘，觊觎尤切。华人若不开办，必为洋人占据。……职等生长斯土，商同本地绅富，均恐权归洋人，诸多不便。议经百金为一份，以一百份为额，先集成本一万两，次第开办。应交照费，照章呈缴。遵以十二个月为限……俟有成效，就近禀地方官详由抚院照章抽收落地、出口等税，以符定则。仍以十成之二五报效国家，其余悉遵定章办理。[②]

当地官民皆知，若自己不采矿，这些宝贵的矿藏势必被列强掠去。于是他们积极集资开采，除纳税外，还“以十成之二五报效国家”，走上实业报国之路，拳拳爱国之心令人肃然起敬。同月，因为“禹州辖境煤苗颇旺，素为外人垂涎”，于是河南巡抚锡良筹措设立“豫南矿务公司”，招集本地绅商开办。四月，在集股试办三峰山煤矿的基础上，当地绅商又集股成立“豫南矿务公司分局”，开采禹州全境的矿产。[③] 河南巡抚锡良明确表示支持此举：

窃维富强之计，莫要于开辟利源；鼓舞之机，莫切于维持雕敝（当为“凋敝”）。……华人资本极微，见闻极隘，情见势绌，窳败随之。即间有华洋合办之矿工，大都依附洋商，有名无实，精华外溢，势所必然。现当

---

① （清）郑观应：《盛世危言新编》卷四《富国四・开矿上》，清光绪二十三年刻本。

② 台湾“中央研究院”近代史研究所：《矿务档》，档案号：885，台北：台湾“中央研究院”近代史研究所，1985 年版，第 1620 页。

③ 台湾近代史研究所：《矿务档》，档案号：1094，台北：台湾近代史研究所，1985 年版，第 1915 页。

经营缔造之初，急图救弊补偏之术，非大兴矿政，不足以挽利权；非曲体商情，不足以资观感。光绪二十八年三月初一日，铁路监工洋员锡乐土亦曾禀请开办禹州煤矿，幸蒙批驳，并立公司自办，用意深远，关系匪轻。……今既有该绅商呈请开办，亟宜趁此多方劝导，以遂其向往之忱。复查《外务部奏定矿务新章程》，原奏内称，华人迁延观望，裹足不前，奸诈嗜利之徒，甚且勾结外人，展转售卖，其弊必至于利权尽失等语。……今该绅商已知观望之非计，复虑勾结之可危，愿竭绵力以挽颓波，深合外务部力挽利权之议。司道等体察商情，兼权利害。将来该矿收效后，自当因时制宜，饬令遵照路矿定章。目下甫植初基，委实有难于刻责者。……酌借官本银二万两采买机器。①

为避免矿权落入外国人之手，河南巡抚锡良不仅对国人新成立的采矿公司网开一面，不求全苛责，而且还借给本国矿主“官本银二万两采买机器”，给予他们以实实在在的资金支持。

此外，一些官员还积极地为中原矿产寻找销路，四处奔走，替华人矿主排忧解难。如河南禹州绅商在三峰山等处采煤后，供大于求，煤炭大量积压，资金周转非常困难。为解决此问题，光绪二十九年（1903 年），户部主事宋淑信等竭力向京汉铁路推销其煤炭：

窃职等前因禹州招集商股开办境内三峰山等处煤矿……自去年四月开采以来，出煤极旺，通计各井每日共得煤十万觔。前经州主曹牧广权设法疏通颍水，雇造船筏以达周口，销场颇广。惟查各处所销煤觔，岁计只及所出之半，股本积压，不敷周转。商力绵薄，势难大为开通。职思禹煤之旺，惟以亟筹销路为要义。销路之盛，尤以铁路购用为大宗。去冬曾赍煤样至信阳州，请车务处洋员施塔里试验，据称煤质甚好，火力耐久，能合火车之用。现铁路已至确山，秋间即达郾城。闻将来当于郾属之漯湾河设立分栈，周口距漯湾不远，禹煤设厂转运亦不为难。特此据情上呈，伏乞王爷中堂大人俯赐察核，咨行盛大臣转饬汉口总车务处专购禹煤，订立合同。并恳咨行河南巡抚札饬禹州曹牧就近妥与商订，以销矿产而保利权，

① 台湾近代史研究所：《矿务档》，档案号：1095，台北：台湾近代史研究所，1985 年版，第 1917—1919 页。

实为恩公两便。[①]

虽然此事最终因禹州之煤含灰质过多而作罢，但宋氏扶植民族矿业的良苦用心却是值得肯定的，令人肃然起敬。

外国人在中原疯狂掠夺矿产，损人利己，胡作非为，打破了乡村安静的生活，当地百姓深受其害，对外国采矿者颇有怨言。蒙受损失者更是“积愤生仇，难保不别生支节，致酿意外交涉，日来全省人民异常愤激”。[②] 激于义愤，有人遂进行报复，福公司首当其冲。光绪二十八年（1902 年），有人谋用火药将福公司的“机房轰毁”，但未获成功。[③] 光绪三十一年（1905），福公司在河南怀庆府清化镇的“存炸药厂被人全行毁坏”。[④] 人们终于出了一口恶气。尽管这种恐怖的报复方式并不足取，却彰显了中原百姓朴素而浓烈的爱国热情。

中原官民汹涌澎湃的反侵略浪潮令侵略者整日惴惴不安，急得犹如热锅上的蚂蚁，光绪三十一年（1905 年），英国公使萨道义即承认：

查本公司在豫开矿，至今尚有本地官民阻挠之情。群谓该井终难见煤，乃竟于十月二十三日，本公司工程司挖获最佳煤线。自尔日起，日有意外之灾，所用机器时有损坏，井内指（当为“支”）撑木柱亦被偷移，致屡延要工，炸药厂终被抢窃轰毁。合观以上各灾，皆为相因而至，且均为本省官绅商民阻挠本公司承办矿事而起，各等情前来，本大臣查李君所禀如果属实，情殊可虞。[⑤]

萨氏忧心如焚，如实承认诸灾事出有因，他的一番表白可谓福公司在中原恶贯满盈的自供状，也是福公司在人们心目中形象不佳的又一注

---

① 台湾近代史研究所：《矿务档》，档案号：1098，台北：台湾近代史研究所，1985 年版，第 1923 页。

② 台湾“中央研究院”近代史研究所：《矿务档》，档案号：1047，台北：台湾“中央研究院”近代史研究所，1985 年版，第 1817—1820 页。

③ 台湾近代史研究所：《矿务档》，档案号：953，台北：台湾近代史研究所，1985 年版，第 1678 页。

④ 台湾近代史研究所：《矿务档》，档案号：980，台北：台湾近代史研究所，1985 年版，第 1718 页。

⑤ 台湾近代史研究所：《矿务档》，档案号：981，台北：台湾近代史研究所，1985 年版，第 1718—1719 页。

脚。中原人民反侵略斗争的力量是巨大的，令侵略者如芒在背，惶惶不可终日，感叹“情殊可虞”。然而事情并未到此为止，中原人民对外国采矿者的激愤情绪持续发酵。光绪三十二年（1906 年），为鼓舞中原人民的反侵略斗志，以补天为笔名的作者撰写的《说矿祸》一文如此说：

现世路矿问题，所谓灭国新法也，夫人而知之矣。……福公司之灭吾河南也，不以一战；杀吾父老也，不以寸铁。以游历为侦探，以合同为檄书，以细崽为先锋，以资本为后劲，以政府疆吏为间谍，而于是战捷于覃怀之野，有胜而无败，有进而无退矣。

矿产者，生命也，财产也，文明之机关也。无矿产则生命绝，财产竭，文明之机关坏，必不能生存于二十世纪竞争之世界，故矿产对于人民，如灯之有膏，鱼之有水，必爱惜而保护之，不容外人盗其一抔土者也。

河南者，河南人之河南也；矿产者，河南人之矿产也。惟河南人亨（当为“享”）其利，亦惟河南人得有其权。黄发绿睛之人、队穴洞壁之夫适从何来，遽集于此？……但株守于怀庆一隅亦不可也，济源之铜，罗山之银，嵩县、邓州之铅，卢氏、灵宝、裕州之锡，新安、宜阳、登封、巩县、嵩县、南阳、内乡、泌阳、镇平、禹州及彰德各属之铁、硝石，全省皆产。是矿产所在之地，即外人垂涎之地，亦即同胞当注意之地。今卢氏熊耳山矿产又见告矣。河南之一砂一粒，皆河南人享其利益；河南之一得一失，皆河南人担其责任，外省不能越俎，幸勿放弃其应尽义务。政府不能代庖，尚祈斩绝其依赖性根。①

虽然这篇文章的言辞过激，作者的乡土意识也比较偏狭，但是文中提出矿产对中原发展之重要，以及路矿是列强灭亡中国之新法，却是入木三分的真知灼见，体现了作者对中原矿产命运的深深忧虑，以及热爱家乡的浓烈而真挚的情感。光绪三十三年（1907 年），在怀庆府修武县流传的反侵略《特别广告》，也颇能说明中原百姓反侵略的热情，这份广告中说：

① （清）补天：《说矿祸》，《豫报》光绪三十二年十二月第二号。

今日我修有一件要事，能大家好好办理则生，不能则死。吾邑父老子弟都知道么？这事是什么？就是矿务事，白作英人开煤矿。知道者说洋人夺我们煤利，不知者说咱不管他。岂知洋人得了煤矿，就要夺我们太行山了。金银各矿待取净了，我河北人都要死了。当下又不敢与洋人糊（同“胡”）闹。大家想一个好法子，洋人开总不能不教（同“叫”）咱开，所以约定本月十六日一同到东关教场商量这件事。请有卫辉人都来演说，大家万不可不听听。并与山西李烈士开一追悼会，他亦是为矿务而死，与咱河北一样，所以与他开了追悼会。大家看看，大家听听，都明白了这件事，然后再办，好办了。[①]

当地百姓清醒认识到，侵略者的贪欲是无止境的，对各种矿藏都不会放过，这严重威胁自己的生计。而山西省的姓李者为反对外国人在中原开矿献出宝贵的生命，更激起中原官民的义愤和爱国热情。

一些官员也呼吁国人开采中原矿产，以免这些宝贵资源落入外国人之手。宣统二年（1910 年），掌新疆道监察御史陈善同即吁请清廷指示河南政府发动当地绅商集资采矿说：

窃河南修武煤矿自光绪二十四年革职检讨吴式钊架名豫丰公司，盗卖开采权，于福公司为梗至今。上年革职候补知府杨敬宸擅订合同，许该公司在厂卖煤，豫人合词力争。经外务部议定，限以百吨起码，遵行在案。顷闻该公司复要求在该处开办铁矿，得陇望蜀，本外人狡启常情，固无足怪。以今日国势之弱，财力之绌，徒恃口舌与之争，冀或稍有补救，臣诚亦知其难。……再，河南矿产富饶，甲于他省。除修武外，其最著者，如济源、河内等县之铜、铁、煤，彰德、卫辉两署之煤、铁，河、陕、汝三属之白金、黄金、煤、铁，南、汝、光三属之银、铅、玉石、水晶、朱砂、煤铁等，并皆利弃于地，不免为慢藏之悔。应一并由河南巡抚督饬劝业道确予调查，实力提倡，联合各该地方绅商组织公司，迅速集股开办。勿得任外股羼入，动酿交涉，致蹈修武覆辙。地方幸甚，大局幸甚。事关

① 台湾近代史研究所：《矿务档》，档案号：984，台北：台湾近代史研究所，1985 年版，第 1722 页。

我国主权与人民生计，臣职在敷陈，不敢缄默。①

陈氏清醒地认识到，中原富饶的矿产若中国人不开采，势必为列强攫取，于是他力主河南政府迅速集股廾采，以断绝外国人对中原矿产的贪念。

列强对中原矿产资源虎视眈眈，包藏祸心，也引起了清廷重臣大学士李鸿章等人的警惕。光绪二十五年（1899 年）春天，“以邑境矿质盛美，久为外人所窥”，李鸿章多次督促中原东部的山东峄县知县从速发动绅商筹款兴办矿务，“以保利源而杜隐患”，推动了峄县矿业的发展。该县遂“筹款项购置机器而延西国之精于矿学者”，察地脉，辨土质，安设机轮，疏浚水石。结果“法捷费省，一日而得数十日之功，一人而兼数十人之用……炭矿大出，遂致赀百余万”。矿务得以振兴，上裨国计，下利民生。②

一言以蔽之，在列强不断加深经济掠夺刺激下，中原官员已萌生朦胧的民族矿业意识，认识到发展民族矿业的重要性，并与列强的掠夺矿产行为进行了坚决斗争。中原官民维护矿权的斗争是近代中国人民反侵略斗争的重要组成部分，它推动了当地采矿活动的高涨（具体情况见表 6-2）。

表 6-2　晚清中原官民维护矿权活动简表

时间	活动内容	资源来源
光绪二十五年（1899 年）春天	因山东峄县境内“矿质盛美，久为外人所窥”，大学士李鸿章多次檄令峄县知县，“宜急会同地方绅耆筹款兴办，以保利源而杜隐患”。峄县遂筹资购置机器，聘请外国工匠，大规模开采煤炭	光绪《峄县志》卷七《物产略·峄县炭窑创设官局记》，清光绪三十年刻本
光绪二十七八年间（1901—1902 年）	河南巡抚锡良等人开始知悉总署受福公司所蒙，遂派道员韩国钧与之交涉，大费口舌，争回彰德府、卫辉府和怀庆府三府的矿权，只准英国人在修武县焦作一处开采。英国人见焦作“矿大而煤好”，亦即允许	（清）佚名：《续记汴人抵制福公司事》，《东方杂志》1909 年第 6 卷第 7 期，第 185 页

① 宣统二年四月二十三日掌新疆道监察御史陈善同奏《为河南修武矿务交涉关系重要请饬设法妥筹以毖后患恭折仰祈圣鉴事》，台湾近代史研究所：《矿务档》，档案号：1053，台北：台湾近代史研究所，1985 年版，第 1826—1827 页。

② 光绪《峄县志》卷七《物产略·峄县炭窑创设官局记》，清光绪三十年刻本。

续表

时间	活动内容	资源来源
光绪二十九年（1903 年）	河南各地爱国学生、绅民等开始进行收回福公司矿权的斗争	汴书田：《豫煤古今谈》，北京：煤炭工业出版社，2000 年版，第 127 页
光绪三十一年（1905 年）八月	福公司欲在怀庆府河内县开采铁矿，遭到河南巡抚陈夔龙拒绝	台湾近代史研究所：《矿务档》，档案号：979，台北：台湾近代史研究所，1985 年版，第 1711—1712、1716—1717 页
光绪三十二年（1906 年）十一月至十二月	中国留日学生河南同乡会在《豫报》等发表《矿说》《敬告同乡父老筑路书》《警告河南同胞速办矿务书》，号召河南人民自办矿务，抵制外国人到河南开矿	汴书田：《豫煤古今谈》，北京：煤炭工业出版社，2000 年版，第 127 页
光绪三十二年（1906 年）冬	河南留日学生代表杜友梅、杜扶东及豫绅李时灿、王安澜等，会同上海公学代表与各地志士，在开封集会成立“矿务研究会”，筹组凭心煤矿，抵制英商福公司，呼吁收回焦作矿权。此年，民族矿业主靳法蕙集资 23.8 万银元，在焦作附近桐树沟、庙河一带开办凭心煤矿公司	汴书田：《豫煤古今谈》，北京：煤炭工业出版社，2000 年版，第 127 页
宣统元年（1909 年）二月	修武县农民聚众砸坏福公司器具，反抗福公司侵害当地人民的利益	汴书田：《豫煤古今谈》，北京：煤炭工业出版社，2000 年版，第 129 页
宣统元年（1909 年）十二月	福公司又“令工人等在河内县境张庄等处挖取矿石，勘验铁矿……实有开铁矿之意”。河南巡抚吴重憙坚决反对，派韩国钧与福公司交涉，严词拒绝	台湾近代史研究所：《矿务档》，第 1808—1810 页
宣统元年（1909 年）闰二月	河南交涉局委员杨敬宸、方镜和署修武知县严良炳不经批准，擅自与英商福公司总董白来喜签订内地销售煤合同。豫抚吴重憙因干碍数十万民人生计，批驳不准。杨敬宸遂勾通福公司代表白来喜赴外务部请求饬令豫抚允准。豫抚吴重憙谓此事关系数十万生命，我宁去官，不能允许，与外务部函电争执。全豫绅民亦开会力图抵制，群情汹汹。外务部遂饬令英商白来喜到汴商议。白来喜到汴后，吴重熹派道员蒋楙熙、县令王宰善与之谈判，力驳其非。白来喜理屈词穷，被迫同意废约	（清）佚名：《续记汴人抵制福公司事》，《东方杂志》1909 年第 6 卷第 7 期，第 185—186 页

续表

时间	活动内容	资源来源
宣统元年（1909年）三月二十六日	河南绅、商、学各界5000余人在开封小行宫集会，谴责杨敬宸与福公司私订卖煤续约，将豫省人民生存权付与外国人，表示绝不承认此续约	汴书田：《豫煤古今谈》，北京：煤炭工业出版社，2000年版，第129页
宣统元年（1909年）四月二日	河南各界爱国人士万余人，在开封栗大王庙召开声势浩大的第二次抵制福公司大会，决定成立"河南保矿公会"，公举杜严（友梅）、方贞为代表，赴京联络豫籍京官60余人，向外务部、农工商部递呈，请都察院代奏清廷废约	汴书田：《豫煤古今谈》，北京：煤炭工业出版社，2000年版，第129页
宣统元年（1909年）四月十一日	旅沪河南同乡会王敬芳、万鸿图等人致电河南巡抚吴重憙，要求废除杨敬宸等与福公司私订的卖煤续约	汴书田：《豫煤古今谈》，北京：煤炭工业出版社，2000年版，第129页
宣统元年（1909年）四月二十六日	各省旅沪团体联合召开收回权利特别大会。河南同乡会会长王敬芳在会上报告了豫丰公司与福公司原订合同以及杨敬宸等人与福公司擅订卖煤续约之荒谬。与会者一致同意成立"国民协会"，争回权利。决定先致电外务部，力拒福公司在内地售煤	汴书田：《豫煤古今谈》，北京：煤炭工业出版社，2000年版，第129页
宣统元年（1909年）四月二十九日	河南保矿公会在开封召开大会，对福公司的无理行径极为愤慨，表示若福公司坚持其无理要求，则应追其赔偿十余年盗矿造成的损失，决不做丝毫退让	汴书田：《豫煤古今谈》，北京：煤炭工业出版社，2000年版，第129页
宣统元年（1909年）四月	河南交涉局与福公司代表就福公司售煤问题在开封谈判。开封市民数百人在谈判场外示威，反对福公司无理讹诈	汴书田：《豫煤古今谈》，北京：煤炭工业出版社，2000年版，第129页
宣统元年（1909年）五月二十九日	清廷批准河南巡抚吴重熹奏请，将擅与福公司订约的杨敬宸革职，方镜和严良炳交部议处	汴书田：《豫煤古今谈》，北京：煤炭工业出版社，2000年版，第129—130页
宣统元年（1909年）六月十一日	河南各州县到开封应试的考生3200余人在火神庙召开保矿大会，决议致电军机处及豫抚代表何云蔚、王宰善，坚决反对福公司享有煤炭开采权及自由发售权；并上书豫抚和外务部，要求禁止奸商代福公司卖煤	汴书田：《豫煤古今谈》，北京：煤炭工业出版社，2000年版，第130页
宣统三年（1911年）	焦作一带商办土煤窑为免遭被福公司吞并、挤垮，纷纷扩股合并，先后成立中州、豫泰和明德3个煤矿公司	汴书田：《豫煤古今谈》，北京：煤炭工业出版社，2000年版，第131页

总之，明清时期，中原采矿对当地社会的影响是多方面的，它促进了中原社会经济发展，方便了人们的日常生产和生活，推动了中原矿业由传统矿业向近代矿业迈进。虽然福公司在中原采矿是对当地矿产资源的一场掠夺，但是它在中原采矿客观上推动了当地矿业的近代化。如宣统元年（1909年），福公司在盛泽煤盛厂附近创办焦作路矿学堂，河南交涉局派提调田程总理其事，当年招收学生20名，它是中国第一所路矿最高学府。[①] 这无疑有益于中原矿业的近代化，也对全国矿业和铁路事业的发展有一定推进作用。

① 汴书田：《豫煤古今谈》，北京：煤炭工业出版社，2000年版，第128—129页。

余　论

中原地区矿藏资源富饶，有着悠久的采矿冶炼历史。明清时期，受这一带矿藏富饶易采、长期采矿冶炼技术积淀、社会经济发展需要、矿业政策日渐松弛，以及西方列强经济侵略刺激诸因素影响，中原的采矿冶炼及矿产贸易活动日趋频繁，影响日渐扩大，可以说这是社会发展的必然。总体上讲，此期中原的采矿冶炼规模日渐扩大，水平不断提高，矿产贸易活动也很活跃，抛却统治者聚敛财富和列强掠夺矿产资源的成分来看，这些活动多数符合中原百姓的利益，也顺应了时代发展的潮流，而这正是其日趋高涨的重要原因，也是中原矿业不断发展的主要动力。

中原的采矿冶炼和矿产贸易活动影响深远，它们推动了中原社会经济的发展、民生的改善和矿业的近代化。晚清，在列强大肆掠夺中原矿产资源的强烈刺激下，中原官员已经萌生了朦胧的民族矿业意识和民族危亡意识，认识到发展当地矿业的重要性。这对于激励人们反抗列强侵略，唤醒其民族危亡意识，无疑起着特殊作用。值得一提的是，福公司出于大规模掠夺中原矿产资源的需要，在怀庆府焦作兴办了路矿学堂，培养矿业和铁路方面的专门人才，这是我国首所专门培养矿业和铁路人才的高等院校。路矿学堂设立以来，陆续培养了一批矿业和铁路方面的人才。虽然这对福公司掠夺中原及其他地区的矿产资源起着助纣为虐的作用，但客观上促进了中原乃至全国矿业和铁路运输事业的发展。毋庸讳言，此期中原的采矿冶炼活动也引起诸如社会治安、生态环境等方面的问题，冲击着当地的社会秩序。特别是万历年间明神宗派矿监乱挖滥采和晚清英商福公司掠夺性采矿，为害中原尤烈。但我们不能据此否定中原矿业发展的历史合理性，苛求古人。我们权衡利弊后不难发现，明清时期中原的采矿冶炼和矿产贸易活动对当地社会的积极影响是主要的，消极影响是次要的，瑕不掩瑜。

可以说，明清时期，中原矿业的发展及由此产生的诸多影响，真实地反映了当时中原社会的千姿百态，是此期中原社会变迁的一个缩影。因此，通过对明清时期中原矿业状况的考察，我们可以从一个崭新的角度了解当时中原社会的风云变幻，特别是百姓日常生产生活活动的概况。

明清时期，在中原矿业曲折的发展历程中，既有值得称道的经验，又不乏深刻的教训。这一历程及其产生的诸多影响表明，今天我们发展矿业时，不能再走前人走过的“先矿冶，后治理”老路，要统筹规划，既讲求经济效益，又兼顾社会效益和生态效益；发展矿业时，我们不能盲目地滥采乱冶，零打碎敲，一定要有计划地规模经营，追求规模效益，减少浪费，珍惜矿产这一不可再生的宝贵资源。在经济建设尤其是发展矿业过程中，我们要关注当地百姓的切身利益，处理好利用外资与保护当地百姓爱国热情的关系，兼顾双方的合理诉求，不可偏废。只有这样，才能既使我国的矿业健康发展，又使矿区社会经济繁荣，社会稳定，当地人民能够从矿业发展中得到实实在在的益处，生活水平不断提高，安居乐业。

参考文献

一、古籍类

[1]（西汉）毛亨：《毛诗》，《四部丛刊》本。

[2]（西汉）孔安国：《尚书》，《四部丛刊》景宋本。

[3]（西汉）司马迁：《史记》，北京：中华书局，1959 年点校本。

[4]（东汉）高诱：《战国策注》，《士礼居丛书》景宋本。

[5]（东汉）班固：《汉书》，北京：中华书局，1962 年点校本。

[6]（西晋）陈寿：《三国志》，上海：上海古籍出版社，2007 年版。

[7]（西晋）陆云：《陆士龙集》，影印文渊阁《四库全书》第 1063 册，台北：台湾商务印书馆，1986 年版。

[8]（东晋）陆翙：《邺中记》，影印文渊阁《四库全书》第 463 册，台北：台湾商务印书馆，1986 年版。

[9]（东晋）郭璞：《山海经传》，明成化年间刻本。

[10]（东晋）郭璞：《尔雅注疏》，影印文渊阁《四库全书》第 221 册，台北：台湾商务印书馆，1986 年版。

[11]（北魏）郦道元：《水经注》，上海：商务印书馆，1933 年版。

[12]（南北朝前秦）王嘉：《拾遗记》，影印文渊阁《四库全书》第 1042 册，台北：台湾商务印书馆，1986 年版。

[13]（南朝宋）萧常：《续后汉书》，北京：中华书局，1985 年版。

[14]（南朝梁）萧统：《文选》，北京：商务印书馆，1959 年版。

[15]（唐）孔颖达等：《毛诗注疏》，影印文渊阁《四库全书》第 69 册，台北：台湾商务印书馆，1986 年版。

[16]（唐）李延寿：《北史》，北京：中华书局，1974 年点校本。

［17］（唐）魏徵等：《隋书》，北京：中华书局，1973 年点校本。

［18］（唐）康骈：《剧谈录》，北京：中华书局，1991 年版。

［19］（北宋）欧阳修：《新唐书》，北京：中华书局，2003 年点校本。

［20］（北宋）唐慎微：《证类本草》，《四部丛刊》景金泰和晦明轩本。

［21］（北宋）朱翌：《猗觉寮杂记》，影印文渊阁《四库全书》第 850 册，台北：台湾商务印书馆，1986 年版。

［22］（北宋）庄绰：《鸡肋编》，北京：中华书局，1983 年版。

［23］（南宋）傅寅：《禹贡说断》，影印文渊阁《四库全书》第 57 册，台北：台湾商务印书馆，1986 年版。

［24］（南宋）马纯：《陶朱新录》，影印文渊阁《四库全书》第 1047 册，台北：台湾商务印书馆，1986 年版。

［25］（南宋）陆游：《剑南诗槁》，影印文渊阁《四库全书》第 1163 册，台北：台湾商务印书馆，1986 年版。

［26］（南宋）李纲：《梁溪集》，影印文渊阁《四库全书》第 1126 册，台北：台湾商务印书馆，1986 年版。

［27］（元）马端临：《文献通考》，杭州：浙江古籍出版社，2000 年版。

［28］（元）脱脱等：《金史》，北京：中华书局，1975 年点校本。

［29］（元）脱脱等：《宋史》，北京：中华书局，1977 年点校本。

［30］（金）元好问：《中州集》，《四部丛刊》影印元代刊本。

［31］（金）元好问：《续夷坚志》，北京：中华书局，1985 年版。

［32］（元）许衡：《鲁斋遗书》，明万历二十四年刻本。

［33］台湾历史语言研究所：《明太祖实录》，台北：台湾历史语言研究所，1962 年校勘本。

［34］台湾历史语言研究所：《明太宗实录》，台北：台湾历史语言研究所，1962 年校勘本。

［35］台湾历史语言研究所：《明宣宗实录》，台北：台湾历史语言研究所，1962 年版。

［36］台湾历史语言研究所：《明英宗实录》，台北：台湾历史语言研

究所，1962 年校勘本。

［37］台湾历史语言研究所：《明宪宗实录》，台北：台湾历史语言研究所，1962 年校勘本。

［38］台湾历史语言研究所：《明世宗实录》，台北：台湾历史语言研究所，1962 年校勘本。

［39］台湾院历史语言研究所：《明神宗实录》，台北：台湾历史语言研究所，1962 年校勘本。

［40］台湾历史语言研究所：《崇祯实录》，台北：台湾历史语言研究所，1962 年校勘本。

［41］（明）叶子奇：《草木子》，影印文渊阁《四库全书》第 866 册，台北：台湾商务印书馆，1986 年版。

［42］（明）宋濂等：《元史》，北京：中华书局，1976 年点校本。

［43］（明）李贤、彭时等：《大明一统志》，明天顺五年刻本。

［44］（明）陈循等：《寰宇通志》，南京：国立中央图书馆，1947 年版。

［45］（明）杨溥、李东阳等：《（正德）明会典》，影印文渊阁《四库全书》第 618 册，台北：台湾商务印书馆，1986 年版。

［46］（明）郑仲：《偶记》，《明代辽事丛刊》本。

［47］（明）章潢：《图书编》，影印文渊阁《四库全书》第 969 册，台北：台湾商务印书馆，1986 年版。

［48］（明）王世贞：《弇州史料》，明万历四十二年刻本。

［49］（明）吴亮：《万历疏钞》，明万历三十七年刻本。

［50］（明）王锡爵：《王文肃公文集》，明万历年间刻本。

［51］（明）王士性：《广志绎》，清康熙十五年刻本。

［52］（明）佚名：《海运摘钞》，《明季辽事丛刊》本。

［53］（明）陈子龙：《明经世文编》，北京：中华书局，1962 年版。

［54］（明）何乔新：《椒邱文集》，影印文渊阁《四库全书》第 1249 册，台北：台湾商务印书馆，1986 年版。

［55］（明）张萱：《西园闻见录》，北京：北京全国图书馆文献缩微复制中心，1996 年版。

［56］（明）程敏政：《篁墩文集》，影印文渊阁《四库全书》第 1253 册，台北：台湾商务印书馆，1986 年版。

［57］（明）吴宽：《家藏集》，影印文渊阁《四库全书》第 1255 册，台北：台湾商务印书馆，1986 年版。

［58］（明）申时行、赵用贤等：《（万历）大明会典》，明万历十五年刻本。

［59］（明）王圻：《续文献通考》，明万历三十年刻本。

［60］（明）丘浚：《大学衍义补》，影印文渊阁《四库全书》第 712 册，台北：台湾商务印书馆，1986 年版。

［61］（明）谢肇淛：《滇略》，影印文渊阁《四库全书》第 494 册，台北：台湾商务印书馆，1986 年版。

［62］（明）沈鲤：《亦玉堂稿》，影印文渊阁《四库全书》第 1288 册，台北：台湾商务印书馆，1986 年版。

［63］（明）文秉：《先拨志始》，北京：中华书局，1985 年版。

［64］（明）董其昌：《神庙留中奏疏汇要》，《续修四库全书》第 470 册，上海：上海古籍出版社，2002 年版。

［65］（明）孙瑀：《岁寒集》，明嘉靖七年刻本。

［66］（明）孙继皋：《宗伯集》，影印文渊阁《四库全书》第 1291 册，台北：台湾商务印书馆，1986 年版。

［67］（明）郑若曾：《江南经略》，影印文渊阁《四库全书》第 728 册，台北：台湾商务印书馆，1986 年版。

［68］（明）王圻：《续文献通考》，明万历三十年刻本。

［69］（明）陈继儒：《见闻录》，上海：文明书局，民国十一年石印本。

［70］（明）文秉：《定陵注略》，北京：北京大学出版社，1984 年版。

［71］（明）陆容：《菽园杂记》，影印文渊阁《四库全书》第 1041 册，台北：台湾商务印书馆，1986 年版。

［72］（明）宋应星：《天工开物》，明崇祯十年刻本。

［73］《清世祖实录》，《清实录》第 3 册，北京：中华书局，1985 年影印本。

［74］《清圣祖实录》，《清实录》第 4 册，北京：中华书局，1985 年影印本。

［75］《清世宗实录》，《清实录》第 7 册，北京：中华书局，1985 年影印本。

［76］《清高宗实录》，《清实录》第 10、第 17 册，北京：中华书局，1985 年影印本。

［77］《清仁宗实录》，《清实录》第 28 册，北京：中华书局，1986 年影印本。

［78］《清宣宗实录》，《清实录》第 39 册，北京：中华书局，1986 年影印本。

［79］《清文宗实录》，《清实录》第 41 册，北京：中华书局，1986 年影印本。

［80］（清）庄廷鑨：《明史钞略》，《四部丛刊三编》景旧钞本。

［81］（清）顾祖禹：《读史方舆纪要》，北京：中华书局，2005 年版。

［82］（清）徐松：《宋会要辑稿》，清嘉庆年间稿本。

［83］（清）孙廷铨：《颜山杂记》，清康熙五年刻本。

［84］（清）董增龄：《国语正义》，清光绪年间章氏训堂刻本。

［85］（清）景日昣：《说嵩》，清康熙五十八年刻本。

［86］（清）赵翼：《廿二史札记》，北京：中华书局，1985 年版。

［87］（清）宋起凤：《大茂山房合稿》，清康熙年间刻本。

［88］（清）彭孙贻：《平寇志》，清康熙年间活字本。

［89］（清）彭孙贻：《流寇志》，《续修四库全书》第 442 册，上海：上海古籍出版社，2002 年版。

［90］（清）顾炎武：《日知录》，清乾隆年间刻本。

［91］（清）田雯：《古欢堂集》，影印文渊阁《四库全书》第 1324 册，台北：台湾商务印书馆，1986 年版。

［92］（清）张廷玉等：《明史》，北京：中华书局，1974 年点校本。

［93］《康熙朝汉文朱批奏折汇编》第 1、第 8 册，北京：档案出版社，1984 年版。

［94］（清）田文镜：《抚豫宣化录》，郑州：中州古籍出版社，1995

年张民服据清雍正五年刻本点校本。

［95］雍正《大清会典》，《近代中国史料丛刊三编》第 77 辑第 769 册，台北：文海出版社，1993 年版。

［96］（清）雅尔图：《雅公心政录》，清乾隆六年刻本。

［97］乾隆《大清会典则例》，影印文渊阁《四库全书》第 621 册，台北：台湾商务印书馆，1986 年版。

［98］乾隆《钦定大清会典则例》，影印文渊阁《四库全书》第 624 册，台北：台湾商务印书馆，1986 年版。

［99］乾隆《江南通志》，影印文渊阁《四库全书》第 509 册，台北：台湾商务印书馆，1986 年版。

［100］（清）郭元釪：《御订全金诗增补中州集》，影印文渊阁《四库全书》第 1445 册，台北：台湾商务印书馆，1986 年版

［101］（清）王凤生：《河北采风录》，清道光六年刻本。

［102］（清）李钧：《判语录存》，清道光十三年刻本。

［103］（清）祝庆祺：《刑案汇览》，清道光年间棠樾慎思堂刻本。

［104］（清）钱仪吉：《碑传集》，清道光年间刻本。

［105］（清）杨炳堃：《中议公自订年谱》，清光绪十一年刊本。

［106］（清）嵇璜、曹仁虎等：《钦定续文献通考》，影印文渊阁《四库全书》第 626 册，台北：台湾商务印书馆，1986 年版。

［107］（清）夏燮：《明通鉴》，清同治年间刻本。

［108］（清）刘岳云：《格物中法》，清同治年间刻本。

［109］（清）王庆云：《石渠余纪》，清光绪十六年刻本。

［110］（清）贺长龄：《清经世文编》，北京：中华书局，1992 年版。

［111］（清）葛士浚：《皇朝经世文续编》，上海：上海书局，光绪二十四年石印本。

［112］（清）刘岳云：《矿政辑略》，清光绪二十九年刻本。

［113］（清）阎镇珩：《六典通考》，清光绪年间刻本。

［114］（清）龙文彬：《明会要》，北京：中华书局，1998 年版。

［115］（清）常茂徕：《如梦录》，郑州：中州古籍出版社，1984 年孔宪易校注本。

[116]（清）汪价：《中州杂俎》，民国十年三怡堂丛书本。

[117]（清）方以智：《物理小识》，影印文渊阁《四库全书》第867册，台北：台湾商务印书馆，1986年版。

[118]（清）郑观应：《盛世危言新编》，清光绪二十三年刻本。

[119] 中国第一历史档案馆：《军机处录副奏折》，中国第一历史档案馆藏本。

[120]（清）汪价：《中州杂俎》，民国十年刊本。

[121]（民国）赵尔巽等：《清史稿》，北京：中华书局，1976年版。

[122] 台湾近代史研究所：《矿务档》，台北：台湾近代史研究所，1985年版。

二、地方志

[1]（成化）孙洪修、刘昌、胡谧：《河南总志》，明成化二十二年刻本。

[2]（正德）何瑭：《怀庆府志》，明正德十三年刻本。

[3]（正德）王雄、承天贵：《汝州志》，上海：上海古籍书店，1963年影印明正德元年刻本。

[4]（嘉靖）崔铣：《彰德府志》，上海：上海古籍书店，1964年据嘉靖元年刻本影印。

[5]（嘉靖）邵芯、牛风：《叶县志》，明嘉靖二十一年刻本。

[6]（嘉靖）徐恕、王继洛：《郑州志》，明嘉靖三十一年刻本。

[7]（嘉靖）邹守愚、李濂：《河南通志》，明嘉靖三十四年刻本。

[8]（嘉靖）潘庭楠：《邓州志》，《天一阁明代方志选刊》第48册，上海：上海古籍书店，1963年据天一阁藏嘉靖四十三年刻本影印。

[9]（嘉靖）姚卿、孙铎：《鲁山县志》，明嘉靖年间刻本。

[10]（嘉靖）戴璟、张岳：《嘉靖广东通志初稿》，明嘉靖年间刻本。

[11]（万历）傅淑训、郑际明、阎期寿：《泽州府志》，明万历三十九年刻本。

[12]（万历）杨承父、方应选、张维新：《汝州志》，河南大学图书

馆藏《日本藏中国罕见地方志丛刊》第 15 册，北京：书目文献出版社，1992 年版。

[13]（顺治）赵国琳、张彦士：《定陶县志》，清顺治十二年刻本。

[14]（顺治）高琨、郭天锡：《商水县志》，清顺治十六年刻本。

[15]（顺治）朱明魁、董笃行：《河南府志》，清顺治十八年刊本。

[16]（康熙）陈邦器、李嗣泌：《郴州总志》，清康熙二十四年刻本。

[17]（康熙）褚光镆：《峄县志》，清康熙二十四年刻本。

[18]（康熙）周毓麟、李登瀛、任昌期：《新乡县续志》，清康熙三十二年刻本。

[19]（康熙）徐岱修、万兆龙：《林县志》，清康熙三十四年刻本。

[20]（康熙）顾汧、张沐：《河南通志》，清康熙三十四年刻本。

[21]（康熙）蒋起龙：《夏县志》，清康熙四十七年刻本。

[22]（雍正）田文镜、王士俊：《河南通志》，清雍正十三年刻本。

[23]（雍正）朱樟、田家谷：《泽州府志》，清雍正十三年刻本。

[24]（雍正）章廷珪、范安治：《平阳府志》，清乾隆元年刻本。

[25]（乾隆）杨潮观：《林县志》，清乾隆十七年刻本。

[26]（乾隆）徐汝瓒、杜崐：《汲县志》，清乾隆二十年刻本。

[27]（乾隆）康基渊：《嵩县志》，清乾隆三十二年刊本。

[28]（乾隆）阿思哈、嵩贵：《续河南通志》，清乾隆三十二年刻本。

[29]（乾隆）施诚、童钰等：《河南府志》，清乾隆四十四年刻本。

[30]（乾隆）陆维垣、李天秀：《华阴县志》，清乾隆五十三年刻本。

[31]（乾隆）唐侍陛、洪亮吉：《重修怀庆府志》，清乾隆五十四年刻本。

[32]（乾隆）李述武、张紫岘：《巩县志》，清乾隆五十四年刻本。

[33]（乾隆）仇汝瑚、冯敏昌：《孟县志》，清乾隆五十五年刻本。

[34]（嘉庆）董作栋、武亿：《鲁山县志》，清嘉庆元年刻本。

[35]（嘉庆）陆蓉、武亿：《宝丰县志》，清嘉庆二年刻本。

[36]（嘉庆）武开吉、周之禄：《商城县志》，清嘉庆八年刻本。

[37]（嘉庆）谢增、景纶：《密县志》，清嘉庆二十二年刻本。

[38]（道光）袁通、方履篯：《河内县志》，清道光五年刊本。

[39]（道光）李彷梧、鲍桂征：《宝丰县志》，道光十七年刻本。

[40]（道光）李章堉：《重修伊阳县志》，道光十八年刻本。

[41]（道光）白明义、赵林成：《汝州全志》，清道光二十年刻本。

[42]（同治）欧阳霖、仓景恬：《叶县志》，清同治十一年刻本。

[43]（光绪）周淦、高锦荣：《灵宝县志》，清光绪二年刊本。

[44]（光绪）施有方、武勋朝：《南乐县志》，清光绪二十九年刊本。

[45]（光绪）王振录、王宝田：《峄县志》，清光绪三十年刻本。

[46]（光绪）潘守廉、张嘉谋：《南阳县志》，清光绪三十年刊本。

[47]（民国）汪忠、阎凤舞：《密县志》，民国十三年刻本。

[48]（民国）萧国桢、蕉封桐：《修武县志》，民国二十年铅印本。

[49]（民国）车云、王棽林等：《禹县志》，民国二十年刻本。

[50]（民国）王泽溥、李见荃：《林县志》，民国二十一年石印本。

[51]（民国）乔荣筠、武敬初等：《偃师县风土志略》，民国二十三年石印本。

[52]（民国）孙椿荣、张象明：《灵宝县志》，民国二十四年重修铅印本。

[53]（民国）靳蓉镜、晋克昌、苏宝谦：《鄢陵县志》，民国二十五年铅印本。

[54]（民国）杨保东、刘莲青：《巩县志》，民国二十六年刊本。

[55]（民国）杜济美、郗济川：《武安县志》，民国二十九年铅印本。

[56] 河南省地方史志编纂委员会：《河南省志》，郑州：河南人民出版社，1992 年版。

三、著作类

[1]（晚清民国）顾琅、周树人：《中国矿产志》，上海：文明书局、普及书局、有正书局，光绪三十二年十二月增订版。

[2]（民国）马韵珂：《中国矿业史略》，上海：开明书店，1932 年版。

[3]（民国）吴承洛：《今世中国实业通志》，上海：上海商务印书

馆，1933 年版。

［4］梁方仲：《明代的粮长制》，上海：上海人民出版社，1957 年版。

［5］彭泽益：《中国近代手工业史资料》，北京：生活．读书．新知三联书店，1957 年版。

［6］姜亮夫：《历代人物年里碑传综表》，北京：中华书局，1959 年版。

［7］中共枣庄矿务局委员会：《枣庄煤矿史》，济南：山东人民出版社，1959 年版。

［8］北京钢铁学院《中国古代冶金》编写组：《中国古代冶金》，北京：文物出版社，1978 年版。

［9］杨宽：《战国史》，上海：上海人民出版社，1980 年版。

［10］中国人民大学清史研究所等：《清代的矿业》，北京：中华书局，1983 年版。

［11］河南省总工会工运史研究室：《焦作煤矿工人运动史资料选编》，郑州：河南人民出版社，1984 年版。

［12］《中国古代煤炭开发史》编写组：《中国古代煤炭开发史》，北京：煤炭工业出版社，1986 年版。

［13］台湾“中央研究院”历史语言研究所：《明清史料》辛编上册，北京：中华书局，1987 年版。

［14］王彦威、王亮：《清季外交史料》，北京：书目文献出版社，1987 年版。

［15］李龙潜：《明清经济史》，广州：广东高等教育出版社，1988 年版。

［16］焦作矿务局史志编纂委员会：《焦作煤矿志》，郑州：河南人民出版社，1989 年版。

［17］刘守仁、曾江华：《中国煤文化》，北京：新华出版社，1991 年版。

［18］薛毅：《英商福公司在中国》，武汉：武汉大学出版社，1992 年版。

［19］鹤壁市地方史志编纂委员会：《鹤壁市大事记述》，郑州：中州

古籍出版社，1992 年版。

［20］程民生：《宋代地域经济》，开封：河南大学出版社，1992 年版。

［21］罗竹风等：《汉语大词典》，上海：汉语大词典出版社，1993 年版。

［22］赵济主编《中国自然地理》，北京：高等教育出版社，1995 年版。

［23］《中国煤炭志》编纂委员会：《中国煤炭志（河南卷）》，北京：煤炭工业出版社，1996 年版。

［24］黄惠贤：《二十五史人名大辞典》，郑州：中州古籍出版社，1997 年版。

［25］中国科学院成都山地灾害与环境研究所：《中国泥石流》，北京：商务印书馆，2000 年版。

［26］汴书田、胡克仪等：《豫煤古今谈》，北京：煤炭工业出版社，2000 年版。

［27］吴晓煜：《中国煤炭史志资料钩沉》，北京：煤炭工业出版社，2002 年版。

［28］吴晓煜：《名人与煤炭》，北京：中国矿业大学出版社，2003 年版。

［29］郭建设、索全星：《山阳石刻艺术》，郑州：河南美术出版社，2004 年版。

［30］陆敏珍：《唐宋时期明州区域社会经济研究》，上海：上海古籍出版社，2007 年版。

［31］许韶立：《趣闻河南》，北京：旅游教育出版社，2009 年版。

［32］王守谦：《煤炭与政治：晚清民国福公司矿案研究》，北京：社会科学文献出版社，2009 年版。

［33］唐立宗：《坑冶競利：明代矿政、矿盗与地方社会》，台北：台湾政治大学历史学系，2011 年版。

［34］［德］费迪南·冯·李希霍芬：《李希霍芬男爵书信集》，上海：上海北华捷报馆，1872 年版。

［35］［德］费迪南·冯·李希霍芬：《中国：亲身旅行和据此所作研究的成果》，柏林：柏林出版社，1882 年版。

［36］［日］芳贺雄：《支那矿业史》，东京：电通出版社，1943 年版。

［37］［日］久保山雄三：《支那石炭事情》，东京：公论社，1943 年版。

［38］［意］利玛窦、［比］金尼阁著，何高济、王遵仲、李申译：《利玛窦中国札记》，北京：中华书局，1983 年版。

［39］［德］费迪南·冯·李希霍芬：《旅华日记》，彭泽益：《中国近代手工业史资料（1840—1949 年）》第 2 卷，北京：生活·读书·新知三联书店，1957 年版。

四、碑刻类

［1］北宋徽宗崇宁四年（1104 年）立《怀州修武县当阳村土山德应侯百灵庙记》，现存河南修武县当阳村。

［2］北宋《李公墓铭碑》，载郭建设、索全星：《山阳石刻艺术》，郑州：河南美术出版社，2004 年版。

［3］乾隆三十八年二月初五日宝丰县张八桥立《公善桥碑记》，载吴晓煜：《中国煤炭史志资料钩沉》，北京：煤炭工业出版社，2002 年版。

［4］道光七年焦作庙河村立《创建拜殿碑记》，现存河南焦作市白涧房乡庙河村。

［5］乾隆三十八年宝丰县张八桥立《公善桥碑记》，载吴晓煜：《中国煤炭史志资料钩沉》，北京：煤炭工业出版社，2002 年版。

［6］乾隆三十七年汤阴鹤壁集窑立《重修柏灵桥碑记》，载杨宝顺：《汤阴县鹤壁古瓷窑遗址》，《文物参考资料》1956 年第 7 期。

［7］《任氏碑刻》，载《平顶山史志通讯》1984 年第 2 期。

五、论文类

［1］补天：《说矿祸》，《豫报》光绪三十二年十二月第二号。

［2］河南留日学生同乡会：《矿说》，《豫报》第二号，1907 年 1

月版。

[3] 佚名：《续记汴人抵制福公司事》，《东方杂志》1909年第6卷第7期。

[4] 王仲荦：《古代中国人民使用煤的历史》，《文史哲》1956年第1期。

[5] 白寿彝：《明代矿业的发展》，《北京师范大学学报》1956年第1期。

[6] 黄展岳：《一九五五年春洛阳汉河南县城东区发掘报告》，《考古学报》1956年第4期。

[7] 李龙潜：《试论明代矿工运动的反抗斗争》，《史学月刊》1959年第3期。

[8] 河南省文化局文物工作队：《河南鹤壁市古煤矿遗址调查简报》，《考古》1960年第3期。

[9] 河南省文化局文物工作队：《河南巩县铁生沟汉代冶铁遗址的发掘》，《考古》1960年第5期。

[10] 河南省博物馆等：《河南汉代冶铁技术初探》，《考古学报》1978年第1期。

[11] 河南郑州市博物馆：《郑州古荥镇汉代冶铁遗址发掘简报》，《文物》1978年第2期。

[12] 杨余练：《康雍时期矿业政策的演变》，《社会科学辑刊》1983年第2期。

[13] 韦庆远、鲁素：《清代前期矿业政策的演变（上）》，《中国经济史研究》1983年第3期。

[14] 韦庆远、鲁素：《清代前期矿业政策的演变（下）》，《中国经济史研究》1983年第4期。

[15] 薛世孝：《古代河南人民对煤炭的开发利用》，《中州学刊》1983年第5期。

[16] 韦庆远：《有关清代前期矿业政策的一场大论战》，载《档房论史文编》，福州：福建人民出版社，1984年版。

[17] 任荣国：《平顶山历史上小煤窑资料拾零》，《平顶山史志通讯》

1984 年第 2 期。

［18］许惠民：《北宋时期煤炭的开发利用》，《中国史研究》1987 年第 2 期。

［19］薛毅：《清代河南的采煤业》，《中州煤炭》1987 年第 4 期。

［20］许惠民、黄淳：《北宋时期开封的燃料问题：宋代能源问题研究之二》，《云南社会科学》1988 年第 6 期。

［21］安廷瑞：《河南禹县神垕镇北宋时期煤矿遗址的发现》，《考古》1989 年第 8 期。

［22］王开玺：《清前期矿务政策述评》，《安徽史学》1992 年第 2 期。

［23］王曾瑜：《辽宋金的煤炭生产》，《纪念李埏教授从事学术活动五十周年史学论文集》，昆明：云南大学出版社，1992 年版。

［24］卞书田、胡克仪：《两宋时期河南煤炭开采技术与鹤壁宋元古煤矿遗址》，《中州学刊》1994 年第 2 期。

［25］卞书田、胡克义、黄殿盈：《清代河南煤炭开采业的发展》，《中州煤炭》1995 年第 2 期。

［26］王兴亚：《明清时期河南煤炭的开采与利用》，《殷都学刊》1996 年第 4 期。

［27］郭真：《采矿活动对生态环境的污染及治理》，《世界地质》1996 年第 4 期。

［28］王文、桂祥友：《煤炭资源开发与环境保护的关系》，《矿业安全与环保》2003 年第 5 期。

［29］程遂营：《北宋东京的木材和燃料供应：兼谈中国古代都城的木材和燃料供应》，《社会科学战线》2004 年第 5 期。

［30］刘利平：《略论明代的金银矿业政策》，《肇庆学院学报》2005 年第 3 期。

［31］刘炳阳：《明代河南府行政区划沿革》，《洛阳师范学院学报》2007 年第 4 期。

［32］刘炳阳：《明清时期河南政区研究》，河南大学 2008 年硕士论文。

［33］王强：《明代黄淮地区煤炭开发的历史地理研究》，暨南大学

2011 年硕士论文。

［34］武奕成、沈玮玮：《试论清代以来的矿业环境保护》，《兰州学刊》2011 年第 1 期。

［35］张文民：《清代山东矿业研究初论（1644—1860）》，曲阜师范大学 2012 年硕士论文。

［36］常建华：《康熙朝开矿问题新探》，《史学月刊》2012 年第 6 期。

［37］赵长贵：《矿之诱惑：明清中原采矿活跃原因探析》，《中国矿业大学学报（社会科学版）》2013 年第 4 期。

［38］常建华：《乾隆初期开放矿禁问题新探》，《明清论丛》2014 年第 2 期。

［39］赵长贵：《明清采矿侵袭田园人境》，《中国社会科学报（学术版）》2014 年 5 月 28 日第 A05 版。

［40］赵长贵：《明代矿业政策初探》，中国明史学会等：《第十六届明史国际学术研讨会暨建文帝国际学术研讨会论文集》，北京：九州出版社，2017 年版。

［41］赵长贵：《明代矿业政策演变的历史考察》，《郑州大学学报（哲社版）》2018 年第 4 期。

［42］赵长贵：《万历年间中原采矿述论》，中国明史学会等：《第十八届明史国际学术研讨会暨首届阳明文化国际论坛论文集（上）》，南昌：江西高校出版社，2019 年版。

后　记

采矿冶炼是一项重要的社会生产活动，是古代手工业的重要组成部分，它在社会经济发展过程中发挥着不可或缺的重要作用。明清时期，中原的采矿冶炼和矿产贸易活动日趋频繁，对当地的社会经济产生了诸多深远影响。在南京大学攻读博士学位期间，我即注意到这一问题，并在博士论文中有所涉及。无奈我的博士论文是研究明清中原生态环境的，囿于选题，不可能对中原矿业展开研究，加之当时心有旁骛，也没有时间和精力潜心于这方面的研究。参加工作后，我在河南大学一边舌耕授课，一边笔耕从事科研工作，尽管我对明清中原矿业的研究兴趣不减，但是苦于没有专业对口的研究平台。正在我苦恼之际，幸蒙业师范金民和夏维中先生热情推荐，牛建强和汪维真二位先生热心提携后学，我才有了做博士后的机会，可以继续从事中原矿业方面的研究。对四位先生奖掖后学之举，在此表示由衷的谢忱！

在研究中原矿业过程中，因教学任务繁重，加之资质愚钝，我时常感到力不从心，曾几度萌生放弃的念头。2017 年在江西赣州举行的第十八届明史国际学术研讨会上，我提交的会议论文《万历年间中原采矿述论》引起了与会的业师范金民先生的关注，余清良先生和台湾学者唐立宗先生等学者也与我交流明代矿业方面的问题，后来唐先生还惠赐其力作《坑冶競利：明代矿政、矿盗与地方社会》于我，这些都说明继续从事中原矿业方面的研究是有一定学术价值的，从而鼓起了我继续将这方面的研究进行下去的勇气；加之牛建强先生和汪维真先生不时高屋建瓴地进行学术指导，使我增添了继续从事这方面研究的信心，才没有使这项研究中辍。对以上诸位先生的鼓励和帮助，在此一并表示诚挚的感谢！

本书是我对多年从事中原矿业研究的一个总结，在研究和写作过程中，好友吕杨教授、展龙教授、阳正伟教授、丁修真教授，以及同事兼好友陈轲先生、李爱勇先生等，都曾经提出许多中肯的建议，为本书增色不少。李爱勇先生还主动热情地帮我联系出版社，热情地为本书的出版提供帮助。我的妻子也主动包揽了家务和其他事务，为我腾出许多宝贵时间，大力支持我从事本书的写作。另外，中国经济出版社的丁楠老师为本书的出版提供了许多帮助，在编审书稿过程中付出了大量时间和心血，使拙著增色不少，令人敬佩。对于他们的鼓励、帮助与支持，在此一并表示深深的谢意！

在写作此书的过程中，笔者还借鉴了大量学术著作和论文中的一些研究，对于众多贡献了相关学术成果的学人，在此一并致谢！

赵长贵

2022 年 9 月 28 日于开封